话语分析导论：
理论与方法 （原书第4版）

An Introduction to Discourse Analysis:
Theory and Method 4ed

［美］詹姆斯·保罗·吉（James Paul Gee） 著

何清顺 译

杨炳钧 审校

重庆大学出版社

译者简介

何清顺

中山大学外国语学院教授、博士生导师、中山大学"百人计划"引进人才；西南大学博士、广东外语外贸大学博士后、英国卡迪夫大学访问学者，英国格拉斯哥大学高级访问学者。主要研究领域为系统功能语言学、计量语言学、翻译理论与实践。在国际主流语言学杂志（SSCI；A&HCI）发表学术论文15篇；在斯普林格出版社出版语言学专著2部；在商务印书馆出版语言学专著1部；在重庆大学出版社"万卷方法"出版译著2部。主持国家社科基金项目2项、广东省哲学社会科学"十二五"规划项目、广东省教育科学"十三五"规划项目各1项。斯普林格出版社审稿专家，多家国际主流语言学期刊特约审稿人。

杨炳钧

中山大学国际翻译学院教授，博士生导师；中山大学博士，西南大学博士后，美国伊利诺伊大学高级访问学者；教育部新世纪优秀人才支持计划入选者，重庆市学术带头人，上海市浦江人才。中国英汉语篇分析专业委员会秘书长，中国功能语法教学研究会常务理事，中国英语教育研究会常务理事，中国认知诗学研究会常务理事。国际翻译学旗舰期刊 *Target* 和 *Meta* 特约审稿人；国际普通语言学旗舰期刊 *Lingua*，欧洲语言学会会刊 *Linguistics*，澳大利亚语言学会会刊 *Australian Journal of Linguistics* 特约审稿人；斯普林格出版社 *The M.A.K. Halliday Library Functional Linguistics Series* 编委；外文出版社"国学经典外译文库"编委；北京大学出版社《韩礼德文集》中文版编委；上海交通大学出版社《马丁文集》编委。荣获 2009 年度"国家级优秀教学成果奖"二等奖，"霍英东教育基金会第十届高等院校青年教师奖（教学类）"二等奖等。已出版专著、译著、编著共计 19 部，发表论文 70 余篇；主持国家社科基金项目 2 项，教育部留学回国人员科研启动项目、中国博士后科学基金项目各 1 项。研究方向为功能句法、语法隐喻和话语分析。

内容提要

话语分析探讨的是语言（包括口头语言和书面语言）如何促成社会文化观点和社会文化身份。詹姆斯·保罗·吉（James Paul Gee）在假定读者没有语言学知识的前提下，在本书中介绍了话语分析的研究领域，呈现了自己独特的综合式话语分析方法——既是语言使用的理论，也是语言研究的方法。

《话语分析导论》可以作为一本独立的教科书，也可以作为《话语分析：实用工具及练习指导》（*How to do Discourse Analysis: A Toolkit*，2014）的姊妹篇。这两本书是学生学习话语分析的完整资源。

本书第4版做了全面的修订更新，新增了两章——有助于进一步理解本书主题的"什么是话语分析？"一章和一个全新的结论章。本书配套网站有一个"常见问题"栏目和一个术语表，可以帮助读者理解本书内容，并提供了詹姆斯·保罗·吉发表的期刊论文的免费访问链接。（请到 Routledge 出版社官方网站，输入作者姓氏"Gee"查找。）

《话语分析导论》结构清晰、风格独特，涉及多个学科，包括应用语言学、教育学、心理学、人类学和交际学，其目标是帮助不同背景的学生和学者形成自己的话语观点，从事自己的话语分析。本书可作为相关专业高年级本科生和研究生学习话语分析的基础教科书。

詹姆斯·保罗·吉是美国亚利桑那州立大学玛丽·楼·富尔顿师范学院文化研究专业首席教授，曾担任《劳特里奇话语分析手册》（*The Routledge Handbook of Discourse Analysis*，2012）联合主编。他的代表作包括《话语分析：实用工具及练习指导》和《数字时代的语言和学习》（*Language and Learning in the Digital Age*，2011）等。

目　录

第 1 章　引言 // 1

语言用来说事、做事和成事 // 1

语言与实践 // 3

语言与"立场策略" // 6

两种形式的话语分析：描述性和"批评性" // 9

关于本书：理论与方法 // 12

关于本书：读者与阅读 // 15

第 2 章　什么是话语分析 // 18

引言 // 18

什么是"话语"？ // 19

"话语"的另一层含义 // 22

说话者/写作者和受话者/读者做什么？ // 23

身份 // 25

联系网络 // 30

本书的方法 // 34

第 3 章　构建任务 // 36

通过语言构建事物 // 36

实例分析 // 42

第4章　调查工具和话语　// 52

工具　// 52

话语：**谁**与**什么**　// 55

"真正的印第安人"　// 56

大写"D"话语　// 60

话语是没有明确边界的"单位"　// 64

话语是"装备箱"　// 68

注释　// 69

第5章　社会语言、会话和互文性　// 72

语言中"**谁在做什么**"　// 72

社会语言　// 76

语法的两个方面　// 81

实例分析　// 82

会话　// 88

互文性　// 92

作为调查工具的社会语言、互文性、会话及话语　// 95

第6章　形式功能相关性、情境意义和图像世界　// 98

意义　// 98

形式功能相关性　// 98

情境意义　// 102

框架问题　// 104

批评性话语分析　// 105

图像世界　// 107

形式功能相关性、情境意义和图像世界是调查工具　// 111

第7章 图像世界 // 115

图像世界 // 115

大脑模拟 // 119

意义的地方性 // 123

图像世界的运作：中产阶级父母的育儿模式 // 126

图像世界的冲突 // 131

图像世界的种类和用途 // 134

图像世界可以不完整、不一致 // 136

图像世界是调查工具 // 142

第8章 语境 // 146

语境和自反性 // 146

语境和构建任务 // 148

情境意义和图像世界回顾 // 151

实例分析 // 154

社会语言和话语回顾 // 155

实例分析 // 158

互文性与会话 // 162

第9章 话语分析 // 167

转写 // 167

"理想"话语分析 // 172

有效性 // 174

开始话语分析 // 177

第10章 处理与组织语言 // 180

言语是小迸发 // 180

虚词和实词 // 182

信息 // 183

重音与语调 // 184

行 // 189

节 // 192

宏观结构 // 194

宏观行 // 199

如何切割意义 // 204

第11章 话语分析实例（一） // 207

访谈语料实例 // 207

共同构建社会文化情境身份 // 209

构建社会情境身份及构建不同的世界 // 213

社会语言 // 220

在叙事中构建意义 // 224

第12章 话语分析实例（二） // 228

实例研究：桑德拉 // 228

桑德拉的叙事 // 235

第13章 话语分析实例（三） // 245

第14章 结论 // 266

术语表 // 277

第 1 章

引 言

语言用来说事、做事和成事

语言可以干什么？许多人认为语言可以用来"说事"，传递信息。然而，给予和获取信息绝对不是语言的唯一用途。在我们的生活中，语言还有很多其他用途。当然，语言的确可以让我们相互告知信息，但语言也可以让我们做事和成事。事实上，本书的主要观点之一就是：语言绝对不只是用来说事，语言同时也用来做事和成事。

语言可以用来做事，让我们采取行动、参与活动。我们可以用语言做出承诺、召开委员会会议、向恋人求婚、讨论政治、"和神说话"（祈祷）等。总之，除了给予和获取信息，我们还可以用语言做无数的事情。

语言可以用来成事，让我们承担不同的社会身份。我们可以像专家——如医生、律师、动漫爱好者或木匠一样说话，也可以像"常人"一样说话。为了在特定时间、特定地点承担某种身份，我们必须"说一说""做一做"。街头帮派成员以帮派成员的身份说话，与优秀学生

以学生的身份说话是不一样的，同一个人在不同的时间和地点也可以
"说出"和做出不同的事情。

在语言中，说事（告知）、做事（行动）和成事（身份）之间有
着重要的联系。无论我给你说什么，如果你不知道我说这句话是想要
做什么（事）、想要成什么（事），那你就不能真正理解我的话。要
想理解我的话，你就需要知道是**谁**在说话、说话者要做**什么**等。

我们来看一个简单的例子。假设街上一个陌生人朝你走来，说：
"嗨，你好吗？"陌生人说了话，但你不知道该怎么理解。这个人是谁？
他想做什么？

假设你发现这个陌生人是在进行一场游戏：通过向陌生人打招呼
来测试对方的反应。又或者那个陌生人是你的双胞胎哥哥或弟弟的朋
友，他把你错认了（我自己就有双胞胎兄弟，这种事情确实经常发生
在我身上）。又或者陌生人是很久以前你遇到过的一个人，时间太长，
被你遗忘了，他把你当成了朋友，而你却不知道。第一种情况，是游
戏玩家在玩游戏；第二种情况，是你的双胞胎哥哥或弟弟的朋友认错
人了；而第三种情况，是错把你当朋友的人在对你表示友善。等你理
出头绪了，一切也就清楚了（当然你心里不一定舒畅）。

我的医生恰好也是我的朋友，她在办公室里跟我打招呼："你好
像很累。"她是在以朋友（**谁**）的身份跟我打招呼（**什么**）呢，还是
在以医生（**谁**）的身份对我的健康状况做出专业判断（**什么**）呢？一
位朋友（**谁**）在酒吧调侃（**什么**）另一位朋友，和一名王牌自行车运
动员（**谁**）威胁（**什么**）一个陌生人是完全不一样的，虽然他们说出
来的话可能是一样的。话可以一样，但话的含义差别会很大。我们说
事时，我们是谁、我们要做什么是会发挥作用的。

本书是关于如何用语言说事、做事和成事的理论，也是关于如何
学习用语言说事、做事和成事的方法。当我谈论"成事"时，会以特
殊的方式使用"身份"一词。我所说的"身份"不是你的核心自我意识，

即你认为你"本质上"是谁。我所说的"身份"是指在不同的时间和地点为了不同的目的而在世界上存在的不同方式。例如,"好学生""狂热观鸟者""主流政治家""强硬警察""视频游戏玩家""美洲土著居民"等,我们可以列出一长串这样的身份。

语言与实践

我们总是习惯于对一些事情熟视无睹(比如语言)。对于这种事情,最好的办法是让它重新变得陌生起来。对此,我们可以以游戏王(Yu-Gi-Oh)纸牌为例。游戏王是一项大众文化娱乐活动,但很多人都不熟悉它使用的语言。

以下是对游戏王的一些简单介绍。游戏王是一种纸牌游戏,可以两个人面对面玩,也可以在视频上玩。另外,还有游戏王电视节目、电影和书籍等(所有这些媒体中的人物角色都按纸牌游戏上的规则活动)。游戏王纸牌有数千张。玩家选择一副40张的纸牌和对方"决斗"。游戏中的动作代表纸牌上怪物之间的战斗。每张纸牌上都有动作说明。游戏王是一种日本"动漫",就是"动漫书"(漫画)、动漫电视节目和电影中的动漫("卡通")人物及其故事。日本动漫现在闻名全世界。如果这些对你来说比较陌生,那就正好。

下面是一张纸牌上的部分文字:

> 当此牌被成功正常召唤、翻转召唤或特别召唤时,选择并激活以下效果中的一种:选择一张带装备的装备法术牌并将其销毁;选择一张带装备的装备法术牌并将其装备到这张牌上。

这是什么意思?请注意,首先,你认识纸牌上的每一个字。但这对你并没有什么帮助。如果你不会玩游戏王,你还是不知道这是什么意思。

那么你怎么才能知道纸牌上文字的意思呢？我们在学校都学过如何思考语言，这种教育也深深地影响着我们，我们有可能会这样回答：查词典或看说明书。但是，这是远远不够的，跟你想象的相差很远。你可以上网查游戏王纸牌上的词语和短语的意思。比如，你可以查到下面的解释：

装备法术牌通常是在战场上改变怪物牌的攻击和/或防御，和/或授予怪物牌特别能力的法术牌。它们被普遍称为装备牌，因为装备牌可以是装备法术牌或者在激活后被视为装备牌的陷阱牌。当你激活装备法术牌时，你可以选择战场上面朝上的怪物来装备该牌，并且装备法术牌的卡片效果适用于该怪物，直到卡片被毁坏或者移出场外。当装备的怪物被移出场外或面朝下翻转时，该怪物的所有装备法术牌都被毁坏。一小部分装备法术牌代表武器或盔甲。

来源：维基百科

这段文字真的有帮助吗？如果你不懂这张牌，你看了这些文字以后还是不会懂。虽然这段文字很短，但你可以想一想，我要再给你多少解释你才会懂。

为什么没有帮助？因为，一般来说，如果你不理解某些词，那么你认识再多这类词对你理解原词也不会有什么帮助。事实上，我们很难通过定义（其他词语）或其他语言形式来解释清楚某个词。即使我们理解一个定义，它也只是告诉我们一个词的意义范围，并不能真正告诉我们如何在实际语境中恰当地使用该词。

那么，如果你一定要理解"游戏王语言"的真实意义，你会怎么做呢？你可能不会选择阅读网站上类似上面的文字。我敢保证，即使你读了，你也不会玩游戏王。

理解纸牌上文字意思的最好方法莫过于你自己学会玩游戏王，而不仅仅是阅读文字。怎么做呢？你可以先看别人玩，然后自己玩，让别人教你玩，玩游戏王视频游戏，观看游戏王电视节目和电影，当然，你也要阅读一些东西。

为什么只有这样才能理解纸牌上文字的意思呢？这是因为，纸牌上的语言很明显是从游戏中、从游戏规则中、从游戏玩家的游戏实践中获得意义的。这样，语言——与其他行动一起（记住，语言本身就是一种行动）——是被用来玩一种游戏，即促成世界上的活动或实践。

游戏王纸牌上的文字意义首先不是靠定义或解释获得的，即不是来源于其他词语，而是来源于语言所做的事情，在这里是指玩游戏。这是语言的做事功能。

在这里，某类人承担某种身份——这里是指作为游戏玩家和游戏爱好者的身份（这里的游戏爱好者是指动漫和动漫纸牌游戏，如神奇宝贝和游戏王等动漫或游戏的粉丝），因此，游戏王是一种活动——做事的方法（这里是指玩游戏）。这是语言的成事功能。

如果没有动漫游戏玩家／粉丝（成事），也就没有动漫游戏和玩动漫游戏（做事）。如果没有动漫游戏玩家／粉丝以及动漫游戏和玩动漫游戏，那么纸牌上的文字也就没有意义，也就没有说事（告知信息）。人们首先使用语言做事和成事，然后才使用语言说事。

游戏王的例子很奇怪、很不典型吗？本书认为，这个例子实际上是语言运作的典型方式。其奇怪性让我们看到语言中我们熟视无睹的东西，看到我们只记着了语言的说事和交际功能，而忘记了语言的做事和成事功能。

游戏王纸牌上的文字不是从词典或其他词语中获取意义，而是从游戏和游戏规则以及游戏玩家所做的事情中获取意义。从某种意义上来说，所有语言都是从游戏中获取意义，只是我们通常不使用"游戏"一词，而使用较晦涩的词语——"实践"。

游戏由一套决定赢家和输家的规则组成。其他活动，如参加委员会会议、讲座、政治辩论、邻里间的闲聊等都不是游戏,但这些活动也遵循特定的"规则"或惯例。这些"规则"或惯例(通常)不能决定赢家和输家,但它们确实决定着谁表现得"恰当"或"正常",谁表现得"不恰当"或"不正常"。这在社会上也确实可以称得上是一种输赢。

这些活动——如委员会会议、讲座、政治辩论和闲聊——通常被称为"实践",尽管我们也可以使用广义的"游戏"一词。本书认为,所有语言——如游戏王语言——都是从使用它的游戏或实践中获得意义的。游戏或实践通常是说事、做事和成事的方式。

语言与"立场策略"

如果你破坏了游戏王的游戏规则,那要么是你玩错了,要么是你在改变游戏规则。你改变了规则,你就没办法和别人玩了。如果你遵守规则,你就玩对了,别人也就认可你是个游戏王游戏玩家,虽然可能玩得不怎么好。如果你遵守规则——并且很好地利用规则——你可能会经常赢,别人也会认为你玩得好。

如果你喜欢玩游戏王,想得到别人的认可,甚至认为你玩得不错,那么让别人接受你是玩家或好玩家就是我所说的"社会产品"。社会产品是社会上一些人想得到并重视的任何东西。被认可为游戏王玩家或好玩家对一些人来说就是一种社会产品。因此,如何玩游戏并得到其他玩家的认可对他们来说是至关重要的。

我在前面说过,正如游戏王语言促成游戏王游戏一样,其他语言也促成其他"游戏"或实践,例如,成为"好学生"的实践("游戏")。在不同的班级和不同的学校,这个游戏的玩法也不同。游戏会随着时间的推移而改变。在 17 世纪的美国成为一名"好学生"——"好学生"

的言谈举止——与今天的"好学生"是不同的。

然而，在每种情况下，都有关于"好学生"言谈举止的惯例（规则）（这里的"好学生"是老师和学校管理人员眼里的"好学生"，所以用了引号）。许多孩子想得到这个身份，就像有些人想成为游戏王玩家一样。许多父母也希望自己的孩子被认可为"好学生"。所以，对于这些人来说，被认可为"好学生"是一种社会产品。

从这个意义上来说，尽管"好学生"这样的实践并不是真正的游戏——它们的"规则"或惯例通常都不太正式——在某种意义上，这种实践也有"赢家"和"输家"。"赢家"是想被认可为"好学生"并得到这种认可的人；"输家"是想被认可为"好学生"却没有得到认可的人。

我们说过，在不同班级、不同学校，"好学生"的言谈举止有不同的实践——不同的"游戏"。像游戏王游戏一样，有人想给游戏"规则"不同的解释或完全改变游戏"规则"。例如，"好学生"永远听老师的话应该算是一条"规则"吗？或者"好学生"有时会创新甚至挑战老师应该算一条"规则"吗？如果老师说自己知道某事，学生问她是怎么知道的，那这个学生是"好学生"还是"问题学生"呢？

你也许不想成为游戏王游戏玩家，你也许会拒绝被认可为"好学生"，那么被认可为游戏王游戏玩家和成为"好学生"就不是你的社会产品。但有些东西是你的社会产品。也许被认可为一个"可接受的"（"正常的""好的""适当的"）公民、男人或女人、工人、朋友、活动家、足球迷、受过教育的人、美洲土著居民、宗教人士、基督徒、犹太人、穆斯林，或者随便是什么人对你来说都是社会产品。

你在"游戏"或实践（被认可为"可接受的"或"好的"）中想"赢"，对你来说就是社会产品受到了威胁。在这些情况下，你如何使用语言（或者你如何说事、做事和成事）以及人们如何回应你都会对你产生深刻的影响。如果你被认可——"赢"了游戏——（对你来说）你就获得了一个社会产品。如果你没有被完全接受——"输"了游戏——你就失去了一个社会产品。

人们会对游戏王游戏规则的真实意义及其使用方法进行争论，有时候也会尝试改变规则或者双方达成一致使用别的规则。社会实践也是一样的。人们会争论成为"好学生"的"规则"应该是什么，有时候也尝试改变这些规则或者接受一套新"规则"。他们争论是因为重要的社会产品受到了威胁。

我们举一个戏剧性的例子来说明这一点。婚姻是一种实践，已婚人士及非婚人士的说话和行动方式都有正式和非正式的法则和惯例（规则）。今天，人们在争论同性婚姻是否适合，可不可以说同性伴侣已婚，以及这种婚姻是否应该得到法律或宗教的认可。

对于许多同性恋者来说，不用婚姻语言来表达他们的结合就是拒绝承认他们的一种社会产品。为了让他们的这种社会产品得到认可，他们努力解释婚姻规则或改变婚姻规则。对于很多同性恋者来说，即使他们的结合得到和异性婚姻一样的法律保护，但使用"合法结合"这样的术语也仍然是不可接受的。

所有形式的语言——如游戏王语言或我们在婚姻实践中使用的语言——都从它们促成的游戏或实践中获得意义。这些游戏或实践决定谁是"可接受的"或"好的"——谁是"赢家"或"输家"。对于许多人而言，这些实践中的"赢"往往是一种社会产品。因此，在使用语言时，至少对某些人来说，社会产品总是受到威胁。如果人们不再关心游戏或实践——人们不再看重在游戏或实践中被认可为是"可接受的"或"好的"——那么，游戏或实践将不会再提供任何社会产品，也将不复存在。

我们说话或写作时，总是冒着被视为游戏或实践"赢家"或"输家"的风险。此外，我们在自己参与的游戏或实践中说话或写作的方式也可以接受他人是"赢家"或"输家"。这样，在说话或写作时，我们都可以获得或失去，给予或拒绝社会产品。同性恋者说他们结婚是在争取社会产品。我们在社会上玩婚姻"游戏"的方式可以给予或拒绝这一社会产品。人们谈论婚姻或其他事情的方式绝不只是做出了一个说事（告知）的决定，而是做出了一个做事和成事的决定。

社会产品是立场策略的材料。立场策略不仅仅是党派之间的竞争，而且在更深层次上，是社会产品的分配方式：金钱、地位、权力以及可接受度等的获得都是社会产品。我们使用语言时，由于社会产品及其分配方式总是受到威胁，语言在深层意义上总是有"立场策略"的。

两种形式的话语分析：描述性和"批评性"

话语分析是对使用中的语言的研究。话语分析的方法有很多（参见本章末尾的延伸阅读书目）。其中一些方法只关注使用中的语言的"内容"，例如在会话或报刊文章中讨论的主题或问题。其他方法更注重语言的结构（"语法"）以及这种结构如何有助于在特定语境中获取意义。这些方法根植于语言学。本书采取的就是这样一种方法。

话语分析的不同语言学方法使用不同的语法理论，谈论意义时也采取不同的观点。本书使用的方法是把意义看作说事（告知）、做事（行动）和成事（身份）方法的整合，把语法看作一套实现这一整合的工具。请看下面两个句子：

（1）Hornworms sure vary a lot in how well they grow.

（2）Hornworm growth exhibits a significant amount of variation.

句（1）使用的是"常人"的语言风格（称为"土语"），不是任何专家的语言风格。这是这句话表达的身份（成事）。句（1）是基于个人观察（天蛾幼虫）来表达观点的，表达观点是在执行一项行动（做事）。这句话也可以用来执行其他行动，比如表示惊喜或诱导某人养天蛾幼虫等。句（1）是关于天蛾幼虫的，它是一种可爱的绿色毛毛虫，有黄色的触角。这是这句话告知的一部分事情（说事）。

句（2）使用的是专家的语言风格。我们把这种风格与生物学和生物学家联系起来，表达一个专家的身份（成事）。这句话不是基于（包括说话者或写作者在内的任何）个人对天蛾幼虫的观察来表达观点，而是基于生物学学科所"拥有"和"应用"的"显著性"统计学检验来做出声明。做出声明是一项行动（做事）。句（2）不是关于天蛾幼虫的，而是关于"天蛾幼虫生长"的，即天蛾幼虫的抽象特征（远没有天蛾幼虫可爱）。这是这句话告知的一部分事情（说事）。

这两个句子的语法（结构）非常不同。句（1）的主语"话题"是名词"hornworms"，但句（2）的主语是名词短语"hornworms growth"。"Hornworms growth"包含一个句子（"Hornworms grow"）的信息价值，其结构比简单名词"Hornworms"复杂。这是句（2）通过这种方法谈论天蛾幼虫的抽象特征而不是天蛾幼虫本身，因此是"专家"语言而不是"日常"语言。

句（2）中的短语"significant amount of variation"使用了抽象名词（"variation"），而不是句（1）中的动词"vary"，并将该名词与"significant amount"组合。所以过程（"varying"）变成了抽象事物（"variation"），可以使用统计学（"significant amount"）进行量化统计。这也是一种谈论抽象事物的方式，而不是谈论世界上具体事物和过程的方式。这种方式是与学科工具（如统计学显著性检验）而不是个人对世界的观察相联系，因此也是"专家"语言。

所以，这两个句子的语法为我们提供了不同的说事方式、做事（行动）方式和成事（身份）方式。仔细观察语言的结构可以帮助我们发现这个世界中说事、做事和成事的不同方式。

我们为什么要这样做呢？一些话语分析方法是这样回答的：它们的目标是为了理解语言而描述语言的运作方式，正如物理学家的目标是为了理解物理世界而描述物理世界的运作方式一样，我们称之为"描述性"话语分析方法。在这两种情况下——话语分析者和物理学家——他们也可能希望对语言或世界的运作方式和原因进行深入解释。虽然话语分析者和物理学家的工作可能在世界上有实际的应用，但他们并不受这些应用的驱动。

话语分析的其他一些方法对这个问题有不同的回答。它们的目标并非描述语言的运作方式，甚至也不提供深入的解释，尽管它们也想这样做。我们可以称之为"批评性"话语分析。"批评性"话语分析者想谈论，并且也有可能介入世界上关于制度、社会或政治的问题、难题和争议，想以某种方式把自己的工作运用到世界中去。

采取描述性方法的人通常认为，批评性方法是"不科学的"，因为应用话语分析者受到他或她对世界上某些问题的兴趣或情感的影响。采取批评性方法的人往往认为纯粹的描述性方法是逃避社会和政治责任。

我的观点——本书的观点——是所有的话语分析都是批评性的，不是因为话语分析者有或需要有立场策略，而是因为语言本身是有立场策略的。这一点我们前面讨论过。我认为，任何语言的使用都可以从"游戏"或实践中获得意义，而语言是"游戏"或实践的一部分并促成实践。我也认为，这种"游戏"或实践本来就涉及潜在的社会产品及其分配。我把社会产品及其分配定义为"立场策略"的核心。因此，只要全面描写任何语言应用，就必须面对"立场策略"问题。

除了这一基本观点，语言是人类通过社会产品的处理方式来创造和破坏世界、制度和关系的主要手段。因此，话语分析可以阐释世界上的问题和争议，阐释社会产品的分配问题，如谁得到了帮助、谁受到了伤害等。

请再看句（1）和句（2）及另一变体句（3）。注意：句（3）这样的句子看起来有一点儿奇怪——有一点儿滑稽：

（3）Hornworm growth sure exhibits a significant amount of variation.

为什么这个句子看起来奇怪？因为它把"日常语言"（"sure"）与专业语言混合在了一起。句（1）中的"sure"是个人在观察天蛾幼虫时表达态度和情感的方式。说话者印象深刻，有点儿惊讶。也许，这位说话者甚至表现出对他或她所养天蛾幼虫的热情。但科学的"声音"——句（2）和大部分句（3）背后的"声音"——并不会表达态度和情感。这种声音本来应该冷静、具有推理性。这是科学游戏的"规则"之一。

描述这些"规则"——解释为什么句（3）奇怪——是任何话语分析者在处理句（1）至句（3）中的语言时所做的一部分工作。但是，在具体情况下，我们也可以问，这种"冷静"的声音是为了真正的科学进步还是为了规避个人责任？

在这本书的后面，我们会看到这样一种情况：专业语言的确成了一种隐藏和规避实验中关于伦理和情感困境的方法。既然这是使用特定的语言说事、做事和成事的一部分，话语分析者就有责任去研究它，虽然我们不得不根据其在世界上产生的后果做出判断。在这个意义上，所有的话语分析都是批评性话语分析，因为所有的语言都具有立场策略，所有的语言都是构建和维持世界、文化和制度的方法。因此，所有的话语分析也都具有"实用性"或"应用性"，因为它们揭示了这个世界的构建过程——无论是好还是坏。

关于本书：理论与方法

现在我们谈谈关于本书的"诚信借贷"免责声明。本书是介绍话语分析的一种方法。话语分析的方法有很多，但没有一种方法是唯一"正确的"，我本人的方法也不例外。不同的方法适合不同的话题和问题，相对于其他方法来讲或好或坏。另外，虽然不同的方法使用了与特定的研究者"小群体"相关的工具和术语，但有时也可以得出相似的结论。

此外，本书采取的话语分析方法并不是"我本人的"。没有一套研究工具，也没有一个理论能为一个人所独有，无论学术风格和自我意识如何诱使我们那样去写。我的方法是我大量求助、借用和拼凑而来的。如果我的工作有什么价值，那主要在于"品味"。我用这种品味"劫掠"他人的仓储，把各种成分经过改编、杂糅，熬成一锅汤。当然，也有人在我的汤里辨认不出他们的贡献了，或者至少在他们品尝了我的汤之后不想承认他们的贡献了。如果我所做的事情有些许创造，其唯一的生存机会就是被他人借用，熬一锅新汤。

本书在一定程度上是关于研究方法的。但我想马上指出的是，就我来看，目前的研究"方法"一片混乱。首先，任何方法都要有理论支持。方法和理论是不可分开的，尽管人们通常可以学习某种方法，好像方法可以独立存在一样。任何研究方法都是对某一特定领域的探索方式。当前，我们探索的是语言应用的领域。没有相应的理论，一个领域就不可能有合理的研究方法。因此，本书要提供且必须提供一个关于语言应用本质的理论。事实上，关于这一理论你已经听说过一部分了：使用中的语言是关于说事、做事和成事的；使用中的语言是"游戏"或实践的一部分，它促成"游戏"或实践，并从中获取意义。

一个领域有不同的理论就会有不同的研究方法。之所以如此，是因为研究方法由各种"调查工具"及其应用策略构成。设计调查工具的目的是描述和解释研究者认定一个领域里该有什么、什么重要。因此，一个领域有不同的理论——比如语言应用理论或进化理论——就会有不同的调查工具。

方法会随理论的改变而改变。同样值得注意的是，无论是物理学研究、文学批评研究还是话语分析研究，都不是算术推导；研究不是一套"法则"，不能按步骤推理出结果。如果我们认为研究是一套可以遵循的法则，那么就没有"科学方法"可言了，即使是"硬"科学也没有。相反，研究需要选用、调整调查工具及其执行策略。调查工具和执行策略归根结底存在于由研究人员组成的"实践体"中。

工具和策略要不断调整，以适应具体的话题、问题和研究背景，在实际应用中不断改变。与此同时，一个领域的新研究者把该领域高水平研究者认为是关于工具和策略的"原型"研究作为范例来学习。研究方法具有彻底的社会性和共有性。

本书将介绍几种调查工具及其应用策略，还将举一些关于调查工具使用方法的例子。但是请读者记住，这些调查工具并非僵化的定义，而是指导对某种具体数据以及某种具体话题和问题进行调查的"思维手段"。手段要适应读者自己的目的，也要随着读者把它们应用于他或她自己在该领域的理论而转变。当然，如果读者的理论与我自己的理论相去甚远，这些工具就会越来越不适用，越来越不易或不利于使用。

最后，我要说的是，在本书采取的话语分析方法中，我们没有兴趣只就语料而分析语料。对我来说，话语分析必须有一个目的。我们没有兴趣只描述语料，只对语言的错综复杂表示钦佩，尽管这种错综复杂确实令人钦佩。相反，我们感兴趣的是以下两种能够超越描述的方法：（1）阐明并向我们提供该领域的理论依据，该理论有助于解释语言在使用中的运作方式和理据；（2）理解并调节一些能够激发研究者兴趣的"应用"领域（如教育）的重要话题和问题。

由于对我来说话语分析必须有一个"目的"，本书始终与"应用"话题相关，尽管这些话题并不总是关注的焦点。在话语分析中，任何认为应用和实践没有理论权威、没有理论重要或者没有理论"纯粹"的想法都是站不住脚的。这是因为，读者会看到本书的语言理论是语言只有在社会实践中且通过社会实践才能产生意义。社会实践经常给我们带来道德上的伤害和不公，除非我们尝试改变它们。本书的一个宗旨是，严格意义上的语言理论都是关于实践的理论——如上文所述，是关于我们人类玩的"游戏"的理论。

关于本书：读者与阅读

本书针对三类读者：第一类是非话语分析领域的学生和研究人员，我要向他们介绍一种话语分析模式，希望他们能够在学习其他话语分析模式时使用它、检验它，最后形成自己的思想；第二类是对语言、文化和习俗感兴趣，但没有把研究重心放在话语分析上的学者；最后一类是话语研究领域的同行，他们可以把自己的观点与本书的观点进行比较和对比，以便推进我们的共同事业，即理解语言在社会上是如何运作的，是如何创造更好或更糟的世界、制度和人际关系的。

本书的结构安排如下：第 2 章是话语分析概述，其余章节均沿着这一章展开。在阅读本书的过程中，如果你觉得只见树木不见森林，那你可以重读这一章。我主张的"方法"要到第 8 章才能完全勾勒出来。第 3 至第 7 章通过大量实例讨论构成部分研究方法的具体调查工具及其应用策略。这些工具和策略完全嵌入一个在文化和社会中使用的语言的理论中。因此，这个理论也在第 3 至第 7 章中得以阐述。第 8 章概述了我们的调查工具，并把它们置于话语分析方法的总体框架之中。在第 9 章，我还讨论了话语分析的有效性问题。

第 10 章处理一些在话语分析中发挥重要作用的语言细节（语法和话语的各个方面），讨论了言语的设计和产生。第 3 到第 8 章勾勒出"蓝图"以后，这些语言细节将会更有意义，并会给读者提供其他一些工具来处理话语分析的实证细节。第 11 到第 13 章是话语分析的扩展实例，使用的是本书前几章开发的工具和策略。这些章节绝不是任何类型的"操作"手册（我的另一本书《话语分析：实用工具及练习指导》更像操作手册）；它们仅仅是在实践中举例说明本书所讨论的一些工具。

本书最后附一个术语表，界定本书使用的关键术语，方便读者查阅。

本书的许多分析不要求读者有任何专门的语法理论知识，也不要求读者对语法知识有多么深刻的理解。不过，为了阅读本书，读者还是需要阅读一些相关的语法书，最好是有关交际和社交功能的语法书。"功能"方面最著名的是韩礼德的语法书，也有一些介绍韩礼德的语法方法的二手资料。读者可参阅本章延伸阅读书目。

本书是"入门"书，为了不使章节显得凌乱，我尽量不插入很多参考文献。我在每章结尾处的延伸阅读书目部分都列出了参考文献和推荐书目，在文中直接引用的文献都列在后面的阅读书目中。这样做的不利之处是，我不得不只保留同行专家的、更专业的参考文献；有利之处是，初涉话语分析的读者在阅读了我引用的一些材料后，可以自己去进行进一步的探究。我引用的材料大多有进一步的参考文献。

最后，我想解释一下本书和我的另一本书《话语分析：实用工具及练习指导》之间的联系。两本书中有一些相同的材料，但《话语分析：实用工具及练习指导》更像是话语分析指南，给读者留下许多事情去做——处理语料，从事自己的话语分析。人们可能会说那本书是关于"方法"的教科书，而这本书是"教师手册"。喜欢更多解释说明的人可能更喜欢这本书，而想自己解决问题或寻求与他人合作的人可能更喜欢那本书。

延伸阅读书目

Chafe, W. (1994). *Discourse, consciousness, and time: The flow and displacement of conscious experience in speech and writing.* Chicago: University of Chicago Press. [基于大脑和言语中思想流的一种重要的话语分析方法。]

Duranti, A. (1997). *Linguistic anthropology.* Cambridge: Cambridge University Press. [文化构架中的经典话语分析概述。]

Fairclough, N. (2003). *Analyzing discourse: Textual analysis for social research.* London: Routledge. [费尔克劳夫在本书中呈现的话语分析方法已广为人知且被广泛使用。]

Gee, J. P. (2004). *Situated language and learning: A critique of traditional schooling.* London: Routledge. [讨论了像游戏王和视频游戏等大众文化活动，以及今天这些活动经常涉及的复杂的语言和文化。]

Gee, J. P. (2012). *Social linguistics and literacies: Ideology in Discourses.* Fourth Edition. New York: Routledge. [本书把一些话语分析思想应用于教育问题。]

Gee, J. P. & Handford, M., Eds. (2012). *The Routledge handbook of discourse analysis.* London: Routledge. [一本很好的话语分析手册，收录的文章代表了话语分析的不同方法和领域。]

Gumperz, J. J. (1982). *Discourse strategies.* Cambridge: Cambridge University Press. [人类语言学家撰写的经典话语研究著作。]

Halliday, M. A. K. & Hasan, R. (1989). *Language, context, and text: Aspects of language as a social-semiotic perspective.* Oxford: Oxford University Press. [关于韩礼德系统功能语法理论背景的经典之作。]

Halliday, M. A. K. & Matthiessen, C. M. I. M. (2004). *An introduction to functional grammar.* Third Edition. London: Hodder Arnold. [最详细、最著名的功能语法著作。]

Hutchby, I. & Wooffitt, R. (2008). *Conversational analysis.* Malden, MA: Polity Press. ["CA" 代表 "会话分析" ——一种普遍使用的分析面对面会话的社会学方法。]

Schiffrin, D., Tannen, D., & Hamilton, H. E., Eds. (2001). *The handbook of discourse analysis.* Malden, MA: Blackwell. [一本很好的话语分析手册，收录的很多文章代表了话语分析的不同方法和领域。]

第 2 章

什么是话语分析

引言

本章概述"话语"一词的含义——至少是在本书中的含义——并介绍本书将采取的话语分析视角。一些读者喜欢自上而下俯视话语分析的"大画面",另一些读者可能更倾向于慢慢地"涉入水中"。如果读者发现这一章枯燥无味,他们就应该从下一章开始阅读,然后在感觉可以形成"大画面"时再返回本章。

在第 1 章,我们说我们是在使用语言说事、做事和成事。我会见学生时,是以教授的身份说话和做事,促成教授的身份;我玩游戏(视频游戏)时,是以一个游戏玩家的身份说话、做事,促成游戏玩家的身份。我观鸟时,是以观鸟者的身份说话、做事,促成观鸟者的身份。为了说事、做事和成事,我需要世界上的其他人和事物来帮助我说事、做事和成事。我需要其他教授(以及学生和学院)、其他游戏玩家(和游戏)以及其他观鸟者(和鸟)等的参与。

什么是"话语"？

"话语"一词在不同的学术领域有不同的使用方式，而不同的学科使用不同类型的话语分析。我们人类几乎可以分析一切事物的意义。我们可以把一切事物看作符号和象征，给它们赋予意义。例如，婴儿、山脉和星星对于我们人类来说不仅可以是世界上的具体事物，而且可以像无辜、威严和无限等抽象概念一样具有象征意义。然而，对于语言学家来说，"话语"是语言的一部分，与句法密切相关（"句法"是指语言的结构、词语和短语组合成句子的方式）。

那么话语与句法有什么关系呢？以绘画为例，如果你想画一幅画，你必须把不同的部分以你想要的方式组合起来。所有的元素组合成一个事物、一幅画（虽然眼睛是一点儿一点儿地看）。现在设想一部动画电影，电影中的每一帧都必须像一幅画一样组成（绘制）。设计师必须选择要放入每帧画面的元素，以及这些元素应该如何组合在一起。也许左边是一对恩爱的夫妻，右边是一棵大树，上面是一弯月亮。每一帧都是一个独立的画面。然而，动画电影由许多不同的帧组成，一帧一帧迅速流过（非常快）。艺术存在于图画和图画序列中。所以电影制作者要做两个选择：首先，在每一帧（图片）中放置什么元素；然后，如何把帧排列起来，讲一个故事或实现一个效果。

像电影一样，语言随着时间而流动。在语言中，我们称帧（单个图画）为"句子"。"句法"确定了我们组织句子时遵循的"规则"（惯例）。像画或电影帧一样，我们选择把什么成分放在句子中，如何把它们组织或组合在一起。所以，在"Microsoft's new operating system is loaded with bugs（微软在操作系统中加载了漏洞）"中，我以一种方式把成分（名词短语、动词短语、主语和宾语等）组合成句子，而在"Microsoft loaded its new operating system with bugs（微软的操作系统中加载了漏洞）"中，我以另一种方式组合成句子。每个句子都遵守英语语法规则，但两个句子说的是不同的事情。第一句使"漏洞"听起来像犯了一个错，第二句使"漏洞"听起来像微软公司有意为之。

组合成句子（像电影的帧一样）以后，我们必须选择如何为句子排序，来讲一个故事或笑话、找一个论据或借口、写一份报告或一段骂人的话等，诸如此类。

现在我们可以看语言学家给"话语"一词赋予的一个意义。话语是句子序列，是把口头语或书面语的句子按时间序列彼此连接和相互关联的方式。说话或写作时，我们选择词语和短语放入或"打包入"句子。话语关注的是句子之间是如何建立关联，创造意义或解释意义的。如果把话语比作电影，话语就是组成电影的部分或全部帧序列。

请思考下面的例子：

（1）The destruction of my home in the fire took only an hour.

（2）My home was destroyed in the fire. It took only an hour.

例（1）和例（2）表达的信息基本相同，但该信息在例（1）中组合为一个句子，而在例（2）中则由两个单独的句子表达。例（1）中，"The destruction of my home"这一信息在句法上与"only an hour"这一信息相关联。相同的两个信息单元在例（2）中的联系是在话语层面。

为什么这样说或那样说？为什么使用例（2）而不是例（1）？这个决定不仅取决于说话者或写作者想说什么，而且取决于说话者或写作者将受话者或读者看作谁（如，朋友、记者、第一反应者、邻居、陌生人等），以及说话者或写作者希望受话者或读者感受、思考以及可能做什么（与这种情形和说话者／写作者相关的）事情。

有些人认为"句子"的概念只与书写有关。在我看来并非如此。在本书中可以看到，口头语和书面语的句子是不一样的，但句法关系和语调在口头语中也确实可以区分句子，尽管比在书面语中区分的句子更加灵活和松散。

那么，从根本上来说，到底什么是句子呢？句子是在同一"单位"中前景化和背景化信息的一种方式，这一点很像图画或电影帧。句子中的某一信息是前景化信息（要点），其他信息从属于主要信息（即背景化信息）。请思考例（3）和例（4）中的句子：

（3）Though money often determines the outcome of elections in the U.S., we still call the U.S. a democracy.

（4）Though we still call the U.S. a democracy, money often determines the outcome of elections.

在例（3）中，说话者或写作者假设钱往往决定美国的选举结果。这是背景信息，是说话者或写作者要求受话者或读者承认或认为理所当然的信息。说话者或写作者声称（断言），"we still call the U.S. a democracy（尽管如此，我们仍然称美国为民主国家）"。这是前景化信息，是说话者或写作者要求受话者或读者讨论或争论的主要声言。

例（4）中的情况恰恰相反。"we still call the U.S. a democracy（我们仍然称美国为民主国家）"为假设的背景化信息，而"money often determines the outcome of elections（钱往往决定选择结果）"是声言和前景信息。

单词"though"有助于决定例（3）和例（4）中的哪一信息是背景化信息、假设的和理所当然的信息，哪一信息是前景化的主要声言。语言学家称"Though money often determines the outcome of elections"或"Though we still call the U.S. a democracy"这样的结构为"从属句"。

为什么我们按顺序组织句子？为什么我们按顺序排列电影中的帧？电影制作者组织帧来创建比单一帧更大的东西，创造场景、事件和故事等。我们组合句子来创造比单个句子更大的东西，创造全部或部分会话、报告、故事、笑话、争论（如，设置一则笑话、论证的前提、故事的结局、诗歌的第一节等）。

"话语"的另一层含义

语言学家给予"话语"一词另一层——部分程度相关的——含义，即话语是使用中的语言（在具体语境中实际使用的语言）。学习使用中的语言时，我们学习的不仅仅是一个抽象的系统（"语法"），而且也是在具体的说话和听话或写作和阅读中实际说出或写出的话语或句子。

当然，在大多数情况下，无论是在口头语还是在书面语中，我们创造一个以上的句子，而且我们的句子是按顺序排列的。这就是"话语"一词的第一层含义：句子之间的关系。但是，我们也可以只说一句话，比如"快出去！"或"我可以喝点儿咖啡吗？"语言学家研究使用中的语言——并为此使用"话语"这个术语时，他们关心的是语言和语境之间的关系。语境有助于确定我们表达的意义范围或者被认为表达的意义范围。例如，在液体咖啡溢出这样的语境下，"Clean it up"的意思是拿把拖布，而在一听或一罐咖啡粒或咖啡豆撒了这样的语境下，"Clean it up"的意思是拿把扫帚。

感受"话语"——即使用中的语言——的这一层含义，就像研究人们在看电影时如何解释电影一样。这样的研究必须探索电影制作人使用的线索和暗示（电影帧的组成和排序方式），以帮助电影观众解释电影，并根据这些线索或暗示，通过观看电影并结合他们自己的生活经历来从电影中获取意义。语言也是如此。话语分析者研究说话者和写作者如何使用线索或暗示（即句法和话语）来形成受话者和读者的解释和行为。

一些语言学家使用"话语分析"这一术语来研究句子之间的关系以及语言在具体语境中的应用。其他语言学家使用"话语分析"这一术语只是为了第一层含义（句子之间的关系）。他们使用"语用学"这一术语来研究语境中的语言，研究语境如何给词语赋予意义，词语如何给语境赋予意义。我将使用"话语分析"这一术语来表示这两层含义，但读者应该记住，他们以后阅读的内容有时会被贴上"语用学"而不是"话语"的标签。

说话者／写作者和受话者／读者做什么？

我在第 1 章指出，我们说话或写作时，我们总是同时说事、做事和成事。不同的话语分析方法倾向于前景化说事（信息）、做事（行动）或成事（身份）。本书前景化身份。我们总是以某种身份说话和听话、写作或阅读，比如学生、学者、政客、游戏玩家、观鸟者、女人、女权主义者、动漫粉丝等，可以列出一长串这样的身份。我们还根据我们说话或写作的对象来设计（塑造）语言。例如，我跟医生说话时是把他当成专业医疗人员还是朋友？我跟我妻子说话时是把她当成学术同事还是亲人？这些身份组成了我们的社会世界。

本书认为，我们根据身份——社会上不同类型的人或角色——来解释说事和做事。除非我知道你是谁、你认为我是谁或者你想让我是谁，否则我不能真正知道你要做什么、你想说或暗示什么。例如，一位土著美国人是以土著美国人的身份还是以老战友的身份和别人说话，或者以一位土著美国人的身份与另一个他不承认是土著美国人的人说话。

我们说话或写作时，总是积极地设计我们的语言，来说或做我们想或希望说或做的事情。为了交际并实现交际效果，我们所做的就像艺术家一样，但用的是词语而不是画笔绘画，或者像音乐家一样，但用的不是音符谱曲。作为说话者或写作者，我们有两项主要工作——两种主要类型的工作。

1. **"受话人设计"**：我们说话或写作时，我们设计我们的语言，同时适当考虑受话人的身份。我们对朋友和对陌生人说话和写作的方式是不同的。科学家对科学家和对非科学家说话和写作的方式是不同的。我们跟服务员和跟老板说话的方式也是不同的。

2."**定位设计**"：我们还经常根据我们希望的受话人是谁，如何思想、感觉和行动等来设计我们的语言。我们不只是设计我们说或写什么、我们认为我们的受话者或读者是谁，我们有时候也积极地诱导他们成为谁或我们想或需要他们是谁。我们试图"定位"他人，给他人赋予我们想要的身份、做我们想让他做的事情。我们可能会以一种方式说话，让我们的医生或老师（"请我们的医生或老师"）少一些"正式"，多一些"人性化"和"亲和力"。我们可能会以一种方式写作，让读者比他们实际上更自由、更保守或有更多或更少的宗教色彩。我们诱导受话者和读者，哪怕只是一小会儿时间，接受可能导致新的或不同的信仰/行为的新的或不同的身份。我们试图说服、激励、改变甚至操纵别人。这也是社会生活和社会变革的一个核心部分。

作为受话者和读者，我们也有两项工作——两种核心类型的工作。

3."**情境意义**"：语境是在世界上存在的，我们通过语言和交流积极地创造、识解和构建语境。因此，情境意义是指受话者/读者根据对语境相关部分的识解，给词语、短语、小句、句子以及这些单位的组合赋予的特定意义。如果地板上有液体咖啡，这种语境把"**Clean it up**"理解为"拿一把拖布"；如果地板上有咖啡粒或咖啡豆，这种语境就把"**Clean it up**"理解为"拿一把扫帚"。如果我们把语境与我们自己的卫生或我们杂乱的卧室联系起来，那么"**Clean up**"就有不同的含义。在本书后面，我们将看到，使用中的语言有一个有趣的特点，即它既反映了我们使用语言的情境，又帮助创建这些情境或这些情境的意义/意图。

4. **"回应设计"**：作为受话者和读者，我们需要准备对我们听到或读到的内容做出回应。这意味着根据说话者所做的事情以及我们作为受话者或读者执行情境意义任务（从语境中获得的事情）的方式来做出回应。回应可以保留在记忆里、可以通过身体部分地表现出来、可以用行动或语言得以传递。说话者在说话时，受话者总是在做出反应和回应（如，点头、眼神、姿势和声音等），因此，说话和听话都起到积极的设计作用。受话者或读者必须最终承接他或她的"话轮"并做出回应。这种回应是基于说话者或写作者设计话语或文本的方式而做出的，可能是走开，或参与会话，或与说话者辩论等。回应也可能是把书扔掉，做笔记或者欣赏作者，甚至为此而改变自己的观点等，也可能是以某种方式帮助或阻碍说话者或写作者。如果是用语言做出回应，则必须使用受话人设计，可能也会使用定位设计。这要取决于原说话者或写作者如何执行这两种类型的设计。我们可以拒绝或接受原说话者或写作者关于我们是谁（受话人设计）的观点，以及他或她寻求为我们定位的方法（定位设计）。

我要强调的是，我希望你把说话 / 写作和听话 / 阅读视为积极的设计，视为我们也可以愉快地甚至艺术性地从事的工作。我们做这些事情，是为了引导人们做出回应、给予解释，就像艺术家设计艺术作品一样。

身份

身份是一个复杂的概念（也是世界上一系列复杂的实践）。我们可以在两个层面上谈论身份，一个是广义的，一个是狭义的。

5. **"社会距离"**：我们可以区分挚友、相识和陌生人。当然，不同的社会群体和文化群体对挚友、相识和陌生人的界定不同，而且可以随着时间而改变。相识是指我们认识但交往不是太多，或者有联系但不太亲密，还算不上挚友，因此是介于挚友和陌生人之间的中间状态。人们通常对相识比对挚友和陌生人更礼貌（他们认为挚友的关心是理所当然的；他们不在意陌生人的关心，除非他们以后还有可能见面）。我们还可以按照一个关系连续统来谈论社会距离，一端是亲密 / 契合，一端是地位 / 尊重。

6."社会重要人物"： 我们在这里所说的身份是社会上不同的社会群体和社会文化组织促成和认同的身份。身份在特定的语境中以特定（一部分是常规性）的方式得以促成、认同和识解。语境是存在的，并同时得以识解和构建。身份是多重的——我们都有很多身份，我们可以抛弃或拒绝一些身份，也可以获得新的身份。身份可以是局部的、协商的、争论的、尝试的、即兴的、创新的、强加的、自由选择的、混合的、掌握的、发展的、固化的等。它们可以是谎言、是真理，或两者兼有。社会重要人物可能有或没有大众认可的标签，如"律师""理论物理学家""非裔美国人""激进的女权主义者""基督教原教旨主义者""硬汉"或"拉丁美洲街头帮派成员"。这些标签通常比较笼统，并且涵盖了各种更具体的类型（如"了解黑人街头文化的非裔美国人"或"后现代英语系的激进女权主义者"）。身份往往比标签更灵活，而且身份和标签都会随着时间的推移而得以协商、争论和改变。两者都是历史的产物，而且往往是可塑的习俗。

任何人类语言都有自己的语法。这种语法是说或写该语言者使用的语言资源集，包括词汇（词语）、语音、形态、句法和语义等。

任何语言的语法都被不同的社会群体使用、组织、改编和转换，以执行具体的任务、实践、工作，并促成或认同具体的具有社会意义的身份。语法的改编产生了不同的语言风格、语言变体和语域，我称之为不同的"社会语言"。我们可以区分两大类社会语言。

7. "非土语('专业')社会语言"： 这种语言是指律师、物理学家、音乐家、木匠、帮派成员、视频游戏玩家以及其他诸多职业的社会重要人物的"词语使用方式"。每种社会语言都使用语法——和一些自己的创造——并按照自己的目标、价值观、需求和工作来塑造语言。例如，所有的说英语者都会使用关系从句或名词化，但在不同的社会语言中，关系从句或名词化的使用方式不同，与其他语法资源的搭配模式也不同。

8. "土语社会语言"： 有一种社会语言——一种或多种语言——是特殊的。这种社会语言是人的"土语社会语言"，是人们作为"日常人"而不是专业人士说话或写作以促成"日常人"身份时所使用的语言变体。不同的社会群体有不同的土语社会语言（通常是不同的方言）。他们以不同的方式使用语言来促成"日常人"身份。而且，当然，"常识"的构成在不同的社会群体中也不相同（而且也不必一致）。

受话人设计、定位设计、情境意义和回应设计都涉及身份（无论是"社会距离"类还是"社会重要人物"类的身份），因此我们要认识到，身份不能仅仅用语言来促成。语言还与其他事情融合，共同实现身份的促成和认同。例如，牧师不能仅仅通过说出正确的话来宣布婚姻，他或她还必须以牧师的身份用正确的方式在正确的时间来宣布婚姻。教授在课堂上讲的可能都是正确的，但如果他喝得醉醺醺，穿着拖鞋，那他也不会促成——或被完全接受——教授的身份。街头帮派成员也不能拿着玩具手枪，一脸严肃地威吓人。

为了促成身份，人们必须说正确的话，做正确的事，表现得好像他们相信和重视正确的东西，在正确的时间和地点穿着正确的衣服。

身份就是表演。像所有表演一样，除非有一些人认识你、知道你在表演什么，否则你的表演就无效。

话语中的说和写总是像戏剧中的台词一样：演员和观众都需要知道演员应该是谁，应该做什么，他们的表演是什么意思。当然，前卫戏剧为了演出效果可以让所有这些都变得模糊，但在现实生活中留下太多模糊可能比较危险。作为警察，如果你在混乱的酒吧里表现得不自信，那你可能会死。作为恋人，如果你脚踏两只船，那你就会失去你的爱人。大部分的生活不是前卫的，但前卫的生活也有。

所以我们在交际时，不仅用语言，也用我们拥有的一切来设计。我们创造并使用衣服、手势、身体、环境、道具、工具、技术、物体、信仰和价值观的社会表现以及所有这一切的配置。为了实现我们的目的，我们用这一切来设计。因此，话语是用语言进行的基于身份的交际活动。我们需要另一个术语来表示使用语言和我们拥有的所有其他事物进行的基于身份的交际活动。我们称这种话语为"大写D话语"或"话语"*。

9. "**话语**"：两个人从事话语活动（语境中的语言互动）时，他们在以促成和认同社会重要身份的方式来相互交流。身份具有社会显著性，因为各种不同的社会群体在世界上和历史上构建、识解、使用、协商、争论和转换身份。因此，两个人的互动也是两个（或更多）话语的互动。这也就是通过社会性工作在历史上形成的具有社会重要意义的生活形式（身份）在彼此交谈——通过在不同的时间使用不同的身体和思想来继续他们长时间的谈话。约翰和简谈话时，（某些类型的）男人和女人和其他具有社会显著性的身份（如，医生／护士、同性恋／异性恋、白人／黑人、足球迷／

---

* 这里的原文是：We call this "Discourse" with a capital "D" or "big D Discourse"。这是作者使用的一个重要概念和术语，本书中均译为"话语"，以便与一般意义的"话语"区分。——译者注

棒球迷等）也在通过约翰和简互相交谈。但约翰和简并不是话语的傀儡。话语之间的对话此时此地由他们掌握。他们可以在表演中改变会话，就像任何好戏中的好演员一样。

话语 / 话语理论讨论的是如何透过具有社会意义的身份这一镜头来观察交互式沟通。说话者 / 写作者使用世界上的语言、身体和事物（"语境"）来促成具有社会意义的身份。受话者 / 读者注意世界上的语言、身体和事物（"语境"）以识别这种身份（成功与否）。更好的说法是，说话者和写作者在寻求受话者 / 读者认可的某一具有社会意义的身份（或一组身份）。寻求可以成功、可以失败，或者部分成功、部分失败。他们可以邀请受话者 / 读者进行协商或争论。身份在历史上通过敏感的身体和心灵之间的社会互动而存在和改变（以及出现和消失）。

当然，书面语言比大多数口头语言更依赖于语言本身。在口头语中，身体、地点和事物更容易显现。但书面语也必须在特定的语境——语境不仅仅是由语言组成——中进行交流。教科书的阅读方式——使用不同的身份——不同于政策文件、报纸或动漫书。每种阅读材料也都可以有不同的用途（如，漫画书可以用作动漫课程的教科书）。

读者可能会问，"文化"的概念如何适用于话语 / 话语分析？"文化"一词的含义太多，因此总会出现一致性问题。成为一个（特定类型的）"摩托党酒吧里的优秀骑手"是一种话语，成为一种（特定类型的）"动漫乐器"或特殊教育学生（SPED）也是一种话语。把这些都称为文化可能没有意义。在任何情况下，话语 / 话语理论都是关于促成和认同具有社会意义的身份的，都是关于在语境中表演的"各种人"的认同。"文化"通常涵盖的内容很多（实际上是太多），往往集中在信仰和价值观上，而不是身体、事物和世界上。

话语可大可小（如，跑步者、游戏玩家、律师、政客、福音派教徒、帮派成员或观鸟者等，无穷无尽）。它们在历史上出现、消失。它们植根于惯例，让我们有时间和地点来促成和认同某些具有社会重要性的社会历史人物。我们没法列举出全部标签，因为人类识别且在实践中转化"类型"和"类型的类型"的能力几乎（并且可能真的）是无穷尽的（就像我们识别面孔的能力一样）。识别既是心理过程又是社会过程。我们可以研究一个过程，也可以研究两个过程。

联系网络

我们根据语言的设计和背景，在特定的语境中解释口头或书面语言时，我们在头脑中构建联系网络。我们随着言语或写作在语境中的展开来构建（并改变）联系网络。我们把思想或主题与我们听到的话语和我们所处的语境要素联系起来。这些联系通常是建立在我们以往经验的基础上的。有些人把这些联系网络称为"话语记录"或"话语心理模型"。我们将在本书中看到，这种网络通过我们对情境意义所做的工作来确定（根据具体语境确定事物在其中的具体意思），通过我们稍后所说的"社会模式"来确定。

我将举一个简单的例子来说明我们在话语展开过程中构建的联系网络如何帮助我们解释语言和情景，促成并认同话语。

我是一名 65 岁的大学教授。有一天，已经过了午餐时间，我走进大学城一家墨西哥餐厅。这时，我把我对语境的解释 / 识解存储在我的话语记录中：

- 墨西哥

- 餐厅

- 午餐

- 大学城

- 档次略高

- 年轻大学生和好酒者爱光顾

这些元素以及它们之间的联系——以及许多其他元素——被存储在我的话语记录中。我坐在一个空吧台旁，一个大学生模样的白人男士朝我走来，说："老板，您要点些什么？"这时，我又在我的话语记录中添加了以下元素：

- 服务接触
- 大学生模样的年轻白人男性
- 老年男子——年轻男子
- 穿牛仔裤
- 非正式语气
- 风趣口吻
- "老板" ＝ 等级、尊重、地位
- 想知道我要点些什么
- 因为我选择坐在吧台，他期待我会先点一杯酒
- 他预计我可能会也可能不会点食物

到目前为止，所有的联系对大学城里像我一样的人来说都是典型的。所有这些都可以通过访谈或在民族志作品中轻松发现。但是我还有其他联系与我参加的其他话语密切相关：

- 亚利桑那州的墨西哥餐厅
- 盎格鲁（不是墨西哥人或墨西哥裔美国人）调酒师 / 服务员
- 没有墨西哥人在眼前
- 也许这不会是"正宗的墨西哥"食物
- 亚利桑那州在西班牙裔移民和对待讲西班牙语者的问题上经历了许多政治动荡。
- "老板"这个词有时是"地位较低"的人对"地位较高"的人

的称呼，特别是有时非洲裔美国人对白人的称呼，作为在压迫性种族文化中尊重的标志。[例如，城市里的流浪人经常会说："老板，有零钱吗？"]

我知道后面这些联系来自我与其他话语和经验的关系。比我年轻得多的调酒师／服务员可能会也可能不会意识到或关心这些话语和经验，又或者可能以与我完全不同的方式关心。

我点了一杯啤酒，并要他拿菜单来。调酒师／服务员和我在一个话语中已经促成了身份。这是一种使用等级和尊重的服务接触，但用风趣的非正式的语调掩饰了。我知道这个餐厅话语与我可以参与或认可的其他餐厅话语形成了鲜明对比。例如，在"假装朋友"的服务接触中，一位年轻的服务员给了我他／她的名字，并问我的名字，然后像朋友一样对待我。在较传统的服务接触中，服务员不太礼貌，也没有效率；在老式的服务接触中，服务员（往往是女服务员）会说这样的话："亲爱的，我能为你做点什么？"还有其他更多的，比如服务员会说："兄弟，来点儿什么？"我知道当前我促成的话语是什么意思，这主要是因为我让它与其他话语建立了联系。

这些话语没有而且没必要有正式的名称或标签。它们不需要明确区分。我们只需要在没有任何人抱怨、"打乱"这次话语接触（这当然也可以发生）的情况下经历这次接触。例如，我非常清楚，在墨西哥餐厅里，如果我把调酒师／服务员风趣式的非正式的尊重太当真并真的以"老板"的身份对他发号施令，那这次话语接触就会"破裂"。

对我而言，这次接触有点不舒服，因为我联想的政治事件太多。但是我习惯于在亚利桑那州甚至在整个美国遇到这种不舒服的事情，因为我们都习惯于不把我们的日常生活中的各个方面都说出来，而一旦认真检查，这些方面又可能会"打扰"到我们。例如，许多美国人都有在美国首都华盛顿特区的餐厅或酒店的经历，那里大部分服务员是非裔美国人，大部分经理和"更高层"管理者以及客户是白人。我们觉得这很正常，但是你要是把它说出来，就会"打破"我们参与的服务接触话语。

话语涉及人们通过语言和其他事物（如，我的衣服和调酒师 / 服务员的衣服、我中午坐在酒吧点一杯酒、我的年龄、酒吧的装饰品等）进行沟通。话语也涉及——用我们的思想、身体和环境——跨越历史的沟通。我经历的这次服务接触符合美国和西方历史中的大趋势，即"掩盖"（隐藏）权力、等级和地位，而不是消除权力、等级和地位。它也符合包括饮酒和性在内的各种以青年为主导的大学话语。同时，它也涉及在以青年为主导的文化中如何看待年龄问题。话语一直在"说话"，虽然如果它们不能栖居在思想和身体里，它们就会在历史中消亡。

这个例子表明，即使是最小的接触，也还需要多少发生些事情才能"拉开"话语。此外，我在这里所描述的只是发生的一小部分事情。但我们应该记住，对于话语 / 话语分析来说，我们不需要发现一切，只要发现的能使我们以某种令人信服的方式实现我们的目标就够了。话语 / 话语语料本身并不重要，而关于社会生活的论证和假设才是至关重要的。

话语 / 话语分析是研究社会生活的一个工具，最好与其他工具（如，民族志、历史学、社会学、心理学等）组合在一起。它揭示了社会生活的秩序，这一秩序在不断改变，并随时被破坏。它向我们表明，我们是在历史上产生和再生身份。

话语 / 话语分析有一个特点。作为话语分析者，我们在更公开更正式地做我们所有人在生活中（不太公开和正式地）做的事情，彼此表达意义。话语 / 话语乃是关于我们在接触中（在说话或写作中）如何知道我们彼此是谁、我们在做什么。我们所有人，即全人类，都是话语 / 话语分析者。

本书的方法

本章概述了任何话语分析方法必须面对的问题。你可以比较和对比不同的话语分析方法，询问每种方法是如何处理我们在这里讨论的问题的。

在本书中，我们将根据说话者和写作者如何促成具有社会意义的具体身份，来解释受话人设计。我们将根据说话者和写作者如何使用语言来引导受话者和读者以某种方式观察自己和世界，并以某种方式采取行动，来阐述定位设计。我们将根据我们所谓的"图像世界"或"文化模式"以及人们在具体语境中定位意义的方式（如何根据词语或短语的使用语境来分配给词语或短语具体含义）来阐述联系网络。应该指出的是，联系网络可以通过认知科学和脑科学的工作得到进一步阐述。这一点没有包含在本书中（关于这一点和相关文献，请参见［Gee 2004］）。

大多数话语分析方法都较少直接讨论回应设计——受话者和读者计划并执行对说话者所说或写作者所写的回应——尽管回应设计是文学批评讨论的主要话题。然而，话语分析倾向于在处理回应设计时考虑前一位说话者或写作者使用的语言如何影响受话者或读者做出言语或心理回应。因此，回应设计是我们分析跨时间交际流的核心，是人们在（与他人或书面文本）交谈中随着时间的推移而在特定语境中共同构建（共同创造）意义的方式。

延伸阅读书目

Bourdieu, P. (1990). *In other words: Essays towards a reflexive sociology.* Stanford: Stanford University Press. [布迪厄最易懂的一本书。]

Fairclough, N. (1992). *Discourse and social change.* Cambridge: Polity Press.

Gee, J. P. (2004). *Situated language and learning: A critique of traditional schooling.* London: Routledge.

Gee, J. P. (2012). *Social linguistics and literacies: Ideology in Discourses.* Fourth Edition. New York: Routledge.

Hacking, I. (1986). Making up people, in T. C Heller, M. Sosna, & D. E. Wellbery, with A. I. Davidson, A. Swidler, & I. Watt Eds. *Reconstructing individualism: Autonomy, individuality, and the self in Western thought.* Stanford, Calif.: Stanford University Press, pp. 222-236. [哈金对身份的研究。他有几本这方面的书，都值得一读，但建议从本书开始读起。]

Jones, R. (2012). *Discourse analysis: A resource book for students.* London: Routledge.

Rogers, R. (2011). *An introduction to critical discourse analysis in education.* Second Edition. Mahwah, NJ. Lawrence Erlbaum.

Wodak, R. & Meyer, M. (2009). *Methods of critical discourse analysis.* Third Edition. London: Sage.

第 3 章

构建任务

通过语言构建事物

在第 1 章，我们指出使用中的语言是关于说事、做事和成事的。我们通过说事、做事和成事来促成某种"游戏"或实践（如，委员会会议、游戏王游戏、法庭辩论、帮派之间的地盘争夺战、一年级小学生阅读教学、邻里之间的"闲聊"、要求与某人约会等）。这些"游戏"或实践反过来又给我们说事、做事和成事赋予意义。"游戏"或实践总是属于某种社会群体（如，街头帮派成员、律师、动漫迷等）、文化（如，美国人、非裔美国人、土著美国人等）或机构（如，大学、中小学、政府等）。所以，我们促成这些"游戏"或实践时，我们也在维持这些社会群体、文化和机构。

不同的文化对音乐制作有不同的惯例。但在任何文化中，每个音乐表演者都会使音乐既符合惯例（因此是旧的），又独一无二，这有赖于表演者的天赋和风格表演（因而是新的）。语言也是如此。我们使用"语法"这一术语作为我们说话和写作的惯例。我们每次使用语言都会遵守惯例（即"语法"），同时，我们使用的语言也是独一无二的，表达我们想说什么、如何说。像音乐一样，我们用语言所做的一切既是旧的也是新的。

制作音乐的意思很清楚。但是，我们用语言来制造意义，却不清楚"制造意义"是什么意思。在最广泛的意义上，我们通过使用语言说事来制造意义，同时在实际使用的语境中做事和成事。我们"做"和"成"（身份）的事情便开始在世界上存在，反过来又带来了世界上的其他事情。我们使用语言在世界上构建事物，从事世界构建，保持社会世界的运行。

就好像你可以通过简单的说话来建造大楼。虽然我们不能简单地说几句话就建造了大楼，但世界上的确有些事情是可以通过说话来建造的。

我们来举一个很简单的例子。棒球比赛中一位裁判说"开球！"于是比赛中的"开球"就存在了。这是游戏规则允许发生的。裁判员说"开球"便有了开球。同样，婚姻规则允许婚姻的发生。牧师或法官说"我现在宣布你们结为夫妻"，于是，婚姻就存在了。裁判让开球实际发生，牧师让婚姻实际发生。

这些就是我们所说的"直接言语行为"。只要在正确的环境中说出某事，某事就发生了（所以在正确的环境中说出"我愿意"可以使承诺发生，于是"愿意"也是一种直接言语行为——不是舞台剧的一部分）。但是，有些用语言可以发生的事情实际上没有语言也可以发生，只是用语言比不用语言更容易一些。我可以肯定，用手势和行为一样能威胁你，只是用语言更容易做到这一点。

我们使用语言制造或构建世界上的事物，不仅是开球、婚姻和威胁，还有许许多多其他的事情。例如，我可以用语言与他人建立（或断绝）关系。如果我以一种非正式的方式与你谈话，我是在"寻求"你接受我是你的朋友，是让你感觉舒服的人。如果你也这样跟我说话，那我们的这种关系就"实现"了（至少在此时此地），并且在世界上产生了后果（例如，我现在邀请你到我家吃饭，你很难拒绝）。

我们说话或写作时，总是（而且同时）构建七件事情或七个"现实"领域。我们称这七件事情为语言的"七大任务"。反过来，由于我们使用语言构建这七件事情，话语分析者可以就任何使用中的语言提出七个不同的问题。下面我列出这七个构建任务以及每个任务引出的话语分析问题。

1. 显著性

根据几乎每个人的标准，生活中有些事情总是具有显著性（如，孩子的出生或死亡）。但是对于许多事情来说，我们需要用语言来赋予它们显著意义或减弱它们的显著性，向他人表明我们如何看待它们的显著性。

"Hornworms sure vary a lot in how well they grow"一句话表明，说话者通过使用副词"sure"为天蛾幼虫的变化赋予显著性。这是一种态度或感情标记。"Hornworm growth exhibits a significant amount of variation"一句则表明，说话者通过使用"significant amount of variation"这一短语为天蛾幼虫的变化赋予显著性。"显著性"是一个技术性术语，是学术研究中的统计工具。

话语分析问题： 这段话是怎样使事物具有显著性的？是以什么方式使事物具有显著性的？

2. 实践（活动）

关于实践我们已经谈了很多。我所说的"实践"，是一种社会认可的、受制度或文化支持的努力，通常涉及以特定方式排列或组合的行动。鼓励学生是行动，作为导师指导研究生是实践。给某人讲语言学是行动（告知），讲授一门语言学课是实践。有时候，"活动"一词可以用来指代我所说的实践。

我们使用语言来获得参与某种实践或活动的认可。例如，我以一种方式说话和行动，我是在正式宣布委员会会议的开幕；我以另一种方式说话和行动，我是在会议正式开始之前"聊天"。

我们在考虑实践时，也会遇到"鸡和蛋"的问题。我们使用语言说事、做事和成事促成了实践。同时，如果实践事先不存在，我们说事、做事和成事也就不会有意义。

那么，哪一个先出现？是先有委员会会议这样的实践呢，还是先有召开委员会会议所使用的语言呢？是因为我们这么说话做事这才是一个"委员会会议"呢，还是因为这是委员会会议我们才这么说话做事呢？委员会会议的实践为我们在会议上使用的语言提供了意义和目的，我们在会议上使用的语言促成了委员会会议并使之存在。

关于"鸡和蛋"问题的答案是：语言和实践彼此"依存"，相互促进。没有其一，就没有其二。

当然，这也确实提出了新实践如何出现的问题。通常，新实践是旧实践的变体，是人们为了新目的而改变或转换旧实践。通常，新实践首先借用旧实践的某些元素，在不同的领域或语境中创造新东西。这就是为什么计算机界面看起来像桌面，而且被称为"桌面"。我们使用旧事物来理解和构建新事物。

话语分析问题： 这段话被用来促成（让别人明白正在促成）哪种或哪几种活动（实践）？

3. 身份

我们使用语言获得某种身份或角色，即构建身份。例如，我以一种方式说话和行动，那是在行使委员会"主席"之职；我以另一种方式说话，那是在和朋友 / 同事聊天。即使作为委员会主席参加正式会议，我的行为举止也不总是像个主席，甚至开会时也是如此。我必须在适当的时间和地点以这种身份履行职责。

我们说话或写作时经常把某一身份归属于他人，以此来促成我们自己的身份，并明里暗里把这一身份和我们自己的身份进行比照。我们为其他人构建身份，并以此为自己构建身份。例如，如果不在说话和写作中为其他"种族"构建一种低贱的身份，我们就不可能为我们自己促成一个种族主义者的身份。

话语分析问题：这段话被用来促成了哪种或哪几种身份（即让他人承认其可操作性）？这段话赋予他人什么身份？如何帮助说话者或写作者促成他或她自己的身份？

4. 关系

我们使用语言来表明我们与受话者、读者或其他个人、组织或团体的关系，表明我们想跟他们建立什么关系或者正在尝试跟他们建立什么关系：也就是说，我们用语言构建社会关系。例如，在一次委员会会议上，作为委员会主席，我说"史密斯教授，非常抱歉，我们要进入下一个议程了"。这表示我对史密斯教授说话比较正式，对他表示恭敬。假设我这么说，"埃德，进入下一个议程了"。这就表示我们谈话不太正式，对受话者也不太恭敬。

话语分析问题：这段话要促成与他人（在场或不在场）之间的哪一种或哪几种关系？

5. 立场策略（社会产品的分配）

我们用语言传达对社会产品分配本质的看法，即构建一个关于社会产品的观点。例如，如果我说"Microsoft loaded its operating system with bugs（微软在操作系统中加载了漏洞）"，那意味着，我认为微软是故意的，应该负责任，甚至应该受到法律的惩罚，这样，我就否认了微软公司是一个负责任的好公司这一社会产品，至少在这件事上。

但如果我说"Microsoft's operating system is loaded with bugs（微软的操作系统中加载了漏洞）"，这表示我认为微软不是故意的，责任较小，罪责较轻，但我仍然拒绝承认微软公司是一个负责任的好公司这一社会产品，只是不再那么坚定。如果我说"Like all innovative pieces of software, Microsoft's operating system has bugs（像所有创新软件一样，微软的操作系统有漏洞）"，我给予了微软公司一个社会产品（创新），甚至把漏洞看作一个创新标志，而不是一个问题。我们的措辞可以牵涉诸如罪行、责备、法律责任或免除法律责任、微软的良好动机或不良动机等。

任何时候，我们以某种方式说话或写作都会对社会产品构成潜在的威胁。比如，我们说话或写作时以某种对某社会群体或整个社会具有重要意义的方式，表明或暗示某物或某人"合适""正常""好"或"可接受"（或相反），就会对社会产品构成威胁。在第1章，我把社会产品的分配视为"立场策略"。

话语分析问题：这段话是从什么角度交流社会产品的？（如，交流了什么？什么被看作"正常的""正确的""好的""对的""适当的""合适的""有价值的""事情的运作方式""事情应该的运作方式""地位高或低""喜欢我还是不喜欢我"，等等。）

6. 连接

我们使用语言使事物相互连接或彼此相关（或不相关），即构建连接或相关。例如，我说话或写作的目的可以是在美国消费主义与欧洲消费主义之间建立连接，或者是让它们之间看起来没有连接，而是完全不同的两类事物。事情并不总是彼此存在着内在的连接或相关，我得经常建立这种连接。即使事物之间看起来存在着内在的连接或相关，我们也可以用语言断开或削弱这种连接。

话语分析问题：这段话如何建立或断开事物之间的连接？如何使

事物彼此相关或不相关？

7. 符号系统与知识

语言有许多种（如，西班牙语、俄语、英语等），每种语言都有许多变体（如，律师语言、生物学家语言、街舞艺人语言等）。有些交际系统不是语言（如，公式、图表、图像等）。但这些都是符号系统。

此外，我们人类总是在这些符号系统中获取知识和信仰。我们可以在特定情景中用语言在符号系统之间或知识和信仰形式之间建立相关或不相关、形成优势或劣势，也就是为一种符号系统或知识建立高于另一种符号系统或知识的特权和威望。例如，在委员会讨论扩招少数民族学生时，我说话和行动的方式使律师的知识和语言比"日常语言"或"非律师的学术语言"更相关（更有优势）。我们还使用语言创造、改变、维持和修改语言本身以及其他符号系统和获取世界知识的方式等。这是语言的一个重要功能，但我没有计划在本书中讨论这一功能。

话语分析问题：这段话是如何使某种符号系统（如，西班牙语对英语、技术语言对日常语言、文字对图片、文字对公式）占优势或不占优势，或者使获取知识和信仰或声明知识和信仰（如，科学对人文，科学对"常识"，生物学对"神创论"）的方式占优势或不占优势？

实例分析

下面我们举一个话语分析的实例，来揭示七项构建任务在实际语料中的运作方式。分析之前有必要说明以下几点。

第一，我们只能从一块较大的语料中取出一小块来处理，因此所提出的假设也只针对这一小部分语料。这些假设可能需要更多的语料来验证，也许还需要再收集其他方面的语料来验证。

很多话语分析——大量科学——都是在假设中获取并建立信度，而不是获取任何"权威证据"。假设必须经过进一步验证，而权威证据在实证性研究中实际上是不存在的。无论我们对假设多么有信心，我们必须始终对证据持开放的态度，以发现与我们所青睐的观点相悖的证据。

第二，话语分析通常是一个从语境到语言，再从语言到语境的运动过程。我们还没有谈论"语境"。语境是话语分析的一个极其重要的概念。现在，我们将以非正式的方式使用"语境"这一术语，来表示一段语言的实际使用背景。在话语分析时，我们在语境中使用一段语言，从中获取语境信息，并通过这些信息提出假设：这段话的意义是什么？有什么作用？反过来，我们认真研究这段语言，并问自己我们可以从语境中学到什么，说话者/写作者和受话者/阅读者是如何构建（解释）语境的。在以下这个简单的例子中，我们只能以一种有限的方式参与这一双向运动过程。

我们要分析的语料来自一位历史教授（我称她为"萨拉·沃戈尔"，化名）的研究项目。她希望与当地中学教师合作，让中学生参与口述历史研究。她要求学生采访亲戚邻居，获取他们所居住的社区和城市的历史资料。这些口述历史的研究成果最终将在市历史博物馆展览。

沃戈尔教授工作的学校——我称之为"伍德森"大学——是一所有一百多年历史的英才私立大学，规模较小。伍德森大学所在的城市——我称之为"米德维尔"，是一座工业城市，市民以工人阶级为主。与沃戈尔教授合作的中学教师都来自公立学校，都是工人阶级出身。伍德森大学和米德维尔市之间的"大学—城市"紧张关系由来已久，特别是伍德森大学的教师和公立中学教师之间的紧张关系，以及对地位和对城市责任心方面的紧张关系。大学教师大都不是出生在这座城市，不会长期生活在这里，早晚会到其他城市从事其他工作；公立中学的教师都出生在这座城市，并打算长期生活在这里。

下面的语料来自该项目组的第一次会议。口述历史项目将在两所公立学校进行，这次会议是在其中一所学校召开的。参加会议的人员包括来自两所公立学校的四名教师、沃戈尔教授和她的两名助手、一位赞助机构的代表以及其他几个人。发言者是一位中学教师（我称她"卡伦"），会议主持（赞助机构的代表）请她介绍一下项目背景，讲一讲这次正式会议召开之前发生的事情。

沃戈尔教授曾打电话给卡伦所在学校的课程协调员——一位女士，我们称她为"玛丽·华盛顿"，要求她帮忙联系学校。卡伦所指的"暑期研究班"是该大学教育工作者与地方学校教师合作研究，受大学教育项目资助的研讨会。口述历史项目的赞助方，也是暑期研究班的支持者，希望沃戈尔教授及其合作教师参加该研究班。

以下就是语料。为了清楚起见，我省掉了许多细节，比如停顿和犹豫等。这些细节本身当然也是有意义的，完整的语篇分析应该包括这些细节。我用大写字体标示强调的部分：

1. Last year, Mary Washington, who is our curriculum coordinator here had a call from Sara at Woodson

2. And called me and said:

3. "We have a person from Woodson who's in the History Department

4. And she's interested in doing some research into Black history in Middleview

5. And she would like to get involved with the school

6. And here's her number

7. Give her a call"

8. And I DID call her

9. And we BOTH expected to be around for the Summer Institute at

Woodson

10. I DID participate in it

11. But SARA wasn't able to do THAT

[更详细的语料转写请参见《话语分析：实用工具及练习指导》]

虽然并非所有构建任务在所有语料中都显而易见，但我们总是可以就每一个任务提出一些问题，看我们能得到什么。帮助我们思考事物意义的手段之一就是询问还可以用别的什么方法把它说出来或写出来。一旦我们发现了别的方法，我们就可以追问为什么这么说，为什么这么写，为什么不用其他方法说或写。下面，我们依次讨论这些构建任务。

1. 显著性

卡伦是怎么凸显萨拉缺席暑期研究班这件事的？这件事本来无关紧要，没什么实际意义，但卡伦认为有意义。

卡伦使用的语言使她自己与萨拉形成了鲜明的对比。从这个角度来看，萨拉没有参加暑期研究班就有意义了。卡伦把她自己描绘为一个责任心很强的人，做了别人让她做的事情。她用"I DID call her"进行强调，而不仅仅是"I called her"。她说她和萨拉两人（强调"both"）都期望（打算）参加暑期研究班，意思是说萨拉可能要来，但懒得来。她然后就强调她本人确实参加了（请再次注意，她说的是"I DID participate in it"，不是"I participated"或"I went"）。

卡伦总结说"But SARA wasn't able to do THAT"。这里她用"but"使她自己的行为和萨拉的行为形成对比。她重读"Sara"和"that"，进一步强调了她和萨拉的对比。她侧重于萨拉的"能力"（"wasn't able to do"），而不只是说"But Sara didn't come"或"Sara couldn't come"。

　　所有这些细节让我们看到卡伦认为萨拉的缺席是有意义的。她没有明确说出意义在哪里，而是留给听众去推理。

2. 实践（活动）

　　卡伦在使用语言促成什么社会实践或活动？她在参加一次"正式"的项目会议，并被要求向与会人员讲述会议召开之前发生的事情。她在讲该项目的"历史"——这一点很重要，因为过去发生的事情以及我们对这件事的解释会对未来事情的发展产生深远的影响。所以，我们可以说她在这里的活动或她所参与的实践是讲述项目历史——或者是讲述"起源故事"。有些实践在这样的项目中并非不常见。

　　卡伦讲述这段历史时强调一种等级关系，但又试图消解这种等级关系。萨拉找了卡伦学校的管理员，管理员命令卡伦打电话给萨拉。在这条关系链上，卡伦是在最底层的。然而，她对项目尽心尽责，这与萨拉虽然提出并启动了项目，但没有表现出尽心尽责的态度形成了鲜明的对比。况且她一开始并没有被邀请参加该项目，而萨拉作为项目的发起者却没有履行自己的承诺。

　　这是该项目的第一次会议。卡伦在会上寻求为自己和他人定位——过去在项目中发挥了什么作用，未来在项目中会发挥什么作用。请注意她的说话方式："I DID..." "we BOTH expected..." "I DID ..." "But SARA wasn't able to do THAT..."。卡伦把自己设定为一个"作为者"，而萨拉是"不作为者"。

　　当然，卡伦还可以按其他完全不同的方式组织自己的语言，只要她愿意。比如她可以说 "I called Sara and, while we both had expected to be around for the Summer Institute, I was able to attend, but Sara couldn't make it"。这一组织话语的方式没有使用"did"来强调卡伦的作为，也没有以强调萨拉没能力来的方式来表示萨拉的缺席，而是让人听起来好像是发生了某种她难以控制的事情（"couldn't make it"）。当然，这种替换话语表达方式的手段仍然没有完全消除对比，只是缓和了一点。

关键是，像"讲述会议召开之前发生的事情"、讲述项目"历史"、讲"起源故事"（无论我们称之为什么）等，都是一个从事大量社会性工作的机会。卡伦正在讲述一个"故事"，在故事中，虽然她被命令做事情（因此等级较低），但事实上，她一直是项目的领导者和作为者（因此等级较高）。她也是在"寻求"等级的改变和项目的权力关系。随着项目的展开，很明显卡伦和参与该项目的其他老师都需要被看作是"平等"的、被看作是"老板"（而不是管理人员或教授），至少就他们自己的班级来说是这样的。

3. 身份

卡伦在试图承担或促成什么身份？我们已经看到卡伦如何用语言促成一个对项目积极负责的作为者的身份。况且，她没有被邀请，而是被"命令"参加该项目。我们也看到了卡伦是如何使用她赋予别人的身份（这里是指萨拉不那么主动和负责）来促成自己的身份，以形成身份对比。就整个项目的语料而言，我们可以看到卡伦也是在以某种教师的身份，按照她的后工业美国城市中教师典型的语言和价值观来讲话的。我们还会看到，她在根据成为她所在城镇的学校老师的身份和成为大学教授（萨拉的身份之一）的身份之间的主观对比来组织她的说话内容和说话方式。

4. 关系

卡伦在试图促成她与萨拉和项目之间的什么关系？从我们刚才的分析中可以清楚地看出，卡伦在和萨拉建立一种距离较远又不太恭敬的关系。她把自己描述为"作为者"，把萨拉描述为"不作为者"，这种对比使她构建的关系得以实现。但她在介绍与课程协调员的对话以及总结"Sara wasn't able to do that"时都使用了萨拉的名，而不是姓。

也请注意，在她描述与课程协调员的对话中，卡伦用"a person from Woodson who's in the History Department"而不是"a Woodson history professor"或者"a professor from Woodson's History Department"。我们还应该注意，她是在和项目组其他成员坐在小桌旁等待发言时对这位教授做出这样的指称的。我们也可以问卡伦，她在试图和项目组所有成员以及她们要开展的项目建立一种什么样的关系。

5. 立场策略

卡伦的语言对社会产品的分配有什么启示呢？当然，卡伦和萨拉作为负责任者和可信赖者的名声是一种重要的社会产品。另一种重要的社会产品是她们作为没有做到她们应该做的事情的"作为者"的名声。

还有一种重要的社会产品——对任何不太了解具体情况的人都不明显——是谁对学生有"掌控权"。在后来的一次项目组会议上，卡伦的一位同事（也是她的好朋友）终于清楚地表明教师觉得他们"拥有"自己的学生（比如，她说"In a sense we OWN the kids"），像萨拉这样的研究者应该通过教师（直接联系教师）来接近学生，而不是通过像课程协调员这样的行政人员。

虽然这一点只是在后来的会议上才得以明确，但这也有助于解释卡伦是如何在这段简短的话语中设计语言的。与会教师都知道，萨拉教授让课程协调员（尽管是无意的）"命令"卡伦给她打电话从而进入卡伦的课堂，这一方式是不符合礼节的。她们可以从她的话中听出这一点。

显然，卡伦在这里使用语言的方式完全符合中学和大学的"立场策略"。社会产品与地位和权力等级（本身也是社会物品）至关重要。

6. 连接

卡伦是如何使事物彼此连接或相关的？她又是如何使事物之间

断开连接或彼此不相关的？卡伦在她自己参加暑期研究班和萨拉没有参加暑期研究班之间建立连接，产生相关，这一点现在已经很清楚了（"I DID... , we BOTH expected, I DID, but SARA wasn't able to do THAT"）。此外，她还暗示这种对比与萨拉那次给学校打电话有关，因为她把萨拉通过打那个电话启动项目（不是卡伦自己发起的）但后来却没有参加为推动项目的实施而举行的一次前期活动，与卡伦介入该项目直接并列了起来。萨拉没有建立一种她应该建立或有义务建立的连接。

7. 符号系统和知识

卡伦是如何使特定的符号系统（语言、语言风格、非语言符号系统）或特定的知识占优势或不占优势的？这段简短对话实际上是在历史、历史教学、教室、学生和社区方面到底是中学教师的知识占优势，还是大学教授的知识占优势，以及什么时间、什么地点、为什么占优势等之间通过语言显示争端的开始。这一争端开始于使用课程协调员的姓和名（玛丽·华盛顿）和只使用教授的名字。这种对比隐含于课程协调员所说的"a person from Woodson"和"interested in doing some research in Black history in Middleview"。这两种描述都是模糊的。

"a person from Woodson"听起来好像课程协调员并不真正认识那位教授，不愿意明确她的级别和头衔的权威性；"some research in Black history in Middleview"听起来好像要么是教授不太清楚她想研究什么（"黑人历史研究"），要么是课程协调员不知道或不太在意项目到底是研究什么（不过，碰巧课程协调员是非洲裔美国人）。

事实上，每个人从一开始都知道教授想让学生采访自己的邻居和家人，以此进行口述历史研究——这实际上是卡伦介入的原因，因为她曾在课堂上和学生们一起做过口述历史的讨论。我们应该清楚，在卡伦的叙述中，课程协调员所说的话是卡伦在会上——沃戈尔教授在场——所做的描述，未必是课程协调员说过的原话。

很明显，所有的构建任务都是彼此联系、用相同的语料相互支撑的。基于语境和语言使用方面的考虑，我们已经从这段语料中提出了一些假设。反过来，这些假设又会指导我们探索更多的语料。如果我们浏览本次会议以及接下来在会议上的更多谈话，我们就会对我们的假设越来越有信心，并且会为我们的假设赢得越来越多的证据——越来越多的实例会从我们的假设中得到最好的解释。

如果我们看到这些假设在其他语料中得到进一步印证——也许存在于这个城市和其他城市的大学教授和中学教师之间的其他接触中——那么我们对我们的假设会更加有信心。如果最终没有同样出色的反面假设，我们就接受自己的假设，直到反面证据出现并发挥作用。所有的实证性研究都是这样进行的。假设和数学不同，没有"硬证据"。

我们的假设有助于预测我们期望在新语料中或在对原始语料的认真观察中能够发现什么。例如，在我们摘录的对话的第（11）行，我们有充分证据证明沃戈尔教授听到这段话后会认为这是对她的批评。她可能会把第（11）行看作暗示她没有理由不参加暑期研究班。我们当然想仔细研究沃戈尔教授在这一点上的反应，无论是口头的还是非口头的（这就是语料要录像而不仅仅是录音的缘由）。

当我们回过头来认真地审视谈话记录时，无论是通过语言线索还是非语言线索，我们都可以看到，卡伦在第（11）行结尾处强调"that"时，沃戈尔教授试图打断她。教授笑了笑，用低沉的声音说："I heard... how did you get。"卡伦没有理会她，继续说："Well, so Sara and I talked a little bit about what her plans were and sort of what our expectations were（好啦，于是萨拉和我谈了一会儿她的计划，还谈了点我们的期望）。"我们当然不知道教授想说什么，但很明显她听到第（11）行结尾时想要打断卡伦，想说些什么。

最后，在对这些语料进行的研究中，我们所提出的假设随着项目的进展得到了越来越多语料的充分支持。这些假设反过来又帮助话语研究者理解这个项目在哪些方面是如何失败的，为什么失败，并让话语研究者弄明白怎样才能把事情做得更好一点。项目能做得"尽善尽美"吗？当然不能。我们的假设中所指的问题和话题（主要与地位、权力和体制等有关）是扎根于现实世界的，需要实质性的社会体制变革才能消除。但是，这并不意味着我们什么也不能做，也不意味着我们无法开创体制变革的先河。

我会在第 8 章详细阐述我介绍的七项"构建任务"以及它们与话语分析的关系。但在接下来的三章里，我想开发几个"调查工具"——观察使用中的语言的方法。这些观察方法将有助于研究七项构建任务的实施方式及其产生的社会和政治后果。

延伸阅读书目

Austin, J. L. (1975). *How to do things with words.* Second Edition. Cambridge, MA: Harvard University Press. [讨论语言既可以说事也可以做事，而且说事即是做事的经典哲学著作。]

Gee, J. P. (2014). *How to do discourse analysis: A toolkit.* Second Edition. London: Routledge. [本书可以让读者更积极地参与对本章结尾处语料的研究（中译名为《话语分析：实用工具及练习指导》，已由重庆大学出版社出版。）]

Hanks, W. F. (1995). *Language and communicative practices.* New York: Westview. [一本精美而深刻的语言实践书——我们将在后面的一章中讨论这本书。]

Searle, J. (1979）. *Expression and meaning: Studies in the theory of speech acts.* Cambridge: Cambridge University Press. [关于"言语行为"的经典著作。]

第 4 章

调查工具和话语

工具

上一章我们讨论了七项"构建任务",即我们用语言构建的七个方面或事物。我们现在开始讨论一些调查工具,它们可以用来分析构建任务在具体语言使用中的运作方式。本章介绍的调查工具与人们构建身份和活动的方式密切相关,与识别他人正在构建身份和活动的方式密切相关。然而,我们也会逐渐看到,这些调查工具也必然会对其他构建任务产生影响。

以下是本章要讨论的调查工具。

1. "社会语言"

人们为了不同的目的而使用不同类型的语言或语言变体。人们在不同的背景下使用不同的语言变体来促成身份、识别身份。人们也使用不同的语言变体来执行我们在上一章讨论的构建任务。我把语言变体称为"社会语言"。

例如,一位研究天蛾幼虫的学生可能会用日常语言——一种通常被称作"土语"的语言变体——说"Hornworms sure vary a lot in how big they get"，而同一位学生可能会使用比较专业的语言说出或写出"Hornworm growth exhibits a significant amount of variation"。土语语言变体是一种社会语言，专业语言变体也是一种社会语言。研究不同社会语言的使用和混合是话语分析的一个调查工具。社会语言（为了不同的身份和实践而使用的不同的语言变体）是我们语言使用者用来执行构建任务的一种工具。

2．"话语"

人们不仅通过语言，而且通过使用语言以及其他非语言"材料"来构建身份和活动。如果你想被识别为街头帮派成员，你不但要以"恰当"的方式说话，而且要以"恰当"的方式行动和着装。你还要具备（至少表现出好像你具备）特殊的思维、行动、交流、评价、感觉和信仰方式。你还要在"恰当"的时间和"恰当"的地点使用或能够使用各种符号（如，涂鸦）、工具（如，武器）和物体（如，街角）。你不仅要"说起话来像那么回事"，你还要"做起事来也像那么回事"。

你想成为企业律师、海军士兵、激进的女权主义者，或者乡村酒吧的常客等都需要如此。同一个人在一种场合的说话、行动和交流被认为是"街头帮派成员"，在另一种场合的说话、行动和交流则被认为是"高材生"。当然，这两种身份和与之相配的说话、行动和交流方式在某些情况下（不同的人期待这个人表现出不同的身份），以及在这个人自己的头脑中很可能会相互冲突。

我用话语来表示语言、行动和交流的组合和整合方式，表示思考、相信、评价和应用各种符号、工具和物体的方式，以促成某种社会认可的身份。思考由语言片段组成的不同话语是从事话语分析的另一个工具。我们不仅用语言在世界上构建事物，而且也使语言与物体、工具、行动和交流的方式相结合，并通过表现不同类型的信仰和价值观等来构建事物。

3. 互文性

我们说话或写作时，常常以某种方式间接或直接涉及其他"文本"或某类"文本"。这里的"文本"是指他人曾经说过或写过的话语。例如，《连线》杂志曾经刊登过一篇题为 "The New Face of the Silicon Age: Tech jobs are fleeing to India faster than ever. You got a problem with that?（硅谷时代新面貌：科技工作岗位正在以前所未有的速度移到印度。你有问题吗？）"的文章（2004, 2）。"你有问题吗？"使我们想起曾在很多电影中听到过或在书中读到过的"硬汉"语言。这种话语出现在科技杂志上就引起了我们浓厚的兴趣。我把这种不同文本之间或不同类型的文本之间的交叉引用称为"互文性"。在互文性实例中，一个口头或书面文本暗指、引用另一文本，或以其他方式与另一文本建立联系。

4."会话"*

有时候，我们说话或写作时不仅间接或直接涉及别人的话语（如互文性），而且还间接或直接涉及主题、辩论或主旨。这些主题、辩论或主旨是我们所熟悉的一些社会群体或者我们整个社会中谈话和写作的焦点，对如何解释语言发挥着重要作用。例如，我告诉你"吸烟与健康有关"时，你怎么知道我的意思是吸烟会导致健康问题，而不是健康问题导致吸烟？你怎么知道我的意思不是健康问题让他们紧张，他们吸烟是为了镇定下来（"写遗嘱与健康问题有关"这样的句子最有可能是这种意思）？你之所以知道是因为你深知社会上关于吸烟有害的长期讨论。

---

*　这里的原文是Big"C"Conversations。这是作者使用的另一个重要概念和术语，本书中均译为"会话"，以便与一般意义的"会话"区分。——译者注

我把在一个特定社会群体中或整个社会中围绕着一个主要主题、辩论或主旨所进行的一切谈话和写作称为"会话"。这当然是隐喻用法。今天，我们大多数人都知道在我们周围发生的关于堕胎、创造论、全球变暖、恐怖主义以及其他许多问题的社会会话。了解这些会话就是了解人们在一场辩论中可以选择不同的辩方，了解辩论双方通常是哪种人。作为不同社会组织的成员和整个社会的成员，我们明白（了解）很多这类会话。人们解释我们的语言——我们解释他们的语言——这在一定程度上是借助于这种知识的。思考某一语言片段所影响或涉及的不同会话是从事话语分析的另一工具。这是我们理解说话者和写作者在执行构建任务时想说什么、做什么和成什么的另一方式。

话语：谁与什么

让我们先尝试领会话语的含义。话语是说事、做事和成事的典型方式。你说话或写作时，你是在用语言资源使你在不同的环境中表现为不同类型的人，在不同的环境中从事不同类型的实践或活动。如果我不知道你是谁，你在做什么，那么你的所说、所写和所做对我来说就没有意义。

你在参加正式晚宴和在家吃晚餐时表现出来的身份是不同的。虽然都是吃晚餐，但毕竟是不一样的实践和活动（不同的"游戏"）。人们以不同的身份参加不同的活动，这些身份和活动与不同的社会地位和社会产品相关联，这正是社会不平等的根源。在这些问题上予以干预是对社会公正的一种贡献。由于不同的身份和活动是在语言之中并通过语言实现的，于是语言研究与公平公正问题紧密地联系了起来。

这样，口头或书面"言语"只有在表达**谁**和**什么**时才有意义（Wieder

& Pratt 1990）。我所指的"谁"是一种社会情境身份，即人们当前正在谋求成为并促成的"那种人"。我所指的"什么"是一种话语协助构成或执行的一种社会情境实践或活动。当然，这种身份和实践就是我们在第 3 章讨论过的两项构建任务。

当我们思考由语言本身以及通过语言所促成的身份时，会遇到许多有趣的复杂现象。**谁**这个概念的意义是多重的，不一定总是指人。总统的新闻秘书发表的演讲实际上是演讲撰稿人撰写并得到总统授权（甚至是总统要求）的。在这种情况下，话语传达了某种重叠的、复合的**谁**。即使该新闻秘书是在直接引用演讲撰稿人的话，她也必须用自己的声音把这番话说出来。反过来，演讲撰稿人既是在"模仿"总统的"发言"，又是在为总统创造一个身份。

个人和机构都可以通过"匿名"文本及其传递的产品来撰写或发出"言语"。比如，我们下面将看到，阿司匹林瓶子上的警告信息实际上传递的是多重的**谁**。言语可以由组织或个人撰写、授权或发出。

最后我们要指出的是，**谁**和**什么**并不是孤立的、彼此分离的。在一定程度上你通过你在干**什么**来表明你是**谁**，通过**谁**在做事来识别你在做**什么**。因此，我们可以说，言语传达了一种综合的，但往往又是多重的或"多声"的**谁**在做**什么**。

"真正的印第安人"

虽然我关注了语言，但到目前为止，我们一定要知道，要让我们是**谁**（身份）及我们在干**什么**（实践）看得见、可识别，往往不只是需要语言，我们还需要以我们是**谁**、我们在干的**什么**能够被他人（和自己）识别的方式进行行动、思考、评价和交流。事实上，成为特定的**谁**、实现特定的**什么**，需要我们行动、评价、交流并使用语言在适当的地点和时间与他人同步或一致，与各种物体（"道具"）同步或协同一致。

为了理解这种与"其他材料"（其他人、物、价值观、时间和地点等）相结合的广义的语言概念，我们有必要简单地介绍一下维德和普拉特（Wieder & Pratt 1990）的有趣的著作。他们的著作是关于土著美国人如何相互认同为"真正的印第安人"的（他们的著作是基于各种不同群体的，并没有声明所有土著美国群体都是如此）。维德和普拉特指出，真正的印第安人"是指只用正规化、标准化的'真正印第安文字'的人"（Wieder & Pratt 1990, p. 48）。维德和普拉特的著作同样清楚地表明我们的身份（即**谁**）在实际语境中是如何自由协商的。

当然，"真正的印第安人"是一个"圈内人"的术语。这一术语被一些土著美国人用来促成自己的身份，不许非土著美国人使用。因此，以下每次用到这个术语时都加了引号，以表明我是在谈论这个术语，而不是说我有"权利"使用这个术语，当然这么做会使文本看起来比较乱。最后我要说的是，并不是因为我认为土著美国人"神秘"才在这里谈论他们。事实上，我举这个例子是因为我认为它既清楚又生动。我们所有的人一直都是这么做的，只是做法不同。

"认同和被认同"的问题对土著美国人来说既重要又困难。为了自己被认同为"真正的印第安人"，人们必须证明自己与其他被认同为具有"真正的印第安人"身份的人有亲缘关系。但这绝不能解决问题，因为有这种（生物学）关系的人可能不会被承认是"真正的印第安人"，而具有混合亲缘关系的人可能会被认为是"真正的印第安人"。

成为"真正的印第安人"并不是简单地说一个人能成为什么，而是一个人通过做事或表现来说成为什么或是什么。虽然在这项标准之外还必须有一定的亲缘关系才能进入这场"游戏"，但没有一个人（一劳永逸地）是"真正的印第安人"，而是通过做事来成为一个"真正的印第安人"。如果一个人不继续进行作为"真正的印第安人"的"实践"，那么他就不再是"真正的印第安人"。

最后，通过"做事"成为"真正的印第安人"不是一个人自己能够实现的，还需要其他人的参与。如果一个人在通过"做事"而成为"真正的印第安人"的实践中没有被其他"真正的印第安人"所承认，那他就不能成为一个"真正的印第安人"。做一个"真正的印第安人"还需要相应的物体（道具）、时间和地点的配合。

通过做事而成为"真正的印第安人"的方式有很多，其中包括（根据维德和普拉特）："真正的印第安人"不愿意和陌生人说话，不管是土著美国人还是其他人。他们不能像一些"非印第安人"所说的那样和别人只是"熟人"关系。因此，任何和"真正的印第安人"谈话的陌生人如果刚好也是"真正的印第安人"，那么双方就会建立实质性的关系，依照的是彼此承认对方的"印第安人身份"，且双方从此不再是陌生人。

在寻找对方"真正的印第安人身份"以及在展示自己的"真正印第安人身份"的过程中，"真正的印第安人"经常进行一种特殊的"口头辩论"。通过正确回应和参与这种"印第安人"称作"嘲弄"的辩论，每个参与者都在对方眼里进一步确立自己的文化能力。

"真正的印第安人"和别人打交道时总是尊重（或者至少不公开反对）对方的意见。他们谦虚、"温和"。他们表现得和谐、融洽，保持自己的兴趣、技能、成就和地位等。"真正的印第安人"明白他们不应该抬高自己，凌驾于别的"真正的印第安人"之上。他们明白自己对亲属和其他"真正的印第安人"的责任应该远远高于那些合同中规定的责任及某些"非印第安人"对追求个人利益的推崇。

"真正的印第安人"在谈话时一定要摆正"自己的位置"。谈话开始时，人们互相寒暄问候，然后就陷入长时间的沉默。他们知道双方都没有说话的义务——所有的谈话者都可以选择沉默。

在"印第安人"中，"真正的印第安人"还必须能够履行"学生"

和"老师"的角色，能够辨认适合于这些角色的行为。这些角色只有在传递文化知识（即与成为"真正的印第安人"相关的事情）的适当时机才发挥作用。虽然许多"非印第安人"认为问老师问题是很正常的，但"印第安人"认为，在这种情况下提问题是不专心听讲、粗鲁、无礼的表现。扮演"学生"角色的应该专心致志，避免目光接触，始终保持沉默。这样，教学情景就成了众目之下的独白，丧失了西方对话式教学的特色。

虽然上述信息能使我们依稀认识到怎样说话做事才能被当作"真正的印第安人"，但这类信息可能会导致严重的错误。上述特征听起来好像是成为"真正的印第安人"的充分必要条件，但事实并非如此。

这些特征不能同时用来彻底检验谁是或不是"真正的印第安人"。相反，它们的使用环境在"印第安人"的历史发展过程中已经形成了。它们往往被用在真实的情景中，用在"印第安人"生活史的不同时期。"他（或她）是（或不是）'真正的印第安人'"的判断方法根植于激发这种判断的情景中。这些判断方法使判断在本质上是暂时的。那些已经被接受为"真正的印第安人"的人还有可能被排除出去，而还没有被接受的人可能还有机会，即使其他人不愿意再给他们机会。

其实，这种判断方法不仅适用于"真正的印第安人"，而且也适用于其他社会身份。我们没有一个固定的标准来检验谁是"真正的"女权主义者、街头帮派成员、爱国主义者、人文主义者、尖端科学家、"雅皮士"、乡村酒吧的常客，等等。这些问题作为共同历史和活动的重要组成部分，在实践中不断地得到暂时的解决。

不同的社会身份（不同的**谁**）之间有时会严重冲突。例如，斯科隆和斯科隆（Scollon & Scollon 1981）指出，他们研究的土著美国人（加拿大和美国的阿萨巴斯卡人）在学校写作文时就会产生身份危机。写作文本来是很平常的教学实践活动，但写作文意味着阿萨巴斯卡人需要进行自我展示。对于阿萨巴斯卡人而言，自我展示只适用于具有绝对支配地位的那些人（在学校具有绝对支配地位的人是老师，而不是学生）。

另外，在作家的笔下，读者和作者都是"虚构"的（不是真的我和你，而是脱离真实语境甚至是泛泛而谈的读者和作者），文本也是脱离特定的社会网络和社会关系的。阿萨巴斯卡人在交际者社会关系不明确时宁愿保持沉默。

斯科隆和斯科隆指出，阿萨巴斯卡人的作文悖论是，如果作者和读者都是已知的，文章就有了语境。这与阿萨巴斯卡人的价值观不矛盾，但不是好文章，而一旦脱离真实语境，成了好文章，就失去了阿萨巴斯卡人寻求沟通的典型特征了。阿萨巴斯卡人需要做什么，成为阿萨巴斯卡人需要什么，在很大程度上和作者需要做什么以及成为作者需要什么是相互排斥的。这并不意味着阿萨巴斯卡人不能两者兼得（请记住，我们都是多者兼得的），只是他们的价值观和身份可能面临非常现实的冲突。此外，正如斯科隆和斯科隆所指出的，其他人群在写作方面也会遇到类似的或相关的"身份问题"。

大写"D"话语

那么，一个人是如何被认可为参与"真正的印第安人"所做的某种口头辩论（**什么**）的"真正的印第安人"（**谁**）的呢？我们前面说过，这种事情是相因而生的。通过正确参与这种"印第安人"称作"嘲弄"的辩论，每个参与者都在对方眼里进一步确立了自己的文化能力。这是一个"认同与被认同"的问题。

"认同与被认同"的问题不仅对土著美国人，而且对我们所有的人都始终相因而生。前面我们看到，使我们是**谁**，我们在干**什么**看得见、可识别的往往不只是"语言"，还有许多语言之外的东西。想想某人是如何被认同为一个"好学生""好厨师""帮派成员""合格律师""游戏玩家""真正的篮球迷"或"真正的天主教徒"的。这些都涉及在"适当的"地点，"适当的"时间，使用"适当的"道具，采取"适当的"方法，实施行动、交际、思考、评价、谈话（有时还有写作和阅读）等活动。

"好厨师"不能只是嘴上说说,他们还必须能够使用(和改进)食谱、器具和配料，协调成一种"舞蹈"。他们也必须以某些方式评价某些事物（如，食物的呈现、口味的组合、食物和葡萄酒的搭配等）。

我们怎么知道幼儿正在成为一部分文化话语（成为一个识字的人）？我们发现，孩子可以把书正面朝上放置，知道书是干什么的。父母在做亲子阅读时，孩子也可以进行一些互动，他们假装读书（即"像读书一样说话"），会珍惜书，不会撕书。我们在孩子能够真正解码印刷品之前检测到这一切（这些都是我们所说的"初期"识字，我们的意思是孩子正在成为一个"识字"的人）。

我在第1章中指出，我们把在"正确的"时间和"正确的"地点使用语言、思考、评价、表演和互动的方式与"正确的"物体之间被社会公认的联系称为"话语"（这种联系可以用来把自己识别为一个具有社会意义的群体或"社会网络"成员）。我会继续保留"话语"一词，来表示使用中的语言或语言片段（如，会话或故事）。话语总是包含语言和"其他材料"。

在任何现代的、科技的、以城市为基础的社会中都有无数的话语。例如，（促成）某种一般意义上的非洲裔美国人或英国裔澳洲人的话语，或某种具体意义上的英国现代年轻富二代锡克教女人的话语。成为某类美国中产阶级、工人或总裁、医生或病人、教师、管理员或学生、物理系学生或文学系学生、俱乐部会员或当地街头帮派成员、乡村酒吧的常客或我们刚才所看到的"真正的印第安人"等。促成这些身份的都是话语。话语是关于成为"不同类型的人"的。

话语的关键是"识别"。如果你把语言、行为、交流、评价、信仰、符号、对象、工具和地点等综合在一起，使别人能够识别你是特定的**谁**（身份）在此时此地从事一种特定的**什么**（活动），那么你就成功地创造了一个话语（并因此可以在历史上持续一段时间，哪怕只是很短一段时间）。不管你做了什么，都必须与其他可以识别的行为具有足够的相似性。如果你做的事情与你以前所做的事情差别很大，但仍然可以识别，那它同时也会改变和转换话语；如果不能识别，那么你就不存在于"话语"之中。

话语总是嵌入各种社会机构之中，而且往往涉及众多的"道具"，比如各种书籍和杂志、实验室、教室、各类建筑物、各种技术以及无数其他的物体，从缝纫机针（缝纫界）到鸟类（观鸟者），再到篮球场和篮球（篮球运动员）。你需要思考在适当的地点、适当的时间，按照适当的方法调整所有的文字、符号、行为、物体、衣服和工具等，以"成为"（或者把某人当作）尖端粒子物理学家，或者洛杉矶拉美裔帮派成员，或者具有较高文化水平的敏感的（老派）人文主义者等。

不只是人在谈话和交流，更多的是我们所代表和促成的话语在谈话和交流，我们则是话语的"载体"。有时候，这样去思考社会问题和政治问题是有好处的。我们促成的话语，在我们出场之前就已经存在了，并且大多数话语在我们离场之后仍然会长期存在。话语，通过我们的言行交流，在这个过程中形成了人类的历史。

比如，我们可以想想，在美国和加拿大，在"作为印第安人"的话语和"作为盎格鲁人"的话语之间长期的、不断变化的历史交流；或者在新西兰，在"作为毛利人"的话语和"作为盎格鲁人"的话语之间虽然不同但同样是长期的历史交流（或者，我们可以想想，在"作为英国盎格鲁人"的话语和"作为美国盎格鲁人"的话语之间长期的交流）。我们可以想想创造论者和进化论者之间长期的、不断变化的交流。想想在洛杉矶，非洲裔青少年帮派成员和洛杉矶警察（比如，其中有一些人，甚至从学术上来讲，是帮派涂鸦"语法"方面的专家。顺便说一句，非洲裔美国帮派和拉美裔美国帮派之间的涂鸦"语法"差别很大。）之间长期的、不断变化的交流。有趣的是，人类往往不知道这些交流的历史，因此从某种深层意义上来讲，我们人类并不完全知道我们行动和谈话时想表达的意思。

当我们讨论成为一个"真正的印第安人"时，我们认为"知道如何"成为一个"真正的印第安人"在于一个人能够在适当的时间和地点"与其他'真正的印第安人'保持同步"，与物体（比如，该文化的具体项目）保持同步。最新科学研究显示，科学家大致也是如此。

例如，这些研究表明，实验物理学家"知道"物理学在很大程度上不在他们的头脑中，而是分散（散布）于或题写于（并经常被受制于）仪器设备、符号系统、书籍、报纸、期刊、机构、物体惯性、常规实践以及其他人的头脑中。每个实践领域、每个科学话语——例如，物理学或生物学的一个特定领域——都与行动、表达、物体和人（科学家自己）合调。这样它们彼此之间就建立了"切实可行的"关系。它们是"同步的"。

正如成为"真正的印第安人"有语言方式和非语言方式一样，成为"真正的实验物理学家"也有语言方式和非语言方式。成为实验物理学家或成为"真正的印第安人"的方式总是要使用言语、感情、价值、信仰、激情、人物、行动、事物、工具和场所。这些能让我们展示和识别典型的**谁**在做典型的**什么**。这里的**谁**和**什么**都是话语。

科学家的"诀窍"是具备协调众多的表达、行动、物体和人物，且被众多的表达、行动、物体和人物协调的能力。从某种意义上来说，科学家既是施事者（协调他人及其他各种事物、工具、技术和符号系统）又是受事者（被他人和各种事物、工具、技术和符号系统协调）。科学家成为施事—受事者，与其他"行为体"（这一术语出自 Latour 2005），比如某种语言形式、其他人、物体（如，科学设备、原子、分子或鸟）、地点（如，实验室或运动场）以及非语言实践等"保持同步""建立联系""相互配合"等，无论怎么表达都行。

最后，话语就是"舞蹈"，作为言语、行为、价值、信仰、符号、工具、物体、时间和地点的协调方式抽象地存在着，同时，它作为这种协调方式的表现形式又现实地存在。像舞蹈一样，现实的表现从来不会完全一样。这往往要归结为"舞蹈大师们"（占据话语的人）允许被认可为或被迫认可为一种可能的"舞蹈实例"。

话语是没有明确边界的"单位"

话语在本书中始终是一个很重要的概念。因此，我们必须清楚以下几点，以免产生误解。设想我把思想、谈话、行动或交流定格在某一时刻，就像投影机可以定格影片一样。为了使这一时刻有意义，你必须识别影片所涉及的身份和活动。也许，你不能识别某一定格的片段，所以你只好让影片前进或倒退，直到可以识别。

"哦，现在我明白了，"你说，"这是一个'真正的印第安人'在挖苦另一个'真正的印第安人'"，或者"这是一个激进的女权主义者在训斥一个男人发表了重男轻女的言论"，或者"这是一个实验物理学家在向同事展示一幅图表"，或者"某某老师班里的一个一年级学生开始分享自己的故事"。也许，如果你现在把影片前进和后退一点，你就会改变你的判断，改变一点点，改变很多，或者一点也不改变。

也许，你不能肯定，你甚至会和我争论这个问题。你说："这是一个光头仔向大街上的行人投去威胁的眼神。"我说："不，这只是他想采取暴力行动。"你说："这是一个现代的老师正在课堂上组织学生讨论。"我说："不，这是一个传统的老师在给学生讲课，讲的是一串已经知道答案的问题。"

这就是我所谓的"认同工作"。人们试图让别人（以及他们自己）看见他们是**谁**、在做**什么**时就是在做这样的工作。人们试图识别他人是**谁**、在做**什么**时也会做这样的工作。人们在交往中时时刻刻都在做这种工作。他们事后反思他们的交往时也是在做这种工作。他们试图理解研究人员、医生、理论家或干预者的各类人际交往时同样是在做这种工作。

这种认同工作有时是自觉的，有时是不自觉的。有时候人们又可以用来阐明他们识别的**谁和什么**的标签，有时候没有标签。有时候他们为标签而争斗，有时候不。标签是随着时间的推移而变化的。

正因为人们做这种认同工作，话语才得以在世界上存在。例如，成为幼儿园某某老师班上的小朋友的方法是参与这个班的相关活动，按照这个班的方式说话做事。老师、学生、班级、物品和工艺品，以及特色课堂活动等都是老师和学生创建的话语内容。当然，同样的人和事物也可以出现在其他的话语之中。

认同工作和话语密切相关。比如，当某种课堂上分享某类故事不能被识别为"可以接受"，而另外一类故事却可以时，某某老师和她的学生就是在进行认同工作。这种认同工作创造了一个话语，就是通过言语、行为、信仰、情感、价值、互动、人物、物品、工具和技术等来构成"某某老师班上的一名学生"。反过来，这个话语使得认同工作成为可能并有意义。这又是一个"鸡和蛋"的问题：哪一个先出现？是认同工作还是话语？都不是。它们是相互反映的关系，甚至互相创造。

话语没有明确的边界，因为人们在历史进程中总是改变旧话语，创造新话语，争夺话语边界，扩展话语边界。假设一名非洲裔男性，其说话做事的方式是在试图被识别为一个"率领项目团队的商业经理"。如果他被这样识别了，那么他的表现就是在商业管理的话语中，否则就不是。

如果他的表现受到他的另一个话语（比如，他以爵士乐迷的话语身份或者以某种非裔美国人文化中的话语身份）的影响，不管是有意的还是无意的，并且在商业管理话语中得到认可，那么，至少此时此地，他用一个话语"感染"了另一个话语，并拓宽了商业管理话语的"范围"。他现在扩展了话语边界，而在其他时间地点中，这些边界也会被压缩。

你可以使几个话语同时得到识别。比如，你（我想到了在我以前任职的大学有一位让我尊敬的同事）把多重话语编织在一起，在课堂上或会议上"成功"地成为"一位英国的、二次移民的、面向全球的、传统与现代相结合的、时尚的、女性的、锡克教的美国文化研究教授和后现代女权主义人类学教授"。如果这类事情得到足够多人的足够多的认可和确定，那么它就不会成为互相交织在一起的多重话语，而是单一话语，其混杂性也最终会被遗忘。问题不在于我们"计算"话语，而在于我们表现、协商和进入话语所创造、维持和转变的认同工作，以及语言（往往和其他东西一起）在话语创造、维持和转变过程中所扮演的角色。

以下是关于话语的其他几个要点，虽然简短但很重要：

1. 话语可以分成两个或更多的话语。例如，中世纪的"自然哲学"最终分裂为哲学、物理学和其他科学。

2. 两个或更多的话语可以合并在一起。例如，几年前电影《颜色》上映之后，出现了拉美裔、非洲裔和白人混合的帮派。在此之前，拉美裔美国人、非洲裔美国人和白人各自以不同的方式结成不同的帮派，现在的独立帮派仍然是这样。

3. 现在很难说清楚今天的话语和过去的话语是否相同。例如，虽然现代医药和 19 世纪之前的医药相似性很小，但为了某些目的，二者之间也可能具有重要的可比性。

4. 新话语不断出现，旧话语不断消亡。例如，在加利福尼亚州的帕姆代尔（洛杉矶附近的一个废弃的小城镇），还可以想象在其他地方，一个反种族主义光头党话语正在消亡，因为这里的人，包括警察，往往把它的成员与外表相似但实质不同的种族主义新纳粹光头党的话语成员相混淆。

5. 话语往往在与其他话语的共谋和争斗中得以界定，因此，话语会随着社会上其他话语的出现或消亡而发生变化。例如，20 世纪 70 年代出现的"新男性"话语（成为一种"新男性"）是对各种基于性别的话语（如，各种女权主义）和基于阶级的话语（婴儿潮时期的中产阶级太庞大，年轻男性不可能都成为"新男性"，所以那些"成功"者需要与没有"成功"者区分开来）的回应。反过来，"新男性"话语的出现又改变了其他话语的意义和行动。

6. 话语绝对不需要"雄伟壮阔"或规模宏大。我以前经常到一家餐厅吃饭，这家餐厅有一个长长的酒吧间。酒吧的常客们在酒吧间的两端形成了两个不同的话语，即成为酒吧一角的方式。一个话语涉及年轻男女以及许多以男性为主的性玩笑；另一个话语涉及年长者以及许多悲惨故事。餐厅给酒吧两端分配了不同的服务员（通常是年轻人那端分配一名年轻女服务员），很多服务员都可以完全表达他们所服务的一端的话语，并能承担在这一端的角色。

7. 话语可以是其他话语的混合。例如，很多城市的初高中校园是不同种族群体的青少年聚集的地方。当他们不能安全进入对方的街区时，当每个人都有各自的同龄人话语时，就创造了我曾说过的成为城市青少年同龄人的"边界话语"（Gee 1996）。边界话语很明显是各个街区同龄人话语的混合，只是出现了一些自己的特性。

8. 话语数量无限，没法统计。这是因为新话语，甚至很小的话语
会经常出现，也因为话语边界一般不易确定。

9. 话语存在于世界上，存在于历史上。话语可以协调（"一场
舞会"）人员、地点、时间、行动、交流、言语和非言语表达、
符号、事物、工具，以及预示某些身份和相关活动的技术等。因
此，话语是物质现实。但话语也以工作的形式存在，以某种方式
而不是其他方式使人或事物得到认可；话语也以地图的形式存在，
用来形成我们的理解。同时，话语是社会实践，是精神实体，也
是物质现实。

话语是"装备箱"

如果你理解话语这个概念有困难，下面的内容可能会对你有所帮
助。现在想象一下你想放入"芭比娃娃"话语的所有东西，我们暂时
只考虑芭比娃娃及其着装。即使某物没有贴上芭比商标，为什么你还
能认同它属于"芭比娃娃"的世界或话语呢？女芭比娃娃与男芭比娃
娃（如"肯"）看起来都比较有特色（比如"他们"身体的形状是特
定的，不能是其他形状）；"他们"有各种各样的衣服和装饰品；"他
们"在书籍、游戏以及电视节目中有特定的说话和做事方式；"他们"
表现出某种价值和态度。这种语言和事物的构造就是芭比娃娃话语。
你在这个框架中解释芭比的一切。这是一种由语言、物品、价值和态
度等构成的成套装备。我们可以通过这些装备来构建芭比娃娃的意义。
即使你仿制一个滑稽可笑的芭比娃娃（如澳大利亚的"野蛮谢丽尔"），
以此来贬低芭比娃娃话语，你也首先得识别芭比娃娃的话语。

我们现在设想现实的人希望促成一种芭比娃娃话语。我们知道他
们必须观察、行动、交流和谈话等；我们知道他们必须表现什么价值

和态度；我们知道他们需要与什么样的物体、装饰物和地点等建立联系。他们会从现实世界的芭比包中取出这些东西。其实，年轻人有时谈论某人，通常是谈论女孩时，会说她是一个芭比娃娃或者说她想成为芭比娃娃。

社会和历史的运作产生了无数的装备。我们可以用这些装备，以不同类型或多种类型的人的身份，在不同的时间和不同的地点度过我们的社会生活——希望不是作为芭比娃娃，而是作为男人、女人、工人、学生、游戏者、恋人、观鸟者、环保主义者、激进主义者、保守主义者、女权主义者、非洲裔美国人、科学家、律师、酒徒等，无穷无尽，不断变化。

注释

使用"话语"这一术语的目的是要涵盖其他人所使用的术语的重要方面：话语（Foucault 1966）、实践社区（Lave & Wenger 1991）、文化社区（Clark 1996）、话语社区（Bizzell 1992）、分布式知识或分布式系统（Hutchins 1995）、思想集体（Fleck 1979）、实践（Bourdieu 1990）、文化（Geertz 1973）、活动系统（Engeström, Miettinen & Punamäki 1999）、动作者-行为体网络（Latour 2005）、集体（Latour 2004）以及"生活形式"（的一种解释）（Wittgenstein 1958）等。

对我来说，话语主要包括：（a）情境身份；（b）表现和识别典型身份和活动的方法；（c）协调以及被他人、事物、工具、技术、符号系统、地点和时间协调的方法；（d）行动、交流、感觉、感动、评价、手势、姿态、穿戴、思考、信仰、认识、说话、聆听（以及在某些话语中的阅读和写作等）。

一个特定的话语可以涉及多种身份。例如，在某某老师的课堂上，只要她事实上创造了一个连贯的课堂话语，她和她的幼儿园学生在课堂话语中就可以承担不同的身份。这些身份彼此不同，并且因活动的不同而不同。比如，我参观过一个二年级课堂，一个非洲裔男孩（因为学业不及格）被认为"处境危险"；"我的一个好读者"（好到可以加入高级阅读小组，但是他没有在阅读时间被选拔参加优选阅读项目，尽管两者水平相当）"品行端正"和"脱离教师"。这些都是他在课堂话语中的身份。当然，我们可以询问他的每一个身份，询问他在课堂话语中的其他身份。他在努力促成这个课堂话语；他的行为事实上是在努力寻求其他身份。根据他的这种行为，这个课堂话语应该归属于他。

有些人不喜欢"情境身份"这一术语，却喜欢"（社会）地位"或"主观性"这样的词语（他们倾向于为了一种自我意识而对"身份"这个词持保留态度。这种自我意识相对来说具有连续性并随着时间的推移而得以"固定"下来）。我用"身份"（或者具体来讲，"社会情境身份"）这个词来表示我们在不同的实践和不同的语境中承担的多重身份，并用"核心身份"来表示连续的、相对（只是相对）"固定"的自我意识。无论这种自我意识是什么，它都将成为我们在语境中不断变换的多重身份的基础。

延伸阅读书目

Bizzell, P. (1992). *Academic discourse and critical consciousness*. Pittsburgh, PA: University of Pittsburgh Press. ["写作与修辞"领域的好书。]

Bourdieu, P. (1990). *In other words: Essays towards a reflexive sociology*. Stanford: Stanford University Press. [布迪厄最流行的一本书，他是关于实践在社会"地位"创造中的作用的一位大理论家。]

Clark, H. H. (1996). *Using language*. Cambridge: Cambridge University Press. [从心理学角度讨论语言的社会方面的佳作。]

Engeström, Y., R. Miettinen, & R.-L. Punamäki, Eds., (1999). *Perspectives on activity theory*. Cambridge: Cambridge University Press. [恩格斯托姆是当今"活动理论"领域的领军学者。]

Fleck, L. (1979, Org. 1935). *The genesis and development of a scientific fact.* Chicago: University of Chicago Press. [一本鲜为人知但经典的"必读"书——谈论思想社会性的佳作。]

Foucault, M. (1966). *The order of things: An archaeology of human sciences.* New York: Random House. [福柯是社会及社会制度的不同方面如何常常代表相似价值和相似主题的杰出理论家。]

Geertz, C. (1973). *The interpretations of cultures.* New York: Basic Books. [20世纪杰出人类学家格尔茨关于文化的代表作。]

Hacking, I. (1986). Making up people, in T. C. Heller, M. Sosna, & D. E. Wellbery, with A. l. Davidson, A. Swidler, & I. Watt Eds. *Reconstructing individualism: utonomy, individuality, and the self in Western thought.* Stanford, Calif.: Stanford niversity Press, pp. 222-236. [哈金关于不同时期的历史如何使造就不同"种类的人"成为可能或不可能的著作，意义深远。]

Hutchins, E. (1995). *Cognition in the wild.* Cambridge, Mass.: MIT Press. [一本关于如何通过工具和协作完成思考的精彩书籍。]

Latour, B. (2004). *Politics of nature: How to bring the sciences into democracy.* Cambridge, MA: Harvard University Press. [一本关于科学如何在民主社会中，尤其是在环境问题方面发挥作用的重要著作。]

Latour, B. (2005). *Reassembling the social: An introduction to actor-network-theory.* Oxford: Oxford University Press. [拉图尔关于人类如何进入由事物、工具和其他人构成的网络，以在科学和其他方面成事的研究具有重要意义和启发性。本书是对这些研究的总体概述和介绍。]

Lave, J. & E. Wenger, (1991). *Situated learning: Legitimate peripheral participation.* New York: Cambridge University Press. [关于"实践社区"的经典著作。]

Scollon, R. & Scollon, S. W. (1981). *Narrative, literacy, and face in interethnic communication.* Norwood, N.J.: Ablex. [关于读写能力的最佳书籍，关于文化与话语模式互动的精彩讨论。]

Wieder, D. L. & Pratt, S. (1990). On being a recognizable Indian among Indians. In D. Carbaugh, Ed., *Cultural communication and intercultural contact.* Hillsdale, N. J.: Lawrence Erlbaum, pp. 45-64. [本文深入探讨人们如何被认同为某些"种类的人"。]

Wittgenstein, L. (1958). *Philosophical investigations.* Oxford: Basil Blackwell. [维特根斯坦也许是20世纪最杰出的哲学家。维特根斯坦的"语言游戏"观点对于任何对语言或话语感兴趣的人都具有重要意义。]

第 5 章

社会语言、会话和互文性

语言中"谁在做什么"

本章将详细阐述我们上一章讨论过的三种调查工具。首先讨论"社会语言",然后讨论"会话",最后再讨论"互文性"。社会语言是不同的语言变体,可以表达具有社会意义的不同身份(如,数学家、医生或帮派成员的谈话或写作),可以促成具有不同社会意义的实践或活动(如,提供一个数学论据、开一份医药处方、声援帮派成员等)。

我在上一章中指出,我用"会话"来指社会上或特定社会群体内部进行的(对吸烟、堕胎或学校改革等焦点问题)大多数人都认可的辩论。辩论的内容涉及有几"方"参加,每方都是什么人等。

互文性是指一个口头或书面文本直接或间接引用另一个文本,或者以某种微妙的方式暗指另一个文本。互文性是不同的人所说的话以不同的方式融汇、结合。

我们现在开始讨论社会语言这一概念。上一章指出,对于使用中的语言,我们需要研究的不单是语言,还有话语。话语是言语、行动和交流、思想和感情、物体和工具、时间和地点等的运作方式。这些可以使我们促成和识别不同的社会情境身份。

然而，作为话语分析工作者，我们往往主要关注语言，至少暂时不考虑非语言"材料"。我们这么做是在研究人们如何使用语言来传达他们是**谁**，他们在做**什么**。当然，人们也总是使用非语言沟通方式，如行动、交流、评价、思考以及使用物体的方式等，但我们暂时把这些搁置一会儿——以后再回过头来做更全面的分析——我们首先集中谈论语言。

我将初步讨论**谁**和**什么**的传达方式（一定要记住，语言远不能构成话语，还需要结合"其他材料"），以引入社会语言这一概念。我举一个例子，通过使用中的语言来更具体地阐明我关于**谁**做**什么**的观点。请分析以下我曾经讨论过的阿司匹林瓶子上的警告信息（斜体字和黑体字是警告信息[*]）：

Warnings: *Children and teenagers should not use this medication for chicken pox or flu symptoms before a doctor is consulted about Reye Syndrome, a rare but serious illness reported to be associated with aspirin.* Keep this and all drugs out of the reach of children. In case of accidental overdose, seek professional assistance or contact a poison control center immediately. As with any drug, if you are pregnant or nursing a baby, seek the advice of a health professional before using this product. IT IS ESPECIALLY IMPORTANT NOT TO USE ASPIRIN DURING THE IAST 3 MONTHS OF PREGNANCY UNLESS SPECIFICALLY DIRECTED TO DO SO BY A DOCTOR BECAUSE IT MAY CAUSE PROBLEMS IN THE UNBORN CHILD OR COMPLICATIONS DURING DELIVERY. See carton for arthritis

---

[*] 原文是斜体词句和大写词句，汉译文中我们分别用黑体和斜体对应表示。——译者注

use and Important Notice.

[**警告：儿童和青少年在使用本品治疗水痘或流感之前应向医生咨询瑞氏综合征，瑞氏综合征是一种罕见但很严重的疾病，与阿司匹林的使用相关。将本品及所有药品置于儿童不易接触处。如果意外服药过量，应立即寻求专业帮助，或联系中毒控制中心。和任何药物一样，妊娠期或哺乳期妇女在服用本品之前请咨询医务人员。** *特别提示: 在妊娠期最后三个月禁用阿司匹林，如确有需要，请在医生专门指导下服用。本品会影响胎儿发育或导致分娩并发症。关节炎患者服用本品请参阅包装盒上的注意事项。*]

我对这个文本的解释是，警告中有两组相互交织在一起的**谁**在做**什么**。也就是说，"**谁**在对我们讲话"这个问题有两个不同的答案，"他们在试图干**什么**"这个问题也有两个相应的答案。第一组**谁 / 什么**由以下句子构成：

Children and teenagers should not use this medication for chicken pox or flu symptoms before a doctor is consulted about Reye Syndrome, a rare but serious illness reported to be associated with aspirin. IT IS ESPECIALLY IMPORTANT NOT TO USE ASPIRIN DURING THE LAST 3 MONTHS OF PREGNANCY UNLESS SPECIFICALLY DIRECTED TO DO SO BY A DOCTOR BECAUSE IT MAY CAUSE PROBITMS IN THE UNBORN CHIID OR COMPLICATIONS DURING DELIVERY.

这里的事情说得很具体（"children or teenagers"，"this medication"，"chicken pox"，"flu"，"Reye Syndrome"，"aspirin"，"last 3 months"，"unborn child"，"delivery"），医务人员被称为"doctor"，事件的处理方式都被强调（斜体字，大写字体，"should not"，"rare but serious"，"especially important"，"specifically directed"）。我们可以看到，这种语言促成了一类**谁**在试图完成一类**什么**。

第二个**谁** / **什么**组合由上述两句之间的句子构成：

Keep this and all drugs out of the reach of children. In case of accidental overdose, seek professional assistance or contact a poison control center immediately. As with any drug, if you are pregnant or nursing a baby, seek the advice of a health professional before using this product.

这里的事情则讲得比较笼统而宽泛（"this and all drugs"，"any drug"和"this product"而不是"this medication"和"aspirin"，"children"而不是"children and teenagers"，"pregnant"而不是"last 3 months of pregnancy"），没有提到医生，只是泛泛地提到医务人员（"professional assistance"，"poison control center"，"health professional"），事件的处理方式也不太急切，只用了一个"immediately"（小写字体，不太强烈的用语，如，"keep out of reach"，"accidental overdose"，"seek assistance"，"seek advice"，而不是本警告其他部分所用的"should not"和"important not to use"等更直接的语言）。这种语言促成了另外一类**谁**在试图完成另外一类**什么**。

这两组**谁**在做**什么**"感觉"有些不同。它们为了不同的目的和结果而由不同的"声音"授权和发布。第一组是律师的声音（**谁**），在回应可能的具体法律问题和诉讼案件（**什么**）；第二组是官方关切的声音，是行业机构（**谁**）在试图保护和提醒人们，特别是妇女儿童，同时也强调了阿司匹林和一般的药物（**什么**）相比并没有什么特别之处和危险之处。

当然，第二组**谁**做**什么**与第一组**谁**做**什么**之间存在一种张力。另外，阿司匹林瓶子上曾经只有第二组**谁**做**什么**的警告（只是句子顺序有些变动），在更新的瓶子上已经被改了。

像所有的言语一样，本警告信息反映了它所保持的一种关系，或者换一句话说，它反映了产生它的历史。在本例中，因为公司受类似瑞氏综合征等方面的起诉，一个新的、更严格更直接的**谁在做什么**被添加到原来较笼统较概括的**谁在做什么**之中。

阿司匹林瓶子上的警告信息是多声的。也就是说，它有"两重声音"，因为两组不同的**谁做什么**交叉在了一起。当然，在不同的情况下，这种交叉可能会更加复杂，两个（或更多）**谁做什么**会更加充分地结合在一起，更加难以分开。

社会语言

就"**谁在做什么**"的语言方面而言，还有另外一个术语可以用来取代这一繁琐的短语（请记住，实际上语言是受话语中"其他材料"影响的）。这个术语就是"社会语言"。我们在阿司匹林瓶子上看到的每一个**谁在做什么**都是不同"社会语言"的表达（具有不同社会意义的语言变体）。所有语言，如英语或法语，都是由许多（许许多多）不同的社会语言组成的。我们学的、说的都是社会语言。

请记住，"社会语言"和"话语"是两回事。我用"社会语言"来谈论语言在话语中的作用。但是，正如我前面所说，话语往往涉及语言之外的东西，涉及通过行动、交流、评价、信仰、感觉等方式来调节语言，通过身体、服饰、非语言符号、物体、工具、技术、时间和地点等来调节语言。

让我再举两个例子来说明社会语言的使用。我曾把这两个例子当作典型的社会语言实例。一个是关于一位非洲裔上层中产阶级年轻女子的。她叫简，二十多岁，选修了我的语言交际课。语言交际课讨论的是不同的社会语言。在一次讨论中，简说她本人不会在不同的语境中使用不同的社会语言，而是在任何语境中都使用相同的社会语言。她说，使用不同的社会语言会显得很"虚伪"，会失去"自我"。

为了证明在不同的语境中和不同的人说话时不会改变谈话风格，简决定把她与父母的会话和与男朋友的会话录下来。她决定在两个场合都谈论她在课堂上谈论过的一个故事，以确保她在两个语境中谈论的是同样的内容。

在故事中，一个名叫阿比盖尔的姑娘要乘一条小船过河看她的情人格雷戈里。船家（罗杰）说他可以渡她过河，但条件是她要答应和他睡上一觉。为了见到格雷戈里，阿比盖尔可以不惜一切代价，于是就答应了。但当她过了河见到格雷戈里并把她的经历告诉他时，格雷戈里与她断绝了关系，抛弃了她。故事内容还有很多，但这些对我们现在要讨论的问题已经足够了。我要求我班上的学生对故事中的人物从最令人讨厌到最不令人讨厌排个序。

简用下面的句子向父母解释她为什么认为格雷戈里是最坏（最不道德）的人物：

Well, when I thought about it, I don't know, it seemed to me that Gregory should be the most offensive. He showed no understanding for Abigail, when she told him what she was forced to do. He was callous. He was hypocritical, in the sense that he professed to love her, then acted like that.

[是的，我想这件事的时候，我不知道，我觉得应该是格雷戈里最讨厌。阿比盖尔告诉他她是被迫的，他却没有表示理解。他太冷酷。他说过爱她的，却又这么做，太虚伪。]

之前，在一个非正式场合，她也向男朋友解释了她为什么认为格雷戈里是最坏的人物。当时她是这样说的：

What an ass that guy was, you know, her boyfriend. I should hope, if I ever did that to see you, you would shoot the guy. He uses her and he says he loves her. Roger never lies, you know what I mean?

[这家伙真是个混蛋，你知道，我是说她男朋友。如果是我为了见你而这么做了，我倒希望你把那家伙杀了。他利用了她，还说爱她。罗杰从不撒谎，你明白我的意思？]

很明显——甚至对简也很明显——简使用了两种截然不同的语言形式。简的两种社会语言之间的差别在两个文本中随处可见。

对父母，她还是很小心的，说得比较委婉（"I don't know"，"it seemed to me"）；而对男朋友，她却直截了当。和男朋友谈话时她用了 "ass" 和 "guy" 等词语，而和父母谈话时，她用了比较正式的词语，如 "offensive"，"understanding"，"callous"，"hypocritical" 和 "professed" 等。她还对父母使用了较正式的句子结构（"it seemed to me that..."，"He showed no understanding for Abigail, when..."，"He was hypocritical in the sense that..."），而对她男朋友用的句子结构就不怎么正式（"...that guy, you know, her boyfriend"，"Roger never lies, you know what I mean?"）。

简一再对男朋友称 "you"，从而表明了他作为一名听众的社会身份，但她没有这样直接指称她的父母。在和男朋友的谈话中，她在几个地方都留下了推理的空间，而对父母她却表达得非常清楚。比如，简说虽然罗杰很坏，但至少他没有撒谎，而格雷戈里确实撒谎了，因为他说过他是爱阿比盖尔的。简的男朋友必须从简提供的这些信息中推理出格雷戈里太虚伪，应该受到谴责。

总之，简对父母似乎在更多地使用"学校式"的语言，只需要他们做她的听众，不需要他们进行推理，不需要他们在社会和情感方面的参与，虽然也有可能强调他们认知方面的参与，对她和她的"智慧"给出评价。另一方面，她对男朋友使用的语言却强调社会和情感的参与和协作，强调意义的共同构建。

作为一位年轻女子，简使得两个版本的她是**谁**和她在做**什么**看得见，可识别。一方面，"她是一个本分的乖女儿在和自豪的父母一起吃饭"；另一方面，她是"正在和男朋友亲近的女子"。当然，我有一点需要补充，虽然简这样的人可以在餐桌上和父母这样谈话，但不是所有的人都可以这么做。她可以在父母面前表现出其他的身份，可以对他们说其他的社会语言。而且，简确实会在不同的场合对父母使用其他的身份和社会语言。

我再从格雷格·迈尔斯的作品（Greg Myers 1990，以下所有页码都是指这本书）中举一个例子来说明社会语言的使用。生物学工作者和其他科学工作者在专业杂志和科普杂志上发表的文章是很不相同的。这两种写作方法做不同的事，显示不同的身份。科普文章不只是专业文章的"翻译"或"简化"。

为了说明这一点，请看下面两段摘录。第一段摘自专业期刊，第二段摘自科普杂志。两段摘录是同一位生物学家就同一话题而写的（p. 150）：

Experiments show that *Heliconius* butterflies are less likely to oviposit on host plants that possess eggs or egg-like structures. These egg-mimics are an unambiguous example of a plant trait evolved in response to a host-restricted group of insect herbivores.

[实验结果显示，纯蛱蝶不太可能在有卵或卵状结构的寄主植物上产卵。模拟卵是寄主植物为了回应植食性昆虫而进化出植物特征的典型例子。]

Heliconius butterflies lay their eggs on *Passiflora* vines. In defense the vines seem to have evolved fake eggs that make it look to the butterflies as if eggs have already been laid on them.

　　[纯蛱蝶在西番莲藤蔓上产卵。为了抵御纯蛱蝶，西番莲藤蔓似乎进化出了假卵，使蛱蝶误认为藤蔓上已经有卵了。]

　　第一段话摘自专业科学期刊，是有关生物学学科中一个具体理论的概念结构的。第一句的主语是 "experiments"，是自然科学研究的方法论工具。第二句的主语是 "these egg mimics"：请注意，植物的部分不是根据植物自身而命名的，而是根据它们在自然选择和进化理论中发挥的作用而命名的，即捕食者和猎物的共同进化（也就是说，捕食者和猎物在共同进化中彼此塑造）。还请注意，第一句中用了 "host plants"（寄主植物）这个术语，而在科普摘录中用的是 "vines"（藤蔓）。

　　在第二句中，蛱蝶被称为 "a host-restricted group of insect herbivores"，既指科学方法的一个方面（如，"experiments"［实验］），又指理论逻辑（如，"egg-mimics"［模拟卵］）。任何赞同共同进化理论的科学家都面临着这样一个困难，即当大多数植物都受到多种动物的攻击时，我们如何证明植物特性和捕食者之间的因果关系。解决这一难题的核心方法是研究受到一种或几种捕食者（这里指纯蛱蝶）猎捕的植物群（如，"*Passiflora* vines"［西番莲藤］）。"Host restricted group of insect herbivores" 既指作为共同进化理论核心的植物与昆虫之间的关系，也指在彼此限制的植物和昆虫之间进行选择的方法技巧。植物和昆虫彼此限制，以便在其他类型的交流中占据 "支配"地位。

　　这样，第一段摘录关注的是进化的科学方法和一个特殊的理论视角，第二段摘录来自科普杂志，关注的不是方法和理论，而是自然界中的动物。"*Heliconius* butterflies（纯蛱蝶）" 是第一句的主语，"vines（藤蔓）" 是第二句的主语。此外，纯蛱蝶和藤蔓不是按照它们在某一理论中的作用而命名的。

　　第二段摘录是关于昆虫和植物斗争的故事。这种斗争显然对科学家训练有素的眼光是开放的。另外，在这场斗争中，植物和昆虫成了

"有意的"的动作者：植物在采取行动，实施"防御"，对于昆虫来说，事物有特定的"呈现"方式，于是它们被表象"欺骗"了。有时人也会这样。

这两个例子再现了什么是真正的历史差异。在生物学史上，科学家与自然的关系，从讲述直接观察到的自然向用复杂实验证明复杂理论逐渐转变（Bazerman 1989）。迈尔斯认为，当前专业科学关注的是专家对不确定性和复杂性的操纵，大众科学关注的是世界可知性和可及性的一般保证。

"管理不确定性"的需求在一定程度上产生于这样一个事实：对自然界日益深入的"观察"没有使科学家达成共识，反而在描述和解释观察方面的意见日益分歧（眼见为实，但并非真正了解）。反过来，这又需要使大众相信不确定性没有破坏科学家专业知识的有关观点，也没有破坏世界的最终"可知性"。

这个例子让我们看到的不但是言语方式与不同的**谁**（这里指实验者／理论家与细心的自然观察家）和**什么**（对科学的专业贡献和科学的普及）有关，而且是这些**谁**和**什么**通常在特定的社会实践和历史实践中获得，被特定的社会实践和历史实践认可。这些社会实践和历史实践代表了不同人群的价值观和利益。

因此，我希望，现在很明显，语言使用的核心是**谁**在做**什么**。但是，你不可能成为任何你想成为的原来的**谁**，你不可能从事任何你想从事的原来的**什么**。这就是说，**谁**和**什么**是历史的产物，并随着历史的发展而变化。事实上，我们在两个生物学实例中已经看到了这一点。

语法的两个方面

每个社会语言都有自己独特的语法。但语法的两个不同方面对社会语言很重要。一个方面是传统的语法单位集，如名词、动词、词形变化、短语和从句等。另一方面是"规则"，即名词、动词、词形变化、短语和小句等语法单位通过这些规则创建模式，表示或"标示"典型的**谁**在话语中做**什么**。也就是说，说话者和写作者设计口头或书面话语，创建话语模式，解释者凭借这种模式来确定我们和我们的话语的情境身份和具体活动。

语言学家称这些模式为"搭配模式"。这意味着各种语法手段彼此"合作定位"。我所说的模式是多种语法手段在不同"层面"上的"合作关系"（相互关联）。这些相互关联反过来也与非语言"材料"合作（协调）来构建（由于历史的，即传统的原因）**谁**在话语中做**什么**。

例如，在简对她男朋友说的"What an ass that guy was, you know, her boyfriend"一句话中，请注意非正式词语的使用，如"ass"和"guy"，模糊指称的使用，如"that guy"，非正式插入语的使用，如"you know"，以及非正式"右移位"句法手段的使用（如，让"她男朋友"这个短语挂在句末）。所有这些传递出的信号是，这句话发生在用来实现一致关系的非正式社会语言中。

这种情况非常类似于选择衣服。穿什么衣服表明我们要参加某种活动或者采纳某种与这种活动相关的风格。例如，我们可以想象皮带、游泳衣、背心、太阳镜和太阳帽等是如何"合作定位"，来向我们"暗示"户外和水中活动，"暗示"我们在这种情况下促成的情境身份的。

实例分析

我再举一个例子来解释语法的两个方面（即名词和名词短语等传统语法单位，以及我们用这些语法单位创造的语法模式）。请看下面一句话（改编自 Halliday & Martin 1993, p. 77）。

1 Lung cancer death rates are clearly associated with an increase in smoking.

[肺癌死亡率明显与吸烟的增加相关。]

所有语言特征都表明这一句话明显是学术性社会语言（虽然没有更多的上下文我们不能说明具体是哪种学术语言）的一部分。其中包括一个沉重的主语（"Lung cancer death rates"），由动词派生的名词（"increase"，"smoking"），一个复杂的复合名词（"lung cancer death rates"），"低及物性"关系谓词（"are associated with"被动语态或类被动语态（"are associated"），施事者缺失（没有提到谁引起这种相关），一个抽象名词（"rates"），和一个动词的肯定修饰语（"clearly"）。

没有任何单一的语法特征标记出这句话的社会语言，而是所有的语法特征（如果我们选择一个更长的文本的话，会有更多的语法特征，包括话语层面的特征）共同构成一个标记社会语言的独特配置（相互关联，或者称作合作关系更合适）。

我要指出的是，标记一种社会语言的特征配置太复杂，太依赖由特征创建的具体语境（毕竟没有"普遍的社会科学语境"），因而不适合归纳式的、死记硬背式的学习。这样的语言关系不是存在于具体的社会实践（**什么**）之外的，也不能在具体的社会实践之外来学习，而是具体的社会实践中不可分割的一部分。它们是在特定的时间、特定的地点以特定的方式（比如，以社会科学家的方式）说话、写作、思考、行动、评价和生活的人的特定"声音"或"身份"（**谁**）的重要组成部分。学习这种语言关系意味着学习识别某人所在的（以及所帮助创建的）某种特定的社会语境。这并不是说公开授课在这里没有地位（有地位），而只是说如果我们想教人学习新的社会语言，我们就没有办法不沉浸在情境实践之中。

　　有时候人们会说，"非正式"社会语言和"正式"社会语言的区别是，在"非正式"社会语言中，"语境"决定意义，只有在语境中才能理解话语的意思；在"正式"社会语言中，词语和句子的意思比较清楚，对语境依赖较小。例如简对她男朋友使用的就是"非正式"社会语言，而对她父母使用的则是"正式"社会语言。其实，有时候人们会说，对语境依赖较小的"正式"语言是"去语境化"的。有些教育工作者认为，很多学习成绩不好的少数民族孩子和社会经济地位较低的孩子往往不知道如何使用这种"去语境化"的语言。

　　这样认为绝对是错误的，不仅误导了我们，而且还的的确确让一些人受到了伤害（比如刚刚提到的那些孩子）。我们再看一下上面讨论过的例句 1。这句话并不比非正式语言清楚，其语境化程度也不比非正式语言小，只是不清楚的方式和语境化的方式不同。

　　虽然我们倾向于认为写作，至少学术写作，是清楚、明确、毫不含糊的。实际上，上面举例的这句话有至少 112 种不同的意义！更加不可思议的是，任何读了这句话的人（至少是任何读了本书的人）只触及了其中的一种意义（或者少数几种意义），他们根本不知道这句话还完全可能有另外 111 种意义。

　　有些心理语言学理论认为，关于这句话，我们潜意识地思考了全部 112 种可能的意义，但排除了 111 种，只留下了其中的一种。我们思考的速度很快，是在无意识状态下进行的，因此我们完全不知道。尽管如此，我们还是要问，这句话怎么会有那么多意义？为什么我们所有的人都只抓住其中的一种意义，而且是同一种意义？

　　事实是因为这句话的语法。这句话的主语（"Lung cancer death rates"）是"名词化"，由复合名词构成。名词化就像垃圾压实机一样：可以承载很大的信息量——实际上承载的是整个句子的信息量——这些信息被压缩在一个复合词或一个短语中。我们可以把压缩了的信息填充在另一个句子中（于是句子就变得越来越大了）。这样做的麻烦是：

一旦我们创造了一个压缩项目（比如名词化），就很难说清楚里面究竟包含了什么信息。就像在垃圾压实机中压缩的垃圾一样，我们通常说不清楚里面到底有些什么东西。

"Lung cancer death rates"中可能被压缩进了下面任何一项扩展信息块：

2a. [lung cancer] [death rates] = 人死于肺癌的概率（数量）= 多少人死于肺癌

2b. [lung cancer] [death ratesl = 人死于肺癌的速率（速度）= 人死于肺癌的速度有多快

2c. [lung] [cancer death] [rates] = 肺死于癌症的概率（数量）= 多少肺死于癌症 [这里的 "死" 是隐喻用法，指细胞的死亡。]

2d. [lung] [cancer deathl [rates] = 肺死于癌症的速率（速度）= 肺死于癌症的速度有多快

前两个意义（2a 和 2b）把 "lung cancer death rates" 这一短语解析为 "lung-cancer (a disease) death-rates"，即 "death-rates from lung-cancer"。这里的 "rates" 可以表示肺癌造成死亡的人数或速度。后两个意义（2c 和 2d）把 "lung cancer death rates" 这一短语解析为 "lung cancer-death-rates"，即 "cancer-death-rates for lungs"。这里的 "rates" 也可以表示死于癌症的（这次是）肺的数量或肺死于癌症的速度。这种分析方法非常类似于解读 "pet cancer death rates"（"cancer-death-rates for pets"，即多少宠物死于癌症或者宠物死于癌症的速度有多快）。当然，本文的每一位读者都会把 "lung cancer death rates" 解释为（2a）的压缩。我们的问题是："为什么？"

现在我们讨论这个例子中的动词短语 "are clearly associated with"。这种本来没有什么 "特色" 的关系谓词在某种社会语言中是很典型的。这类动词表达在两个方面是含糊的。首先，我们不能判断

"associated with"是表示因果关系，还是相关关系。因此，这句话是说一件事情导致另一件事情的发生（如，吸烟导致癌症）呢，还是一件事情仅仅与另一件事情相关（吸烟和癌症一起出现，但可能是另外一件事情导致二者的出现）呢？

其次，即使我们认为"associated with"表示原因，我们还是说不清什么导致了什么。其实，你我都知道，吸烟导致癌症，但第一句话完全可以表示肺癌死亡率导致吸烟的增加。正如韩礼德和马丁所说，"也许，人们太害怕肺癌了，他们需要通过吸烟来缓解紧张的神经"（pp. 77-78）。甚至也有可能是作者不想在原因和相关之间做出选择，或者不想在吸烟导致癌症或对癌症的恐惧导致吸烟之间做出选择。"are clearly associated with"这一动词短语至少给我们提供了以下可能的意义：

3a. cause

3b. caused by

3c. correlated with

3d. writer does not want to commit herself

现在，我们再来分析短语"increased smoking"。这也是一个名词化，一项压缩信息。它的意思是"人们吸更多的烟"（吸烟者在增加他们的吸烟量）呢，还是"更多的人吸烟"（新的吸烟者加入到吸烟者队伍中）呢，抑或是两者的结合，即"更多的人吸更多的烟"呢？

关于死亡率和吸烟增加的关系，我们还可以提出这样的问题，增加吸烟量（不管是老烟民还是新烟民）的人是不是即将死于肺癌的人？或者，是不是其他人（如没有吸烟但可能与吸烟相关的人）也要死？最后，就这一整句话，我们可以提出这样的问题：这代表的是"真实"情况（"因为更多的人吸烟，所以更多的人死亡"）呢，还是仅仅是一个假设（"如果有更多的人吸烟，我们就知道更多的人会死亡"）呢？这给我们提供了至少七种可能的意义：

4a. 吸烟的增加 = 人们吸更多的烟

4b. 吸烟的增加 = 更多的人吸烟

4c. 吸烟的增加 = 更多的人吸更多的烟

4d. 吸烟的和死亡的是相同的人

4e. 吸烟的人和死亡的人部分相同

4f. 谈论的情况是真实的（因为）

4g. 谈论的情况是假设的（如果）

我们讨论了主语（"lung cancer death rates"）的四种可能意义，动词短语（"are clearly associated with"）的四种可能意义，以及补语（"increased smoking"）的七种可能意义。就像一个老式的菜单一样，你可以从 A 列选一个，B 列选一个，C 列选一个，然后得到一个特定的意义组合。这就给我们 4 乘 4 乘 7 种可能性，即 112 种不同的意义。

所有这些意义都是例句（1）的语法所允许的。而且，事实上还有其他可能的意义我没有讨论，比如，"rates"还可以表示"货币成本"，"lung cancer death rates"还可以表示肺癌在以某种速度死亡。然而——这又是我们的一个秘密——本文的每一位读者在一微秒内只能把握众多意义中的一种，并且是同一种（或者，在最坏的情况下，有意识地考虑到了极少数的可能意义）。为什么？

我讨论的这个秘密的答案你可能已经很清楚了，但我还是想说，我们如何看待语言和语言学习是很重要的。我们所有人都只抓住 112 种意义中的一种（并且是同一种），这是因为我们都参与了社会上长期以来进行的讨论——我们都参与了关于吸烟、疾病、烟草公司、有争议的研究结果、烟盒上的警告信息、吸引青少年吸烟的广告等许多复杂细节（我们所说的会话）的讨论。

以这种讨论为背景，例句（1）在实际使用中只有一种意义（我们称为"情境意义"），虽然根据句法结构它还有许多可能的意义。如果没有这种讨论——只有头脑中的英语语法——这个句子就有 112 种以上的意义。很明显，无论语法有多重要，都没有会话重要。会话打开了一种意义（或者极少数可能的意义，诸如让例句（1）也涵盖因吸二手烟而患肺癌的人）。

我们还可以用一种技术性更强的方法来讨论这一问题：意义不仅是一个解码语法的问题，也是（并且更重要的是）辨别我们从话语中做出的众多推理中哪一个才关联的问题。"关联性"与语境、视角和文化有密切联系。对于特定时间特定地点的特定的人来说，我们通过参与他们的某种讨论而知道什么是"相关"的。如果在一个让人们神经紧张的社会中有一些关于环境引发肺癌的重大讨论，那么该例句完全可以表示肺癌的流行在促使更多的人借助吸烟来平息他们的神经（2a+3a+4b）。

因此，我们可以得出如下结论：我们说话、写作不只使用英语，而且还使用特定的社会语言。社会语言的言语具有意义——或者至少可以说，它们被赋予了意义——这是因为这些言语根植于特定的社会讨论之中。虽然我只根据一句话（上述句（1））建立我的观点，但我认为它们具有普遍的真实性。

要教授例句（1）的意义——或者要教授任何句子的意义——就是要把句子植入会话的海洋里，这句话就遨游在这个会话海洋里。要教授像例句（1）一样的句子出现的某种社会语言，就是要把它嵌入到使用（并反过来再创造）社会语言的讨论中。

会话

我前面说过，"这些社会语言的话语是有意义的——或者至少它们被认为是有意义的——因为话语嵌入在具体的社会讨论中"。现在，我所说的"讨论"的意思就更加清楚了。我们在谈论事物时，比如围绕着堕胎和吸烟等问题进行一般性的社会讨论时，我们就在使用"讨论"这个词，当然这在一定程度上是隐喻性用法。我们谈论的是在媒体上、阅读中以及在与他人的交流中围绕于我们周围的公开辩论，而不是任何具体的人之间的任何具体的讨论。关于某种问题（如，堕胎、吸烟、赌博、女性主义、反歧视行动等），你知道辩论的"双方"是谁，是怎么辩论的，辩论"双方"都是些什么人，等等。有些问题社会上的人都知道，有些问题只有特定的社会群体才知道（比如，某一学科领域的大讨论）。这种知识是一种长期存在的背景，你可以根据这种背景来解释你所听到或读到的东西，或者根据这种知识规划你自己的谈话和写作。

我在前面将这种公开的辩论、争论、主旨、话题或主题称为"会话"。这是隐喻性说法，就好像关于堕胎或吸烟的辩论各方在参加一项重大会话（或辩论或争论，随便我们怎么称呼）。当然，这个会话是特定的人在特定的时间、特定的地点进行的多种交流活动混杂而成的。

现在我举一个例子来阐述我的观点。当前盛行企业（"在企业宣传中"）宣布"核心价值观"，企业期望创建独特的公司"文化"（见 Collins & Porras 1994，下面的例子在第 68-69 页）。例如，大型制药商"强生公司"宣布的核心价值观包括："公司存在的目的是减轻痛苦和疾病"，"机会均等，按能取酬"，还有其他几个核心价值观。

这时，人们可能想知道烟草公司的核心价值观是什么。以我们大多数人都熟悉的会话——关于美国及其历史，关于吸烟等——为例，我们几乎可以推测出其核心价值观。比如，以销售烟草为主兼营其他多种产品的大公司"菲利普莫里斯"的核心价值观包括："保护个人的自由选择权（吸烟、随心所欲地购买）"，"成功——追求最好，击败对手"，"鼓励个人创新"，以及与"强生公司"类似的说法"按能取酬，不问性别、种族或阶级"。

我们都很容易把菲利普莫里斯公司的核心价值观与美国的个人主

义和自由主题联系起来。请注意"个人创新"和"按能取酬"既是"强
生公司"的核心价值观，也是"菲利普莫里斯公司"的核心价值观。
这两个价值观在两种情况下呈现出不同的色彩。第一种情况呈现的是
人道主义色彩，而第二种情况则具有"人人为己"的色彩。"人人为己"
的色彩来自我们对"吸烟会话"辩论各方理解的结果。在这一会话中，
我们知道个人自由和社会责任是相互冲突的。

请注意价值观、信仰和物体在我所谈论的这类会话中是如何发挥
作用的。我们知道，在这个会话中，有些人持有的价值观和信仰符合
个人主义、自由和"美国方式"，而其他人所表达的价值观和信仰则
符合他人的权利和社会责任，使他人免受伤害，甚至免受因欲望而造
成的自身伤害等。反过来，这两种价值观和信仰取向与关于政府责任
和作用的历史大辩论有着密切的联系。

此外，在这次会话中，香烟这样的物体或烟草公司这样的机构或
吸烟这样的行为等在会话中是承载意义——象征价值的，但这种意义
是二分的。吸烟可以被看作嗜好，表达了自由但缺少对他人的关爱。
问题是，那些熟悉这个会话的人知道香烟、烟草公司和吸烟的可能意
义，就像他们可以在例句（1）的 112 种可能意义中选择一种意义一样。

参与会话的主题和价值观散布在大量的文本和媒体中。它们是不
同话语之间历史辩论的产物，例如进化论生物学家的话语和原教旨主
义创造论者的话语之间的历史辩论。随着时间的推移，这种历史辩论
构成了社会上很多人都有一定了解的会话。出于这个原因，在不激发
人们思考这种辩论并试图用特定术语解释报纸上的报道的情况下，一
份报纸无论如何都很难对进化论展开讨论。

当然，今天的人们往往知道这些主题和价值观，却不知道过去
曾经产生、维持它们并使它们流传至今的历史事件。例如，19 世纪，
美国马萨诸塞州法院被要求把逃亡奴隶遣返给他们在南方的"奴隶
主"（von Frank 1998）。这些诉讼战，伴随着报纸上或公众集会上

的辩论，涉及几种话语中的两种不同的话语（例如，与黑人教会相联系的几种话语，以及与 19 世纪马萨诸塞州含牧师、医生、律师等从业人士在内的自由黑人相联系的几种话语。请注意，由于他们是非洲血统，出生在美国，但没有正式美国公民身份，所以不知道该怎么称呼这些人）。

爱默生和梭罗等人主张的话语倡导自由、个人责任和个人道德，构成了一套高于州政府、联邦政府或法院立法之上的"法律"。他们主张不仅不遣返奴隶，而且不遵守法院和联邦政府官员做出的强制执行的判决。另一种话语与民族政治和商业精英密切相关，主张法制，哪怕是让奴隶失去自由，让自己失去良心。

这两种话语绝不仅仅是"宣言"和"信仰"。例如，19 世纪马萨诸塞州人作为"超验主义者"（爱默生及其同事的追随者）在思想上、身体上以及社会实践中有标记自己身份的独特方式，有参与社会活动的独特方式。社会活动被看作这种身份的重要组成部分。

今天的许多人都不知道 19 世纪在马萨诸塞州乃至全美各地进行的关于逃亡奴隶的大辩论（当然辩论促使了南北战争的爆发）。然而，这些辩论的相关主题和价值观被维持、转变并流传了下来，是 20 世纪中叶（如，在民权运动中），乃至 21 世纪的今天（如，在无证移民这件事上，法律和公民不服从之间的辩论）仍在进行的会话的一部分。

当然，我还必须补充的是，在马萨诸塞逃亡奴隶事件中还有很多其他重要话语也发挥了重要作用。黑人也是一些综合话语的一部分，他们也有自己独特的话语。此外，所有话语相互作用，构成了既相互联系又相互冲突的复杂关系，话语之间存在着重要的重叠（如，超验主义者和约翰·布朗关于废除奴隶制的独特话语与暴力话语之间的重叠）。

因为人们一般不了解话语之间的历史冲突，所以往往较容易学习会话，而不是直接学习话语。不过，揭示当前会话的历史经验总是重要而有趣。但问题是，话语的历史互动导致了某些辩论（"会话"），比如，关于吸烟或种族的辩论已经广为社会或社会群体熟知，甚至被本身不是这些话语的成员，甚至不知道这些话语历史的人所熟知。

互文性

"社会语言"这个术语适用于用来促成特定身份，开展各种特定活动的特定语言变体。一个单一的口头或书面文本可以用在一种社会语言中，也可以在两种或更多的社会语言中切换，或者彻底混合。阿司匹林瓶子上的警告信息就是在两个不同的语言变体中来回切换。

但是，有时候，一种语言变体（社会语言）中的口头或书面文本会通过从同一语言变体或不同语言变体的其他口头或书面文本中吸收（"借用"）言语来实现这种切换。我们称这一过程为"互文性"。一个文本可以通过各种各样的方法从其他文本中吸收言语。它可以直接引用其他文本（如，"Shakespeare said 'love is such sweet sorrow'"），或者间接引用（如，"Shakespeare said that love was such sweet sorrow"），或者只是暗指知情的受话者或读者要理解的是从其他资源中借用的言语（如，"My love for you is sweet sorrow, indeed"）。

关于"互文性"，诺曼·费尔克拉夫（Fairclough 1992, p. 84）是这样说的："互文性的根本特性是一个文本充满了其他文本的片段。这种文本片段可以被明确区分或融入新文本中，可以被新文本同化、排斥、讽刺地回应等。"

请记着，"文本"可以是口头的或书面的。例如，下面这个文本是加利福尼亚州奥克兰市学校董事会支持在本市学校中讲"黑人英语"的正式提案的一部分：

Whereas, numerous validated scholarly studies demonstrate that African American students as part of their culture and history as African people possess and utilize a language described in various scholarly approaches as "Ebonics" (literally Black sounds) or pan African Communication behaviors or African Systems; and... Whereas, the Federal Bilingual Education Act (20 USC 1402 et seq.) mandates that local educational agencies "build their capacities to establish, implement and sustain programs of instruction for children and youth of limited English proficiency, ..."

[然而，许多实证研究表明，非洲裔学生作为非洲文化和历史的一部分，拥有和使用一种在各种学术研究中被描述为"黑人英语"（字面意思是黑人声音）或泛非交际行为或非洲系统的语言；……然而，《联邦双语教育法》（《美国法典》第 20 条第 1402 款及以下条款）责令当地教育机构"提高能力以加强英语能力较弱的青少年课程教学计划的制定、实施和保持"……]

这个文本来自由学校董事会制定的一份官方政策文件。因此，它是用规范的社会语言写成的，风格清晰，有几个句子是以"whereas"加逗号开头的（我们摘录的这一段中只有两个，但原文中有好几个）。"whereas"后的每一个句子都是正式的复杂句，包含的主要动词是现在时（"demonstrate"，"mandates"），后跟一个"that"从句，宾语从句又包含另一个完整句子的信息量：

主　语	主动词 +that	从属句
Numerous validated scholarly studies	demonstrate that	African American students as part of their culture and history as African people possess and utilize a language described in various scholarly approaches as "Ebonics" (literally Black sounds) or pan African Communication Behaviors or African Systems

续表

主　语	主动词 +that	从属句
The Federal Bilingual Education Act	mandates that	local educational agencies "build their capacities to establish, implement and sustain programs of instruction for children and youth of limited English proficiency"

因此，我们就有了一种非常独特的社会语言。但是，该文本完全是互文性的，它提到了其他文本中的许多内容。第一个由"whereas"引导的句子中提到了语言学家的工作（"scholarly studies demonstrate"），但没有直接引用其内容。每一位语言学工作者都很清楚，这些语言学工作者的工作实际上是某一特定类型的语言研究。"Ebonics"，"Black sounds"，"Pan African Communication behaviors"和"African Systems"等专有名词都来自某类特定的语言学文本，或者与这类语言学文本密切相关。这类语言学研究主要是由非洲人或具有强烈黑人民族主义倾向的非洲裔美国人开展的，但在奥克兰市宣布上述决定以后，有些专有名词得到了广泛的应用（如，"African-American Vernacular English"最初只在语言学领域广泛应用。关于语言学和黑人英语之间的辩论请参见阅读书目中约翰·鲍［John Baugh 1999］的作品）。

当然，奥克兰市的政策文件提到了这种语言研究而没有提到其他的语言研究。这是有意义的，是重要的。此外，该文件并不直接引用这些语言学家，而是把他们的语言用作文件的一部分。这说明这类语言研究实现了某种程度上的一致，理所当然地凌驾于其他形式的语言学研究之上。事实上，对于没有语言学专业知识的读者来说，提到"许多实证研究"并合并这项研究中的言语而没有引用，会给人留下这样的印象：没有其他类型的语言研究与当前的问题有关。这种现象在公共政策文件中是比较典型的。在提到研究的时候，我们通常倾向于用一个支持政策文件中的政策的声音说话。

另一方面，第二个"whereas"句直接引用《联邦双语教育法》——一项联邦立法。这是因为，这份政策文件从某种意义上来讲是在尝试以某种方式解释这项立法。第一个关于黑人英语的"whereas"句已经尝试在某种框架下对联邦立法进行解释了。这份政策文件最终要证明的是，一些双语非洲裔学生有权要求得到联邦政府的援助，因为他们的英语水平本身没有问题，而他们在学校使用的英语标准方言水平有问题（他们的本族方言是"黑人英语"）。这种观点是完全合理的，因为语言学家没有严格区分不同的方言（比如，有些德语方言是不能互相解释的）和不同的语言（比如，有些德语方言和荷兰语方言是可以相互解释的）。

因此，奥克兰市的这个文本直接引述一款联邦法律，置入引号之间，允许周围的文字（周围文字的一部分来自某类语言学研究，该研究不是被直接引用，而是直接融入文本之中）对引语进行解释。

作为调查工具的社会语言、互文性、会话及话语

在本书中，我非常现实地讨论了"社会语言""互文性""会话"和"话语"等术语。也就是说，我一直把它们当作存在于心灵世界和物质世界中的事物来谈论。而且，我相信，这也是理解它们的意思，理解它们为什么以及如何在话语分析中如此重要的真实而又简单的方法。

但重要的是要认识到，这些术语最终是我们作为理论工作者和分析者谈论世界并进而构建世界、识解世界的方法。因此，我对它们有着浓厚的兴趣。"社会语言""互文性""会话"和"话语"是"调查工具"，是"思维手段"。它们可以指导我们就一个书面或口头语

言块提出几个问题：

1. 这段话涉及哪些社会语言？哪种语法模式表明了这一点？不同的社会语言相互混合吗？怎么混合？

2. 这些社会语言促成什么社会情境身份和活动？

3. 这段话涉及哪种话语或哪几种话语？除了语言之外，其他"素材"（"心理素材""情感素材""世界素材""互动素材"以及非语言符号系统等）是如何产生关联的？

4. 关于这门语言，（在制度上、社会上或历史上）不同的话语涉及哪些种类的关系？不同的话语是如何平行发展或相互冲突的？

5. 哪些会话（关于话题或主题的公开辩论）与理解这门语言有关？这门语言（在制度上、社会上或历史上）贡献了哪些会话，如果这些会话存在的话？

6. 互文性在文本中是如何运作的？也就是说，文本引用、暗指或者从其他口头或书面文本中借用言语的方式是什么？互文性在文本中发挥了什么功能？

延伸阅读书目

Bakhtin, M. M. (1986). *Speech genres and other late essays*. Austin: University of Texas Press. [关于传统与创新如何在语言使用中相互作用的经典著作。巴赫金的"言语类型"是与我的"社会语言"有关的一个重要概念。他对互文性论述很多，只是他没有使用互文性这一术语。]

Baugh, J. (1999). *Out of the mouths of slaves: African-American language and educational malpractice*. Austin, TX: University of Texas Press. [非洲裔美国人方言及其引发的教育问题的主要来源。]

Baugh, J. (2000). *Beyond Ebonics: Linguistic pride and racial prejudice*. New York: Oxford University Press. [在当今语言、种族和文化方面杰出的语言学家对所谓的"黑人英语争论"的最佳讨论。]

Billig, M. (1987). *Arguing and thinking: A rhetorical approach to social psychology*. Cambridge: Cambridge University Press. [关于我所谓的"会话"的一个很好的讨论，尽管比利希并没有使用"会话"这一术语。]

Collins, J. C. & Porras, J. I. (1994). *Built to last: Successful habits of visionary companies*. New York: Harper Business. [一本影响深远的商业书籍，讨论公司的"愿景宣言"，这些宣言几乎总是与会话相关。]

Fairclough, N. (1992). *Discourse and social change*. Cambridge: Polity Press. [批评话语分析——在费尔克劳夫作品中称其为"CDA"——领域最著名学者的众多作品之一。]

Halliday, M. A. K. & Martin, J. R. (1993). *Writing science: Literacy and discursive power*. Pittsburg, PA: University of Pittsburg Press. [关于科学写作的特定语法模式，以及不同类型的科学和科学写作中语法模式变化的重要论述。]

Myers, G. (1990). *Writing Biology: Texts in the social construction of scientific knowledge*. Madison, WI: University of Wisconsin Press. [一本关于科学写作以及科学写作如何与社会、文化、制度和历史等因素相关的精彩而重要的著作。]

von Frank, A. J. (1998). *The trial Of Anthony Burns: Freedom and Slavery in Emerson's Boston*. Cambridge, MA: Harvard University Press. [非常有趣的书籍，涉及奴隶制和遣返逃亡奴隶的各种历史性会话。]

第 6 章

形式功能相关性、情境意义和图像世界

意义

本章将讨论的主要调查工具是"形式功能相关性""情境意义"和"图像世界"。形式功能相关性讨论的是语法单位（如，名词短语、句子主语、从属句）的意义范围。情境意义讨论的是单词和短语在实际语境中呈现的高度具体的意义。图像世界（通常是无意识的）是人类理解和阐述世界的理论和故事。本章还将讨论"批评性话语分析"的本质。

形式功能相关性

语言学家在话语类型意义和话语符号意义之间做了重要区分。任何单词、短语或结构都有一个可能意义的一般范围，我们可以称之为"意义范围"。这是话语类型意义。例如，单词"猫"这个词必须大致与猫科动物有关，"句子主语"在（句法）结构上必须大致与命名"正在谈论"的"话题"有关。

在实际语境中，单词和短语会呈现更具体的意义。这些更具体的意义是话语符号意义，我称之为"情境意义"。比如，我们讨论动物物种时说，"The world's big cats are all endangered(世界上的大猫都濒临灭绝)"，在这种情景中，"cat"指的是狮子老虎之类的野兽；我们讨论神话故事时说，"The cat was a sacred symbol to the ancient Egyptians(猫在古埃及是神的象征)"，在这种情境中，"cat"是一种象征，指的是真猫或图画中的猫；我们讨论壁炉上可以打碎的装饰品时说，"The cat broke(猫破了)"，在这种情境中，"cat"指的是一尊雕像。

虽然句子的主语通常是"话题"（这是"主语"的话语类型意义），但在不同的应用情境中，主语承载一系列更具体的意义。在辩论中，如果我说，"Congress only represents the rich(国会只代表富人)"，句子的主语（"Congress"）是发出声言的实体；如果你的朋友刚刚到来，我把她领进门说，"Mary's here（玛丽在这里）"，句子的主语（"Mary"）是一个兴趣或关注中心；如果在安慰朋友时说，"You really got cheated by that guy（你真的被那个家伙欺骗了）"，句子的主语（"you"）是一个情感中心。这句话的主动形式——"That guy really cheated you（那个家伙真的欺骗了你）"——的正常主语"that guy"被降级为"被"字结构的宾语，也表明这句话的主语"you"是情感中心。

话语分析可以执行两个任务中的一个或两个，一个与话语类型（一般）意义相关，一个与情境意义有关（Levinson 1983）。那么，一个任务就是我们所说的"话语类型意义任务"。这个任务涉及在话语类型意义层面（一般含义）研究语言形式和功能之间的相关性。这里的"形式"是指语素、单词、短语或其他句法结构（如句子主语的位置）等内容。"功能"是指形式承载的意义或交际目的。

另一个任务是我们所说的"话语符号意义或情境意义任务"。这个任务涉及在语言符号意义层面研究语言形式和功能之间的相关性。本质上，该任务涉及寻求在具体语境中使用的语言形式的具体情境意义。

区分不开这两个任务可能会比较危险，因为不同的任务会产生完全不同的话语分析效果。这一点我们以后会看到。我首先举一个话语类型意义任务的例子。具体语言形式的原型用法是执行某些交际功能（即表达某种意义）。例如，请看下面句（1）（改编自 Gagnon 1987，p. 65）：

（1）Though the Whig and Tory parties were both narrowly confined to the privileged classes, they represented different factions and tendencies.

[虽然辉格党和托利党都只局限于特权阶层，但他们代表不同的派别。]

这句话包含两个小句，一个是独立（或主要）句（"they represented different factions and tendencies"），一个是依赖句（"Though the Whig and Tory parties were both narrowly confined to the privileged classes"）。这些是对形式的陈述。独立句的功能之一是（在话语类型层面）做出断言，即表达说话者 / 写作者的一种声言。依赖句的功能之一是表达没有被断言但被假定或被认为理所当然的信息，这些是对功能（意义）的陈述。

英语中的依赖句通常跟在主要句后面。因此，上述例句（1）的更常见的表达方式是："The Whig and Tory parties represented different factions, though they were both narrowly confined to the privileged classes"。句（1）中的依赖句被前置（放在整个句子的前面）。这是一个关于形式的陈述。这种前置的功能之一是把该小句的信息主位化，即这一信息被视为主要句信息的出发点或重要的（主位化）语境，我们通过这一语境来理解其后的主要句的声言，这是一个关于功能的陈述。

总之，关于形式和功能的搭配，我们可以说，句（1）使得依赖句（"Though the Whig and Tory parties were both narrowly confined to the privileged classes"）成为理所当然的、假定的、无可争论的但同时也是重要的（主位化）信息，虽然这一信息被看成一个重要的（主位化）语境。通过这一语境我们考虑或者争论主要句中的主要声言（"they represented different factions and tendencies"）。我们可以说，依赖句是一种让步。其他历史学家可能更愿意把这种让步称作断言点，并因而使用不同的语法。他们可能会说"Though they represented different factions and tendencies, the Whig and Tory parties were both narrowly confined to the privileged classes"。

从根本上来讲，各种形式的话语分析都涉及形式和功能在话语类型层面上匹配的声言（无论对这种声言的认可是多么地不言而喻）。原因是，如果对一个语言片段做出声言，即使是在情境化和语境化的层面上（稍后我们会再回到这一点上），而这些声言又违反了我们所知道的形式和功能在语言层面相关联的方式，那么这些声言就是可疑的，除非有证据表明说话者或写作者试图违反这种语言的基本语法关系（如诗歌）。

我说过，与形式相关的意义是比较宽泛的（比如"断言""理所当然的信息""对比"等）。实际上，它们只代表形式或结构的意义潜势或意义域。形式或结构在特定使用环境中所承载的更具体或更情境化的意义必须在我们的下一个任务，即话语符号或情境意义任务中加以推理。

形式功能相关性为我们提供了话语分析的另一个"调查工具"。形式功能相关性界定了任何语言形式具有的意义潜势，这种意义潜势在实际语境中可以呈现具体意义。我们称这种具体意义为"情境意义"。我认为任何话语分析都知道（尊敬）被分析语言中存在的一般的形式功能相关性。在某些情况下，我们可以只做形式功能分析，这种分析可能很重要，且具有信息性。然而，大多数情况下，话语分析实际要做的，且真正能发挥最大作用的，是情境（具体语境）意义层面的分析。

情境意义

话语分析可以承担的第二个任务就是我所说的话语标记或情境意义任务。为了简单起见，我现在只称之为"情境意义任务"。我们实际说出或写出的一个句子就具有一个情境意义。情境意义是指特定的语言形式在不同语境中承载的具体意义。

我们举一个关于"咖啡"的简单例子，来说明情境意义与话语类型意义的区别。"咖啡"这一任意形式（其他语言使用不同的音响形象来表示"咖啡"）与"咖啡"实体（这就是它的意义潜势）的意义相关。然而，在更具体的层次上，我们必须使用语境来确定"咖啡"的意义。在一个语境中，"咖啡"指一种棕色液体（"The coffee spilled, go get a mop"［咖啡洒了，拿把拖布去］），在另一语境中则指一种颗粒（"The coffee spilled, go get a broom"［咖啡撒了，拿把扫帚去］），也可以指装咖啡的罐子（"The coffee spilled, stack it again"［咖啡洒了，再摞起来］）。在其他语境中，咖啡还会有其他所指，比如一种浆果、一种风味或者一种肤色。我们甚至还可以给"咖啡"一词赋予一种新的情境意义，如"You give me a coffee high(你让我有一点咖啡醉)"，或者"Big Coffee is as bad as Big Oil as corporate actors(咖啡巨头和石油巨头一样糟糕)"。

我们再看句（1）（"Though the Whig and Tory parties were both narrowly confined to the privileged classes, they represented different factions"）中的情境意义。这一次不是在像"咖啡"这样的词汇层面，

而是在句子层面。我们前面说过，主要句代表一个命题（表明某种真实的声言）。但这种一般意义上的形式功能相关性在实际语境中可以表示不同的具体事情，甚至完全可以被一起缓和或减弱。

在一种语境中，比如对于两个志同道合的历史学家而言，辉格党和托利党代表不同的派别这一声言只是对一个"事实"的提醒。而对于两个观点完全不同的历史学家来说，同样的声言可能被认为是一种挑战（尽管你的声言所说的共同阶级利益意味着政党之间没有实质性差别，但在17世纪的英国，辉格党和托利党之间确实存在着极大的差别）。当然，作为舞台戏剧的一部分，关于辉格党和托利党的声言并不是一个"真"命题，而是一个"假"命题。

此外，"特权""斗争""派别"等词语在不同的语境中会表示不同的意义。例如，在一种语境中，"特权"可能表示"富裕"，而在另一语境中则可能表示"有教养"或"有文化"或"与政治有关"或"出生在地位较高的家庭"或所有这些的综合。

在情境意义层面分析加尼翁的句子或他的整个文本/部分文本——执行情境意义任务——需要认真研究文本发生的相关语境。反过来，文本又有助于创建语境。也就是说，为了分析加尼翁的句子，可能有必要检查这部分文本的前后部分，检查加尼翁的其他文本，也可能有必要研究不同类型的历史学家之间的辩论以及关于教育标准和教育政策的辩论（因为加尼翁的文本提出的是在学校应该教什么历史的观点）。这可能意味着对这些辩论进行历史性研究，并根据加尼翁及其文本涉及的实际情境进行研究（如，关于马萨诸塞州新学校历史标准的辩论，加尼翁曾经参与编写马萨诸塞州新学校历史标准）；这可能还意味着很多其他的东西。

分析情境意义的有效性问题与分析话语类型意义的有效性问题有很大的不同。我们在前面看到，话语类型意义分析的有效性问题大致上可以归结为，选择和捍卫形式和功能在话语类型意义层面上如何产生相关性的一种特定的语法理论，当然，也提供对语料的正确的语法和语义描述。另一方面，情境意义分析的有效性问题要困难得多，它涉及一个非常深刻的问题，即"框架问题"。我们下面将讨论框架问题。

框架问题

框架问题是这样的：语境的任何方面都会影响（口头或书面）话语的意义。然而，语境是无限大的，从局部的身体定位和眼睛凝视，到人的信仰，再到历史、制度和文化环境等。无论我们在解释话语时考虑了多少语境，我们总还会有考虑语境其他方面或更多方面的可能性，而这些新的方面可能会改变我们对话语的解释。我们可以从哪里切断对语境的考虑？如果进一步考虑语境的某些方面可以改变我们的解释，那如何确定我们的解释是"正确"的呢？

我举个例子来说明改变多少话语语境可以显著改变我们对这一话语的解释。比如说这样一句话，"许多非洲儿童在五岁之前因感染疟疾而死亡"。评估这一声言需要多少语境信息？我们可以只考虑医疗事实，即狭义的语境。在这种语境中，这一声言似乎没什么特别的。但是，请考虑以下更广义的语境：

> 疟疾是一种传染病，是世界上最严重的公共卫生问题之一，也是许多发展中国家死亡和疾病的主要动因，其中婴幼儿和孕妇是受影响最大的群体。在世界范围内，三分之一的死亡来自传染病或传播性疾病。然而，这些死亡几乎全部发生在非工业化世界。健康不平等不仅影响人们的生活方式，而且经常决定他们的死亡方式和寿命。

> 内容来自网络

这个语境似乎是说，非洲许多儿童早逝并不是因为传染病，而是因为贫穷和经济不发达。虽然这样拓宽语境并不一定会消除或破坏原来声言的解释维度，但它确实让我们看到，原来的解释可以——或者可能，甚至应该——被嵌入到另一解释当中：许多非洲儿童五岁之前死于疟疾等传染病，而且许多非洲儿童由于贫穷和经济不发达而在五岁之前感染疟疾等传染病。这一较大的语境当然也可以嵌入另一个更大的语境（如资本主义）中。扩大语境也使我们意识到，"动因"一词有几层不同的含义。

框架问题既是问题也是工具。说它是问题是因为我们的话语分析解释（就像人们对语言的日常解释一样）总是容易随着我们的语境拓展而变化；说它是工具是因为我们可以使用它——拓展语境——来检验在一个语言片段中哪些信息和评价没有说出来或被忽略掉了。

框架问题当然也会引起话语分析的有效性问题。我们只有不断地拓宽语境才能断言我们的分析是有效的，要拓宽到再继续拓宽也不会影响我们的解释。到了这个时候，我们才可以停下来，做出声言（当然，在以后的实证研究中仍然可以被证伪）。

批评性话语分析

除了我们讨论过的两个任务（话语类型意义任务和情境意义任务）以外，一些形式的话语分析还添加了第三个任务。这些话语分析研究语言和形式相关性在话语类型（任务一）层面和 / 或情境意义（任务二）层面与社会实践（任务三）相关联的方式。虽然非批评性话语分析可以而且确实研究社会实践，但批评性话语分析和非批评性话语分析对社会实践和社会实践研究采取不同的方法。非批评性方法倾向于只按照社交模式来处理社会实践（如，人们如何使用语言在求职面试中取得"成功"）。我们再看一看上面讨论过的加尼翁的句子：

（1）Though the Whig and Tory parties were both narrowly confined to the privileged classes, they represented different factions and tendencies.

非批评性话语分析很容易表明这样一个事实：把 "Though the Whig and Tory parties were both narrowly confined to the privileged classes" 作为（假设的、不肯定的）依赖句与读者建立了一种社会关系。按照这种社会关系，读者被要求接受这样一种假设的观点：对于民主发展来说，社会财富的差异不如社会精英内部的政治立场差异重要（这是主要句的声言）。

批评性话语分析走得更远。它不仅按照社会关系处理社会实践，而且也按照社会关系对地位、团结、社会产品的分配和权力等的影响（如，语言如何在求职面试中发挥敲门砖的作用，允许某些人通过，而拒绝另一些人通过）来处理社会实践。实际上，批评性话语分析认为，使用中的语言一直是特定社会实践的一个组成部分。社会实践总是对地位、团结、社会产品的分配和权力等本质上具有立场策略的事物产生影响。

因此，问题变成了这样：仅仅把社会实践分析停留在口头和书面语言如何在社交活动中发挥作用的层面上够吗？或者我们有必要进一步考虑口头和书面语言如何在社交活动中发挥"立场策略"的作用吗？这后一种任务导致话语分析——当然也包括批评性话语分析——"不科学"或"没有学术性"，只是一个"主张"问题吗？

我们再回到句（1）。有些历史学家认为阶级冲突——人与人之间的冲突——是历史发展的驱动力。他们会说，辉格党和托利党狭隘地局限于特权阶级是 17 世纪英国政治状况的一个重要事实（虽然加尼翁将其置于从属句中）。他们会说，这个事实是社会变革的驱动力，因为它引导非精英人士为争取代表地位而奋斗。

加尼翁所做的是把历史学家认为是重要事实的信息放在从属句中，

并将其视为假设的背景信息。背景信息虽然很重要，却不能挑战主要声言，即辉格党和托利党代表不同的派别（基于此，对于加尼翁来说这两个党派代表着西方社会民主发展的前沿）。他的这一做法不仅是在与其他历史学家进行的学术辩论中采取的一项行动，而且是在关于学校历史课应该教什么以及如何教的政治辩论中采取的一项行动。

这是不仅理解加尼翁在说什么而且理解他想做什么的一个重要方面。它把我们带到作者和读者之间的社交活动之外，具有价值负载的"立场策略"上。加尼翁这样的声言无处不在。声言是正在进行的对话或辩论的一部分，并在对话或辩论中被理解。因此，完整的话语分析必须讨论这些事情，而且必须是批评性的。在第3章讨论"构建任务"时，我给出了另一个更为普遍的原因，即为什么所有的语言使用都有"立场策略"，因此，为什么话语分析应该是批评性的。我把我所说的"立场策略"定义为对"社会产品分配"的主张。我认为所有的语言使用都涉及对社会产品分配的观点。

图像世界

教皇是单身汉吗？虽然教皇是未婚男人——"单身汉"被定义为"未婚男人"——我们却不愿意说教皇是单身汉。为什么呢？因为我们不仅根据词语的定义或我们前文报说的"普遍（话语类型）意义"来使用词语，而且也根据我们头脑中词语的"正常"或"典型"故事、理论或模型来使用词语。

世界上的一个典型现象是男人娶女人。我们称过了结婚年龄的男人为"单身汉"，即认为他是可以有婚姻的，而他呢，则要么是选择等待，要么是还没有找到"合适的"对象。教皇既过了正常的结婚年龄，又发誓永远不结婚。他根本不符合我们头脑中的典型故事。

　　我们根据这种典型故事来使用词语，除非语境中的什么东西让我们认为当前的情况不是典型的。如果同性婚姻出现，或称男人"单身汉"、称女人为"老处女"的沙文主义问题出现，那么我们就必须更加开放地思考事情，并暂时放弃我们的典型画面。事实上，事情可以在社会上发生变化，因为典型故事会变化或变得有争议。人们甚至可以根据典型故事停止使用"单身汉"这样的词语，形成新的典型故事，也开始称呼适婚的未婚女人为"单身者"。

　　我们使用这样的典型画面来保证我们可以继续交流、行动和生活，而不需要自觉地时时考虑一切可能的细节和例外。这对于做事是有好处的，但有时候也有坏处，比如这些典型故事可以把非"正常"或"典型"的人和物边缘化。

　　人们的典型故事取决于他们的社会和文化群体。例如，面对拒绝睡觉的两岁孩子，有些父母会把孩子的这种行为看作成长的标志，认为孩子在学会自立。这是因为他们接受这样一个典型故事：孩子天生是依赖父母的，在成长的过程中逐渐自主或独立。在通往自立的道路上，他们行动起来、要求独立。这般年纪，他们可能还不能完全独立，但此类事象仍然是发展和成长的标志。其他父母会把同样的行为看作孩子意愿的一个标志，因为他们接受这样一个典型故事：孩子天生自私，需要被教导去为别人着想，与家人合作，而不是一味地按照自己的意愿行事。

　　也许第二个典型故事在工人阶级家庭中更为常见。这并不奇怪，因为在这样的家庭中，家庭成员之间和朋友之间的相互支持非常重要。第一个故事在拥有更多财政资源的中上阶层家庭中更为常见。在这样的家庭中，人们被期望成长为能够自己支配资源的成年人。

　　这种典型故事无所谓"正确"或"错误"。例如，孩子当然是天生依赖父母的。但是，孩子是天生自私并需要被教导如何与人合作，还是天生依赖看护人并需要学会独立？我们讨论的不同的故事在某种意义上可能都是正确的，但其中的一种可能被强调，以帮助形成家庭中的主要育儿风格。它们是简化的世界观，旨在帮助人们在行动前没有时间充分思考和研究的情况下继续生活。甚至理论在科学上也是简化的世界观，旨在帮助科学家应付繁杂的世界事务，而不必关注所有细节。

这种典型故事有很多不同的名字，如"民间理论""框架""情节""脚本""心理模式""文化模式""社会模式""话语模式"和"图像世界"等（这些术语都有细微的差别）。这种典型故事以图像、隐喻和叙事的形式存储在我们的头脑中（但我们马上就可以看到它们并不总是只存在于我们的头脑中）。

在这里，我们将使用"图像世界"一词来代表这些典型故事。"图像世界"被定义为：

> 一个在社会和文化方面构建的解释域，其中特定的人物和参与者得以识别，某些行为被赋予意义，特定的结果得到推崇，每个结果都是由一组施事者占据的简化世界，他们在特定力量的驱使下，参与一组有意义的行动或状态变化。
>
> (Holland et al. 1998, p. 52)

图像世界是一个简化世界的图画，捕捉到人们认为是典型的或正常的东西。我们说过，被认为是典型或正常的东西会根据语境的变化而变化，根据人们的社会和文化群体的变化而变化（正如我们在上述两岁儿童的例子中看到的那样）。例如，如果我要你想象一个市郊住宅区的卧室和一个大学生宿舍，那么你想象中的那个市郊住宅区卧室里的人和物一定与你想象的那个大学生宿舍里的人和物大不一样。你把你的典型建立在你的经验基础之上。但由于人们的经验根据社会和文化群体的不同而变化，人们所认为的典型也有所不同。而且，随着社会的变化，人们认为的典型也会变化而且确实在发生变化。图像世界不是静态的。

再举一个例子。在想象一个小学课堂时，人们的头脑中会闪现出这样一个图像世界（或典型故事）：典型的参与者包括一个（女性）老师、一群年龄基本相同的孩子和一些教辅人员，包括帮助有特殊问题的学生（如，学习障碍、阅读困难或英语二语学习者）的老师。他们有时会把学生拉出教室。同学们在书桌后坐成一排，面对老师。老师大部分时间都在讲话，有时会向学生提一些自己知道答案的问题。他们也做一些课堂活动，如做数学作业。同学们要参加定期测试，其中有些是国家标准化测试。老师身后是一个机构，包括一名校长、其他教师、课程主任以及教育主管部门等。父母是这个机构的准"外人"。每个学生都有一个标签，例如"SPED"（特殊教育），"LD"（学习障碍）和"ESL"（英语二语）等。

这个图像世界——包括典型参与者、活动、语言形式、目标和环境——当然是在许多实际的教室中实现的。当然也有许多例外，但我们思考和谈论学校时，通常不会想到这一点。事实上，这个图像世界的每一个方面都在现行的一项或多项学校改革中存在严重争议（如，按年龄分级、许多测试、技能表、老师说太多话、学生排队等）。然而，这种图像世界的想当然的性质通常会随时变化。重组图像世界似乎不"正常"、不"正确"或者不是"事情应该的样子"。例如，孩子教大人数字技术如今已经很常见了，但孩子的教和老师的学违反了我们的典型故事，也违反了与这个典型故事相关联的权威价值和结构。

我曾经说过，这些典型故事——我们所说的图像世界——都存储在我们的头脑中。但事实并不总是如此。通常它们一部分存储在我们的头脑中，一部分在外部世界中，如书籍、媒体和可以跟我们谈话的人的头脑中。孩子天生具有依赖性，随后朝着自立性发展，最后成为独立的成人，可以根据他们自己的资源管理自己的生活。这一图像世界模型存在于许多自助育儿书籍和许多职业父母（如，医生、律师、教授、高管等）的谈话和行动中。如果我们恰好住在这样的社区，我们就可以与他们进行交流。

图像世界给我们提供了另一个话语分析工具。对于任何交际，我们需要询问，交际中的词汇和短语在呈现或诱导受话者呈现什么典型故事或图像世界？这些图像世界中有什么参与者、活动、交流方式、语言形式、人物、物体、环境、机构和价值等？

形式功能相关性、情境意义和图像世界是调查工具

在本章，我再一次实实在在地讨论了"形式功能相关性""情境意义"和"图像世界"等术语。也就是说，我认为它们既存在于头脑中，也存在于世界上。而且，我的确相信这既是真实的，也是理解它们有什么意义，为什么以及如何对话语分析具有重要意义的最简单的方法。

但是，这些术语最终是我们作为理论工作者和分析者谈论、建构和解释世界的方法。认识到这一点非常重要。这正是我对这些术语感兴趣的地方。这些术语是"调查工具"。下一章我将更全面地讨论作为调查工具的图像世界。现在我要描述一下作为调查工具的"情境意义"是什么意思。

在本章开始时，我讨论了形式功能分析，即普遍语言形式与它们所表达的某种较普遍功能的匹配问题。这种分析界定了任何语言形式在实际语境中所拥有的用来呈现更具体的意义的潜势。我们称这些更具体的意义为"情境意义"。我假设任何话语分析都意识到（并尊重）被分析语言中普遍存在的形式功能相关性。在某些情况下，形式功能分析是我们可以做的一切。这种分析信息量大，有重要意义。然而，大多数情况下，话语分析实际要做的，且真正能发挥最大作用的是情境意义层面的分析。

"情境意义"是一个"思维手段"，用来指导我们提出某类问题。

面对一个口头的或书面的语言片段，我们思考某一个或某一组关键词，
即假定的对理解我们希望分析的语言有重要意义的词语。我们也思考
从语言使用的，并以某种方式帮助创建或解释的语境中学到的一切。
然后我们提出以下几类问题：

1. 按照词语在话语中使用（如生物学话语或原教旨主义的创造论
话语）的观点，特定词语或短语的哪一种或哪几种情境意义归属
于"作者"才是合理的？

2. 按照说或写这些词语的话语的观点，特定词语或短语的哪一种
或哪几种情境意义归属于这些词语或短语的受话者或读者才是合
理的？

3. 按照这些词语使用的话语之外的其他话语的观点，使用特定词
语或短语的哪一种或哪几种情境意义归属于这些词语或短语的受
话者或读者才是合理的？这些其他的话语可能会带来不同的价值、
规范、观点和对情境的设想。例如，如果根据自己话语的观点，
而不是根据最初产生文本的话语的观点来解释文本，原教旨主义
神创论者给予生物学文本哪种情境意义？土著美国人给予美国历
史文本哪种情境意义？

4. 按照这些词语使用的话语或其他话语的观点，解释者可能给予
这些词语哪一种或哪几种情境意义是合理的（无论我们有没有证
据证明某人真的在当前情况下激活了这种可能性）？

对这几个问题，我们的答案总是尝试性的，可以随着我们语境知
识的增加而随时改变。而且，我们可以随时了解更多物质的、社会的、
文化的和历史的语境。然而，到了某一个时点，我们了解的东西将不
会再让我们对这些问题的答案做重大改变。

我们的尝试性答案是可以用各种方式来检验的，包括（但不局限于）
询问实际的和可能的回答者和接收者的想法（请记注，情境意义和话

语模式的很多方面都是无意识的），观察语言现在和将来的言语和非言语效果（比如，人们的反应和回复），观察过去是如何引起这些言语和行为的，观察语言的相似用法和不同用法，求助于各种层面上的语言和语境因素，以及我们希望集中于同一答案的不同调查工具，等等。所有这些都引导我们思考有效性问题，我们将在介绍其他调查工具之后在第 9 章讨论有效性问题。

延伸阅读书目

[注意：有关文化模式和图像世界的阅读书目将列在下一章专门针对图像世界的延伸阅读书目一节]

Duranti, A. (1992). *Linguistic anthropology*. Cambridge: Cambridge University Press. [对语言人类学的最好介绍。]

Duranti, A. & Goodwin, C., Eds. (1992). *Rethinking context: Language as an interactive phenomenon*. Cambridge: Cambridge University Press. [关于语境在解释中的作用的优秀论文集。]

Fairclough, N. (1989). *Language and power*. London: Longman. [费尔克劳夫的批评性话语分析方法被称为 "CDA"，是最著名的话语分析方法。]

Fairclough, N. (1992). *Discourse and social change*. Cambridge: Polity Press.

Fairclough, N. (2003). *Analysing discourse: Textual analysis for social research*. London: Routledge.

Fairclough, N. (2010). *Critical discourse analysis: The critical study of language*. Second Edition. London: Longman.

Gagnon, P. (1987). *Democracy's untold story: What world history textbooks neglect*. Washington, D.C.: American Federation of Teachers. [我使用本书中的语料是因为它的作者是历史学家，其目的是改变公共政策。]

Gumperz, J. J. & Levinson, S. C., Eds. (1996). *Rethinking linguistic relativity*. Cambridge: Cambridge University Press. [关于语言与文化的优秀论文集。]

Gumperz, J. J. (1982). *Discourse Strategies*. Cambridge: Cambridge University Press. [分析语境中的语言的经典著作。]

Halliday, M. A. K. (1994). *An introduction to functional grammar*. Second Edition. London: Edward Arnold. [思考语言中形式功能相关性的最佳著作。]

Kress, G. (1985). *Linguistic processes in sociocultural practice*. Oxford:

Oxford University Press. [从社会符号学的角度把语言作为实践的精美著作。]

Levinson, S. C. (1983). *Pragmatics*. Cambridge: Cambridge University Press. [一本关于语用学——与话语分析密切相关——的好书，主要讨论形式功能相关性、类型话语和标记话语的意义。]

Rogers, R., Ed. (2011). *An introduction to critical discourse analysis in education*. Mahwah, NJ: Lawrence Erlbaum. Second Edition. [关于批评性话语分析及其在教育中应用的优秀论文集。]

第 7 章

图像世界

图像世界

本章将专门讨论我们上一章介绍过的一个概念——图像世界。人们用很多不同的名字来指称"图像世界",如"文化模式""话语模型""话语模式""民间理论"以及"图式""框架"和"脚本"等。不同的名称有不同的意义。图像世界是简化的,而且往往是不自觉的、想当然的关于世界运作方式的理论或故事。我们使用这些理论或故事来有效率地进行我们的日常生活。我们从过去的生活经验中学习这些理论或故事,而这一点很重要,因为我们的经验是我们所属的社会文化群体引导、塑造并规范的。我们从经验中推测什么是"正常"或"典型"的(如,"正常"的男人或儿童或警察是什么样子、如何行动;"正常"的婚姻是什么样子;"正常"的课堂是什么样子、如何行动),而且往往会根据这样的假设来行动,除非我们明显地遇到了例外情况。

为什么要使用"图像世界"这一术语?我在本书第一版使用"文化模式",在第二版使用"话语模式",从第三版开始使用"图像世界"。使用"图像世界"有一个好处:强调我们讨论的是人们在头脑中描绘或识解世界的方式，人们所拥有的观察世界的方式。我们人类把图像世界以故事、思想和图像的形式存储在头脑中，在头脑中构建小世界、模型或模拟物——无论使用什么名称。然后，我们根据这些小世界、模型或模拟物，努力理解现实世界，在现实世界中行动。我在本章使用"图像世界"这个术语时，你也可以用"模型""理论""故事"或"观察世界的方式"等术语来替代。

图像世界是一个重要的调查工具。它可以调节"微观"（小的）社交层面和"宏观"（大的）制度层面的关系。第 3 章讨论了话语分析的七项构建任务。人类在实施这些构建任务时进行局部交流。图像世界可以调节这种局部交流，以及在创造跨社会跨历史的复杂制度和文化模型中发挥作用的话语之间的关系。

例如，在我成长的过程中，异性恋（即促成并被认可的"约会"对象和可能伴侣）和实际约会的话语受到一系列图像世界的调节。其中一种图像世界认为，在建立男女关系时，女方的资本是"美丽"，男方的资本是"智慧"和"事业"。这种模式现在已经发生了重大变化，因此，实际的约会活动也相应地发生了变化。

语言学家查尔斯·费尔摩（Fillmore 1975）在一篇经典文章中首次明确了图像世界的作用。费尔摩使用的是"框架"一词而非"图像世界"。他举了一个看似简单的例子："单身汉"。这个例子我们在上一章已经开始讨论了。我们大家都以为自己知道这个词的意思，就如词典中解释的那样，我们都认为这个词指的是"未婚男子"。

然而，费尔摩提出了这样的问题：教皇是单身汉吗？离过三次婚的男子是单身汉吗？从儿童时代就患脑死亡的年轻男子是单身汉吗？太监呢？同性恋男子呢？从未结过婚的老绅士呢？所有这些问题的答案要么是"不"，要么是"我不知道"（我问过许多人，他们都是这么回答的）。可为什么呢？毕竟这些人都是没结婚的男子。

之所以回答"不"，是因为尽管这些人都显然是未婚男性，但我们使用"单身汉"（及任何其他词语）一词在很大程度上与一个想当然的"理论"相关。我们在上一章称这一理论为"图像世界"。我们思考图像世界的方法之一是把图像世界看作简化世界的图像或故事情节或描述，典型事件是在这种简化世界中展开的。图像世界是我们关于"典型"或"正常"事物的"最初想法"或想当然的设想。上一章我们给图像世界的定义是：

> 一个在社会和文化方面构建的解释域，其中特定的人物和参与者得以识别，某些行为被赋予意义，特定的结果得到推崇，每个结果都是由一组施事者占据的简化世界，他们在特定力量的驱使下，参与一组有意义的行动或状态变化。

> (Holland et al. 1998, p. 52)

我们下面将会看到，我们在关注图像世界时，往往会承认它们真的是对世界的简化，简化掉了许多复杂现象。但是，所有的理论，即使是科学理论，都是为了某些目的而做的简化。不幸的是，图像世界的简化可能是有害的，因为它们可能在思想和行动中植入了对别人不公平的、轻蔑的或贬低的假设。

"单身汉"一词最常用的图像世界是（或曾经是）这样的（Fillmore 1975）：

> 男人在某个年龄段与女人结婚，婚姻生活持续一生。在这样的世界上，单身汉指的是超过正常的结婚年龄但还没有结婚的男人，因而结婚问题比较突出。我们知道，这种简化的世界并不总是真实的，但在这个简化的世界中我们使用"单身汉"一词。也就是说，我们根据合适或不合适来做出选择，排除不合适的词语，并对该词语在特定情况下的相关使用语境做出假设。因此，教皇不是一个单身汉，因为他根本就不在这个简化的世界中，他是宣誓永不结婚的人。男同性恋者也不是单身汉，因为他们选择了不和女人结婚。

　　图像世界往往让我们排除那些起初不明显，而且我们往往不知道内情的成员。在"单身汉"这个例子中，我们的确把同性恋者和教皇排除在了"正常人"之外，并假设男人分为两种"正常"类型：早婚者和晚婚者。这一假设理所当然地把不想结婚或不想与异性结婚的人边缘化了。其实，判断哪些是核心的、典型的成员，哪些是边缘的、非典型的成员是图像世界的部分功能。

　　当然，"单身汉"图像世界还可以排除其他成员。如果男人超过了正常的结婚年龄，成了"明显适婚者"，那么这只能是因为我们认为存在"过了这个年龄'称心'男人开始缺乏，而需要'称心'男人的女人则过剩"这样的问题。所以，女人不是"明显适婚者"，或者至少不像男人那样"明显适婚"。这样，我们就得到了与"未婚女子"相关的最常见的图像世界。

　　费尔摩的例子提出了另一个重要问题，进一步表明了图像世界与"立场策略"的联系。由于女权运动，很多人意识到了"单身汉"背后的图像世界，很多人开始反对使用这个词语，他们要么放弃这个词，要么改变其词义。例如，现在许多人用"单身汉"*一词表示未婚女子，从而使该词语具有了新的情境意义，并把它用在新的图像世界中。其他人使用"老处女"一词作为荣誉和尊敬的象征。这再次创造了新的情境意义和图像世界。

　　费尔摩例子的"重要意义"在于：任何一个有明确"定义"的英语单词都像"单身汉"一样。一个有明确"定义"的词不是按照定义来使用的，而是针对一系列构成图像世界的社会假设和话语假设而使用的。既然"单身汉"一词的使用是这样的，那么"民主""公正""智慧"或"修养"等词语的使用又会如何呢？

---

*　原文为 bachelor，该英文单词过去在使用中仅指男性，后逐渐也涵盖了女性，通常译为"单身人士"。本书为方便读者理解示例，故译为"单身汉"，后面的"老处女"（spinster）亦同。——译者注

大脑模拟

当然，"单身汉"的例子太简单了。我们还有很多不同类型的图像世界，很多思考和谈论图像世界的方法。图像世界根植于我们的实际经验。但像影片一样，经验经过剪辑，保留下来的是重要的或典型的内容。事实上，图像世界与我们头脑中进行的模拟相联系。模拟有助于我们思考世界上的事物，并准备采取行动。现在，我来讲一下模拟的运行方式。

我们的世界经验也包含我们在媒体中经历的事情。以参加婚礼的经验为例，这些经验是我们的大脑可以处理的原材料——我们的大脑可以在这些原材料中寻找规律和模型——用来思考并准备参与未来的婚礼和相关事件。基于这些经验，我们可以在大脑中创建一个模拟婚礼。我们可以模拟一个人物，想象这个人物在婚礼中的角色，或者我们可以在婚礼中"扮演"其他角色（如牧师），想象牧师可能是什么样子。

今天，在游戏和科学中模拟已经很常见了。比如，"模拟城市"和"模拟人生"游戏让玩家分别建立模拟（虚拟世界）的城市和家庭。科学家们可以利用计算机来模拟天气、细胞内部物质或交通模式等的运作方式，可以模拟汽车在拥挤的高速公路上以不同速度行驶并为避让其他汽车而减速、变道等，还可以让这种模拟持续一定的时间，并观察特定情况下发生的交通状况，然后检验现实世界与模拟情况相同时会不会发生类似的事情。科学家可以因此而调整一些变量（如汽车速度、汽车数量、变道数量等），看看随后会发生什么现象。当然，对很多现象的研究，比如战争和自然灾害，通过计算机模拟更为安全。

我们人类可以在大脑中创建这样的模拟。我们可以模拟典型的婚礼，求职面试或与老板发生冲突等，或者想象一些不太典型的事件——两个男人之间的婚礼，面试方请求被面试方接受工作的面试，或与老板发生了冲突而老板向雇员作检讨，等等。在这些方面，我们的头脑就像一个视频游戏或电脑模拟。事实上，我们的头脑要比任何游戏和电脑都强大得多、灵活得多。我们创建模拟既有助于我们理解我们目前看到、听到或读到的东西，又可以锻炼我们在现实世界中采取行动（比如和老板斗争）的能力。

我们在头脑中对婚礼这类事件创建的模拟并不是"中立的"。相反，模拟的目的是对婚礼采取一种视角，它凸显出我们所认为的婚礼中某些重要的或突出的方面，淡化我们认为不太重要、不太突出的因素，而其他一些因素则完全被忽略掉。就像科学家在计算机上对车流的模拟一样，某些变量（如汽车数量）被凸显，另一些变量虽然被包含在模拟之中，却被淡化（如每辆汽车的尺寸），其他的变量则被完全忽略了（如汽车颜色）。

然而，我们并不是只创建一个婚礼模拟，把它永久地储存在大脑中，当"婚礼"这个词语出现时或当我们准备参加婚礼时随时把它调出来使用。相反，我们要为我们所处的不同的具体语境现场创建不同的模拟。在涉及婚礼的特定情境或会话中，我们创建适合于该语境并有助于理解该语境的模拟。我们的模拟是为特定的目的而创建的，可以帮助我们理解我们所处的特定情景、我们正在进行的会话，或者我们正在阅读的文本。我们可以根据过去的经验以及我们目前为止所看到的现象，来想象正在发生的事情，预测可能发生的事情，准备采取行动和做出决定。

例如，在一种情况下，我们可能创建一个凸显婚姻的有趣、快乐、祝福天长地久的模拟（我们可能刚刚听到新娘说"我很幸福"）。在另一种情况下，我们又可能创建一个凸显婚姻的复杂、紧张、充满潜在危机的模拟（我们可能刚刚听到新娘说"我很害怕"）。我们具有创建两种模拟的经验，实际上还具有创建许多其他模拟的经验。

我说过，我们创建模拟的目的之一是帮助我们理解事物。有时候事情并不像我们所希望的那样。例如，每当我看到或听到板球运动时，我都根据我的棒球运动经验来创建板球运动模拟。也就是说，我在试图用我对棒球的想象来理解板球。我在不同的场合创建不同的模拟，因为它们似乎从来没有帮助我真正理解我所看到或听到的东西。如果我曾经对板球有更深更好的经验，我可能会做出更好的模拟。另外，如果我有足够的板球经验，我就会创建不太受到棒球经验影响的板球世界的更直接的模拟。我甚至可以通过与具体板球模拟的对比，用一种新的方式来理解棒球。

我们还创建模拟来帮助我们在现实世界中采取行动。我们在现实世界中采取行动之前，可以先在模拟世界中采取行动，然后测试这种模拟行动可能产生的后果。我们可以在模拟世界中扮演其他人的角色，看看他们行动的动机是什么或者他们的行动可能会造成什么样的后果，然后在现实世界中对他们给予回应。事实上，就是这种在采取行动之前的思考能力——更确切地说是想象能力——在很大程度上使我们人类变得"聪明"。

由于我们在现实世界中的经验是与同一社会文化群体中的其他成员共同分享的，我们对婚礼这类事件的模拟——我们期待在婚礼上发生什么，不发生什么，并与其他人的模拟产生重叠，但不需要完全重叠，只要能够满足我们去相互沟通和共同行动就行。

由于我们的确与不同社会文化群体的成员有共同的看待事物的方法，我们都有形成原型模拟的能力。原型模拟支持图像世界。原型模拟是当你认为婚礼或鞋（或运动鞋）等是"典型"情境时，你在头脑中运行的某种模拟。当然，不同社会文化群体中的人对"典型"的看法是不一样的。例如，你关于婚礼的图像世界是当你想象你（以及你所在的社会群体）认为什么是"典型"婚礼时，你在头脑中运行（想象）的某种模拟。这就是你关于婚礼的原型模拟（在现实中，你可能有一系列相关的模拟，共同实现你认为的典型婚礼）。

如果让你想象一次婚礼，而不给你提供足够的背景，你在大脑中运行的模拟就是你的原型模拟。这也是其他按类似方式考虑婚礼的人——在婚礼方面和你有相同经验的人的共同模拟。如果给你提供更多的背景信息，比如这是两个男人的婚礼，你就会发现你的原型婚礼模拟在这里就不发挥作用了，不适合这种情况——这不是"典型"情况，你会因此而改变你的模拟（期待），但你还会尽可能地保留着你的原型模拟。你会在头脑中运行一个特殊的婚礼模拟，保留原型模拟的某些方面（如盟誓），放弃其他方面（如婚纱），同时增加原型模拟中不出现的新元素（如两个伴郎，而不是一个伴郎一个伴娘）。当然，你也可以坚持你的原型模拟，拒绝把这两个男人做的事情看作或称作"结婚"。

因此，我们可以在头脑中运行（想象）事物的原型模拟。（也许我们对婚礼不只有一个原型模拟，但相关的一系列有微小差异的原型模拟共同捕捉到我们认为是典型的事物。也许，我们会认为一系列的情况是"典型的"。）而且，我们可以改变它们，甚至在某些具体的情况下彻底地改变它们。原型模拟和特殊模拟之间的对比是很重要的。由于我们采取原型模拟捕捉"典型"事物，我们通常使用这些原型模拟来判断特殊模拟的特征，把"男人和男人结婚"这样的特殊现象视为某种意义上"非正常"或"反常"的现象。这是一种危险。我们因而常常可以通过把"典型"（我们往往认为其意义是"正常的""可接受的"和"正确的"）转变为"不太典型"（我们随之认为其意义是"不正常的""不可接受的"和"不正确的"），把"差别"解释为"反常"。

为什么我们使用原型模拟，而不是为每个具体情境构建和使用具有特殊用途的具体模拟？我们使用原型模拟，是因为原型模拟对我们的生活有所帮助，让我们不必有意识地思考一切事情。我们可以在一些事情上"自动驾驶"，这样我们才能在一种情境、文本或会话中有意识地思考别的事情。这样可以让我们提高效率，但要付出看事情想当然的代价。

图像世界在我们头脑中与模拟相联系。模拟是大脑处理图像世界的方法。我们在头脑中构建世界（就像游戏设计者在游戏中构建世界一样）。但是，这些模式不仅存在于头脑中，也存在于书籍和其他媒体中，存在于我们从他人言语和行为中获得的知识中，存在于我们从社会实践中做出的推理中，也存在于我们使用的隐喻中。在许多情况下，个人并不完全知道一个图像世界的所有元素，而在需要知道更多元素时，他们可以从书本、媒体或其他人那里获得这些元素。

例如，我可以在我的头脑中模拟一个典型的"军事基地"，但在必要的时候，我还必须相信各种媒体中的描述，来不断地填充我对军事基地了解的空白，因为我自己对军事基地没有足够的实际经验。没有这样的补充，我就没有把握能够区分典型军事基地和非典型军事基地。我需要这样的补充来准备关于参观军事基地的思考和行动（更不用说住在军事基地了）。许多贫困家庭在有关学校和拜访老师方面都有这样的感觉。

意义的地方性

如果我们只从与我们相近的文化中选择例子，那么我们就很难领会图像世界的重要性和普遍性，很难理解图像世界的运作方式。因此，我现在从威廉·汉克斯的《语言和交际行为》（*Language and Communicative Practices*，1996）一书中再举一个例子。这个例子也会让我们看到图像世界在最简单的交际实例中用最简单词语的运作方式。

当我们观察与我们完全不同的文化中的语言活动时，即使最简单的交流也会变得让我们费解，因为有很多图像世界我们并不了解。这就是说，即便我们可以理解一些词语的情境意义，我们也根本不明白为什么会产生这样的情境意义（这些情境意义为什么会于此时此刻组合在一起）。现在我们就跟着汉克斯来到墨西哥的尤卡坦州。

在尤卡坦的一个小镇上，一位名叫唐·查坡的玛雅萨满教徒和他的儿媳玛戈，以及一位来访的人类学家一起在玛戈的房间吃饭。一位名叫尤姆的年轻人从外面进来，站在窗口问道："唐·查坡在吗？"玛戈答道："那边。他在喝汤。从那边进去。"

这里使用的句子再简单不过了，但这些句子的意义却不那么易懂。例如，人们围坐在餐桌旁是在吃饭，可为什么玛戈说唐·查坡在"喝汤"呢？此外，玛戈的回答意味着唐·查坡在"喝汤"，尽管他此刻正手持面包卷凝视着天空。其实，在玛雅语中，此时只要唐·查坡做的事情与（吃）饭有关，说他在"喝汤"也同样是正确的。

玛戈的回答同样意味着唐·查坡"在座"。即便他是站着的或者在房间的其他地方，甚至即便他是在他自己的房间里洗澡，说他"在座"也同样是正确的。

或者，我们再举最后一个例子。玛戈使用玛雅语"那边"来表示"与说话人的距离最远"。尽管尤卡坦人用这个词语表示居住在外地（即居住在墨西哥共和国其他州）的亲属，但她还是这么说了。虽然她是在告诉尤姆到她公公的房子里，而她公公的房子离她的房子不足十米，在同一个院子里。

人们在吃饭的时候或者什么也不做的时候怎么能说是在"喝汤"呢？他们站着的时候或者洗澡的时候怎么可以说是"在座"呢？不到十米远的距离怎么能说是"那边"呢？

这是因为，虽然玛雅人（至少这些玛雅人）吃饭时总是喝汤，喝汤时总是吃饭，但他们把"喝汤"和"吃饭"这样的词语用在关于食物的图像世界中。按照这种图像世界，早餐和晚餐是"喝汤"，午餐是"吃饭"。此外，对于这些玛雅人来说，只要进餐时的应酬仍在继续，无论"饮食"是否已经结束，人们就仍然是在"喝汤"或"吃饭"。

许多玛雅人生活的院子都有几栋房子，用围墙围着。因此，他们关于家的图像世界与我们的差别很大。他们用"在座"一词表示某人"在家"并有空，无论他在院落的哪个地方。另外，"有空"一词对萨满教徒来说具有特殊的意义，因为萨满教徒凸显一套独特的图像世界。问萨满教徒是不是"有空"就是把这个词语用在这类图像世界中，在一定程度上也是在问他是否有空接受拜访。

最后，关于物理空间和社会空间的运作方式和关系，玛雅人和我们一样都有自己的图像世界。由于与玛雅人家庭社会关系和空间的话语图像世界相关的社会原因，玛戈被排除在她公公的房子之外，除非她有待在那里的特殊理由。因此，她用表示"很远"的词语来传递社会的而不是物理的距离。

在这个简单的例子中，事实上你为了充分理解这些简单的句子而真正需要知道的东西，我讲得不多（比如，为什么玛戈答话而唐·查坡没有答话？）。要真正理解他们的答话，不但需要理解它们的"字面意义"，我们还需要理解（某类）玛雅人中的社会等级、性别、食物、应酬、萨满教等在当地背景下的日常运作方式。

汉克斯洋洋洒洒几十页，用晦涩难懂的学术语言解释这些句子的意思，不是在任何象征层面或主题层面，而只是在"字面"层面。他指出，清晨丈夫用英语问妻子"今天的报纸来了吗，亲爱的？"她的回答是"就在桌子上呢"。这一情景仍然是比较奇怪、复杂、具有地方特色的，但是这种（我们自己的）复杂性对我们来说是看不见的。

汉克斯甚至从如此简单的句子中吸取到这样的教训：意义，哪怕字面意义，都是与地方的、"现场的"、社会的、话语的实践密切相联系的。换句话说：意义不是一般的、抽象的，不是存在于词典中的，甚至不是存在于人的大脑内部的一般符号表征。相反，意义处在具体的社会和话语实践中，而且在这些社会和话语实践中不断转换。或者，用我们上一章介绍的术语来讲：意义是情境的，通过语境在语境中为语境而定义，其使用也总是对话语知识的丰富积累（图像世界以及我们的原型图像世界不发挥作用时对它们进行的改变）。话语知识本身在语境中被语境为语境而"激活"。

当然，这一点在英语中和在玛雅语中是一样的。但是，由于我们对自己的地方惯例有着彻底的理解，并不加思考，对我们来说，意义的情境特征和地方特征就是无形的了。这样很容易错过我们自己惯例的具体性和地方性，很容易认为我们拥有一般的、抽象的，甚至是普遍的意义。如果没有遇到其他语言，我们就会认为，"坐"就是坐，"喝"就是喝，"那边"就是那边。其实，只有我们遇到与我们自己的语言文化差距很大的语言和文化时，意义的情境性、社会性和话语性才会清晰可见。

图像世界的运作：中产阶级父母的育儿模式

我想简单地谈谈图像世界文献中的两个经典例子（在该研究中用的是"文化模式"这一术语，而不是"图像世界"）。这两个例子证明了图像世界和社会阶层的联系，尽管证明的方法不同。因此，我们将从这两个例子以及接下来我自己的研究例子开始，讨论图像世界研究中暗含的社会、话语以及立场策略问题。

第一个例子是哈克尼斯、苏泊尔和吉佛（Harkness, Super, & Keefer 1992）对美国马萨诸塞州剑桥镇中产阶级家长的研究。这些家长谈论自己的孩子时凸显两个密切相关、紧密联系的图像世界：一个与儿童经历的"发展阶段"概念相联系（我们可以称之为"阶段模式"）；另一个与儿童日益渴望的"独立"概念相联系（我们可以称之为"独立模式"）。"独立"是这些阶段的中心和方向。

例如，一位母亲是这样谈论她的儿子大卫的：

……很显然，他处在一个想帮助我的阶段，因为在过去的三四个月里，我无论干什么，他都想帮我……现在，我想说的是，上个月，他自己想做事情的强烈愿望是……我们真的到了那个阶段……我认为两个阶段是在一起的……是的，我想它们是同一件事情的两个部分。独立，追求独立。他想为自己做任何事情，差不多一切事情，只要我想插手帮他，他必然会大发脾气（Harkness et al. 1992, pp. 165 –166）。

大卫的母亲随后举了一个例子，给我们讲了一个他"想自己做事情"的故事。他在车里出不来，她为他打开了车门，"他很不高兴，所以我们只好又……把门关上了"（Harkness et al. 1992, p. 166）。她还认为大卫最近不喜欢别人给他穿衣服或换尿布是因为他的独立意识越来越强了，"……现在他已经到了认为别人给他穿衣服或换尿布是在侮辱他的阶段了，因此不想躺着等人给他换尿布"。

然而，在同一次采访中，大卫的母亲也提到了另一种行为模式。为了让大卫睡觉，她用安全带把他绑在汽车座位上，然后假装开车带他去兜风。他马上就睡着了，然后她回到家中，把他留在车里，给他盖了一条毯子，让他睡一会儿，"但他通常一点也不闹，总是平静地睡觉"（Harkness et al. 1992, p. 167）。

虽然这后一种模式是一个反复的日常行为，但大卫的母亲在谈论时没有把这种行为当成"阶段"的一部分。相反，她说，这种行为"只是慢慢发展起来的"。这一点很值得注意。被绑在车座上假装兜风就一定会睡着与大卫渴望"独立"不一致；就好像他会感觉到别人给他换尿布是对他的"侮辱"与他渴望"独立"是一致的。

具有讽刺意味的是，参与这项研究的另一对父母把女儿积极抵抗被放在汽车座位上当作"整个发展阶段"和"她现在进入某种独立状态"的例子。但在同一次采访中，他们说，"有趣的是，和以前相比，给她换完尿布以后更容易给她收拾干净。她以前讨厌清洗,总是扭来扭去,动个不停"。

所以, 在这里, 父母之间也出现了不一致。后一对父母把孩子不愿被控制在汽车座位上看作渴望"独立"。这种渴望似乎并没有在换尿布这种类似事件上体现出来,但他们并没有为此而感到烦恼。奇怪的是, 小女孩的模式和大卫（大卫讨厌换尿布, 但愿意被绑在汽车座位上, 甚至是睡上一觉）的模式截然相反。

许多父母, 以及我们文化中的许多其他人, 认为"阶段"是孩子"内在"的"真实"的东西。此外, 他们把"阶段"解读为孩子成为"独立"（和"去社会化"）人的道路上的路标。但是, 好像只有孩子所表现的行为是消极的或让父母感到难以对付而不得不作出新的反应时, 父母才把这种行为标记为"阶段"。

在父母和孩子的关系中没有出现问题的行为——如大卫愿意在汽车座位上睡觉或小女孩愿意安静地接受换尿布——没有被标记为"阶段"。此外, 父母按照"独立"这一社会价值观解释这些被标记为"阶段"的潜在的消极行为。我们社会上的其他社会群体会把这种观念看作有社会破坏性的或"反社会的"。

"阶段"和"独立"的"理论"或"关于'阶段'和'独立'的故事"一部分是有意识的, 一部分是无意识的。它们是图像世界（描绘或识解世界的方式）, 没有必要完全出现在父母或孩子的头脑中, 不管是有意识的还是无意识的, 因为在父母生活的文化中, 这些图像世界是可以触及的——通过媒体、通过书面材料、通过与社会上其他人的交流等。

这些父母处在自己的社会话语和阶级话语之中, 而该社会话语和阶级话语是关于孩子成长、阶段、父母和孩子交流及独立的一系列相互联系的图像世界。其他社会群体则有不同的图像世界。例如, 一些工薪阶层家庭的孩子被认为天生就是任性的、独立的、自私的, 需要对其进行社会化引导，减少他们的独立性，加强他们与家人和他人的合作能力，使他们关心家人和他人的需要。

令人惊讶的是，剑桥镇的两个中产阶级家庭的图像世界与在儿童心理学和育儿书中发现的"正规理论"有很大的相似之处。这其实也没有什么值得惊讶的，因为只有这些人才会去阅读和撰写这种书。然而，心理学家认为以上模式是阶级和文化经验的组成部分，而这些模式不具有任何科学意义上的"真实性"。因此，我们要问的是，有多少心理学能反映上层中产阶级的图像世界？

安妮特·拉鲁（Annette Lareau）在《不平等的童年》（*Unequal Childhoods*，2003）一书中提出了两种不同的育儿模式，即我们所说的图像世界。她的作品是对不同家庭中养育子女的民族志研究。她称其中一种模式为"教养模式"，中、高层中产阶级父母主要采取这种育儿模式；另一种模式她称为"放养模式"，非中产阶级父母，即工人阶级父母或贫穷父母主要采取这种模式。

采取教养模式的父母把子女看作必须被不断监护和照料的植物。他们对孩子说很多话，而且谈论的话题不只涉及此时此地。他们使用大量的"书面语"和成人词汇，特别是在孩子已经成为"小专家"的领域（如，恐龙或火车）。

即使这种父母在家中有绝对权威，他们仍然和孩子商量事情，让孩子在实践中形成并解释自己的观点。他们为孩子创造许多活动，并监督和促进这些活动的实施，比如参观博物馆、旅游、野营、上兴趣班（如音乐）及参加校外活动（如芭蕾舞）等。他们为孩子的空闲时间安排了许多事情（的确，有时候给孩子施加的压力太大）。他们鼓励孩子吸引成人的注意，表现出是一个足够自信的有知识的人，或者至少是一个有权发表意见的人。他们鼓励孩子掌握数字工具——使用游戏的方式——并帮助孩子把这种能力与文化和知识发展联系起来。

在某些情况下，按照这种模式教化出来的孩子好像无所不能，甚至有点让人反感。他们压力太大，需要更多的自由时间，毕竟他们是孩子，至少需要有点孩子气。他们的父母有时候也好像无所不能，令人反感。然而，无论你对这种父母和子女有什么看法，大量证据表明，按照这种教养模式培养出来的孩子一般在学校学习较好，在社会上更容易成功，比如，他们未来的收入水平和工作职位都会比较高。

采取放养模式的父母对待他们的孩子就像给植物提供肥沃的土壤和养分，然后任其自由生长，不加任何呵护。这样的父母很爱他们的孩子，深切关心他们。但他们并不觉得应该过早过多地干预孩子的成长。他们往往无法像富裕家庭那样干预自己的孩子，因为他们忙于生计。他们与孩子说话很少，也不太使用书面语言和成人语言。他们倾向于对孩子使用指令性语言，遇事不和孩子商量。他们期望孩子尊重长辈。他们不为孩子的空闲时间安排事情，他们期望孩子和同伴互相学习，自己找事情做。他们不试图指导孩子使用数字媒体（如游戏）来开发学习技能、设计计算机软件或发展高级阅读能力。

按照放养模式培养出来的孩子往往工作努力、自力更生、尊重他人。他们不喜欢张扬，不善于卖弄知识，有知识也不卖弄。他们不和成人争论、不解释、不发表观点，特别是对于他们不知道的事情。他们不像按照教养模式培养出来的孩子那样建立了与各种各样活动有关的语言、经验和知识。

许多放养出来的孩子学习很好，在生活中取得了重大成就。但是，从统计学的角度来看，这种孩子在学校和后来在社会上取得成功的概率都比较小，至少在收入和职业地位方面，当然，这些不是成功的最重要指标。造成这种结果的部分原因是学校本身采取的是教养模式。但总的来说，这种模式是父母来承担的。我们必须承认，我们讨论的两个模式只是一个连续统的两极，很多父母采取的育儿模式介于这两个极端中间。

拉鲁的著作是关于图像世界和实践在社会上如何相互作用的典型例子。人们按照某种方式"描绘"或解释育儿世界。他们使用的图像世界来自于他们的经历。这就是为什么拉鲁的两个模式是以阶级为基础的，而且从一个家庭传到另一个家庭。父母育儿的图像世界指导他们的育儿行为，即关于孩子的实践。这些实践产生了不同类型的孩子。

反过来，学校这样的社会机构以某种孩子为标准，把违反标准的孩子看作"行为偏差的""有缺陷的"或"没教养的"孩子。学校这样的社会机构没有给这种孩子提供学校认为"正常"的孩子拥有和需要拥有的"教育"时，这种孩子就真的变成"偏离的"或"有缺陷的"了（因此，这种孩子要接受技能训练并经常分配到特殊班级里，接受密切监督，而不是去博物馆、与成人一对一谈话、沉浸在自己的激情之中）。为了公平起见，学校这样的机构应该要么改变它们的假设，要么改变它们的实践。

图像世界的冲突

我的第二个例子证明，我们每个人都可以效忠于相互竞争和相互冲突的图像世界。它还表明，社会上较强大的群体可以通过图像世界影响不太强大的群体。这个例子来自克劳迪亚·施特劳斯（Strauss 1992）对罗德岛工人阶级男人的研究（施特劳斯使用的是"文化模式"这一术语，而不是"图像世界"）。

下面我们来思考罗伊·德安德拉德（D'Andrade 1984）讨论过的美国一个关于"成功"或"领先"的图像世界：

> 美国人似乎都这样认为，如果一个人有能力，希望通过努力工作来实现更高的目标，那么，受竞争或自己强烈愿望的驱动，

他就会取得卓越的成就。一旦他的成就达到了卓越水平，他就会
被认为是成功的，就会树立威信，实现自我。

（D'Andrade 1984，p. 95）

这种图像世界在美国文化中非常普遍。德安德拉德接着说，"也
许令人惊讶的是，任何人都可以对抗这种系统的指令力——总有无药
可救之人"（D'Andrade 1984, p. 98）。然而，美国社会中不同的社会
群体都以很不同的方式与这一图像世界相联系。

在罗德岛工人阶级男子谈论生活和工作时，克劳迪亚·施特劳斯
通过研究发现他们接受上述关于成功的图像世界。例如，一位工人说：

我相信，只要你努力，你就会进步……如果我想成功，我就
可以成功。成功只能靠你自己，取决于你自己。除了你自己，谁
也不能让你成功……而且，如果有人不服这一说法，那他是有问
题的。

（Strauss 1992，p. 202）

然而，施特劳斯研究的大部分男性在选择职业生涯和（或）日常
生活时都没有遵循这一关于成功的图像世界。与许多白领职业人士不
同，他们不愿意频繁调换工作或寻求升迁。他们不太愿意为了自己的
职业进步或"自立"而牺牲和家人在一起的时间，或牺牲家人的利益。
这些男人认为成功图像世界是一套价值标准，他们按这种标准来对自
己作出评价。因此他们认为自己并没有真正"成功"过，从而削弱了
自尊心。

这些人之所以没有真正按照这种模式行动，是因为他们受到另一
图像世界的影响，而这一图像世界确实对他们的行为产生了影响。这
种图像世界就是"养家糊口"图像世界，和成功图像世界中所表达的
个人主义不同，这些工人在谈到自己的真实生活时，认为家庭利益高
于任何家庭成员的利益，包括他们自己。比如，一位工人这么说：

[这名工人在谈论工人抗议强制周日工作] 但是情况变了，要谈判签合同，所以你只能改变，才能保住那八小时的工资，如果不改变，就失去八小时工资。家里有三个孩子，怎么养活？所以，我只能随波逐流，接受周日工作。

（Strauss 1992，p. 207）

这与贝拉等人在他们的经典著作《心的习性》（*Habits of Heart*，Bellah et al. 1985）中对白领职业人士的研究形成了鲜明的对比。该书研究的专业人士奉行极端个人主义，在家庭利益与"自我发展"的个人利益发生冲突时，他们不知道他们对家庭有没有任何实质性的责任。罗德岛的工人接受养家糊口图像世界是因为这种图像世界是一套用来自我判断和判断他人的价值标准。他们不是把这一图像世界看作选择，而是看作不可避免的生活现实（如，"只好改变""只好随波逐流"）。因此，与这一图像世界相联系的价值标准可以非常有效地塑造他们的日常行为。事实上，这种区别——单纯"价值标准"和"艰难现实"（"事实"）之间的区别——本身在西方社会就是一个特别普遍的图像世界。

和工人阶级男性在工厂车间的日常行为相比，很多白领职业人士在他们工作环境中的日常行为更符合成功图像世界。白领职业人士的日常观察和社会实践使他们对成功图像世界的思想认识更加明确。与施特劳斯研究的工人阶级男性相比，成功图像世界（而不是养家糊口图像世界）被看作"一种不可避免的生活现实"。因此，对白领职业人士来说，这种图像世界不仅决定他们的自尊，而且决定他们的实际行为。

从某种意义上来说，施特劳斯研究的工人阶级男性被成功图像世界"殖民"了（实际上，我们所有的人都被很多我们遇到但没有深入思考的、符合我们利益的或为我们服务的图像世界"殖民"了）。他们使用这个符合其他社会群体的观察和行动的图像世界来做出自我判断，削弱自尊心。但我们知道，由于他们不能识别自己在这个图像世

界中的作用，他们就没有可以用来激励自己实践这一图像世界的专业
知识。相反，他们把这种专业知识留给了白领职业人士，于是这些白
领职业人士中的一部分人作出了上述违反工人自身利益和愿望的周日
工作决定。另一方面，许多白领职业人士看不到在追求成功图像世界时，
他们失去了对家庭或更大的社会和社区网络的责任。

图像世界的种类和用途

从施特劳斯的研究中可以看出，我们有必要根据图像世界的应用
及其对我们的影响来区分图像世界。我们可以区分出至少以下几种图
像世界：

1. **信奉世界**：我们自觉信奉（谈论且通常认为我们相信）的理论、
故事或观察世界的方法。
2. **评价世界**：我们自觉或不自觉地用来判断自己或他人的理论、
故事或观察世界的方法。
3. **行动／互动世界**：自觉或不自觉地指导我们在世界上（无论我
们说或认为我们相信什么）行动和互动的理论、故事或观察世界
的方法。

此外，图像世界可以是关于"适当"的态度、观点、信念和价值
观的，可以是关于行为、交流、参与和参与者结构的"适当"方法的，
可以是关于"适当"的社会和机构组织结构的，可以是关于说、听、写、
读和交流的"适当"方法的，可以是关于感觉或表达感情的"适当"
方法的，可以是关于组织和结束真实的和虚构的事件、故事和历史的"适
当"方法的，等等。

图像世界的组织非常复杂，大图像世界中包含小图像世界，每个
图像世界都在不同的背景下，以不同的方式为不同的社会文化群体激

发其他图像世界或与其他图像世界相关联。而且，我们可以谈论"主图像世界"。主图像世界（一系列相关的图像世界，或单个的图像世界）是有助于为特定人群形成和组织重要经验的图像世界，以及我们在第5章讨论过的几种会话。

用隐喻来标记或联系图像世界并不少见。人们通常不能完全理解隐喻的意义，往往把隐喻意义看成理所当然的。有时候，隐喻与"主图像世界"相联系，因为隐喻包含的默会理论被广泛用来为某一特定文化或特定社会群体组织一些重要领域。

关于这一点，我们可以看一下内奥米·奎因（Naomi Quinn，1987）对人们谈论结婚和离婚的研究。奎因认为，人们根据几个隐喻串来围绕结婚和离婚问题组织思想、行为和交流，比如，"婚姻像工作一样需要付出努力来经营"，或者"婚姻像投资金钱一样是一种投资"。下面一段话是一位被奎因称为"楠"的女士在谈论自己为什么不走出婚姻（Quinn 1987, p. 176）：

Why in the world would you want to stop and not get the use out of all the years, you've already spent together?

[为什么一定要结束呢？为什么不充分利用在一起花费的那么多年时间呢?]

请注意，楠用了一系列的隐喻。她把婚姻等同于花费时间。"花费时间"这个短语激发了我们文化中的"时间＝金钱"这一隐喻类型，使在婚姻中花费的时间被当作一种时间的"投资"（就像投资金钱一样）。按照这种投资隐喻，如果我们投资金钱/时间，我们就有权得到"回报"。因此，根据这个模式，投资以后要等一段时间看有什么"回报"或能不能"充分利用"所投入的时间/金钱（有些像退休金！）。不等一段时间是愚蠢的。

把努力和时间等看作可以收获"回报"的"投资"，就是一个主图像世界。这种主图像世界被广泛应用于社会上的众多领域。在这里，它被用于谈论婚姻，但同一个模式也可以用来谈论职业、孩子、教育等。

另一个由隐喻串标示图像世界的例子是，我们文化中的许多人都把争论看成一种战争：例如，"她不能**捍卫**自己的观点""我**击败**他的观点""她**撤回**了自己的主张""他不会**放弃**主张""她**排列**证据"等。当人们把这种图像世界扩展到思考个人、机构和立场策略等关系时，这种图像世界也会成为主图像世界（勾画世界面貌的主要方法），就像战争和竞赛一样。

图像世界可以不完整、不一致

现在应该很清楚了，图像世界和"立场策略"息息相关。所谓"立场策略"，我指的是与权利、地位、学识、身份或财产等"社会产品"相关的任何事情和场合（谈话、文本、媒体、行动、交流、机构等）。由于图像世界嵌入了关于什么是"适当的""典型的"和/或"正常的"的设想，它们也是关于社会产品的，因此也是彻彻底底地关于立场策略的。

图像世界虽然是理论（解释），但不需要完整、完美或一致。这种不完整性和不一致性有时源于这样一种事实：一种图像世界可以包含不同的和相互矛盾的价值，可以包含并不真正属于某些社会群体的相关价值，或者包含能更好地服务于其他人（而非自己）利益的价值。有时候很难说一个人是在使用两个相互矛盾的图像世界（比如上述施特劳斯的研究），还是一个混杂的、自相矛盾的图像世界。

但最终，图像世界的不完整性和不一致性反映了这样一种事实：我们都有许许多多不同的相互矛盾的经验；我们都属于不同的，有时又相互矛盾的群体；我们都受到各种各样的群体、文本、机构和媒体的影响。事实上，这些群体、文本、机构和媒体并不能真正反映我们的"最大利益"。

为了讨论这个问题，我们来看一位拉美裔女中学生在接受关于她的生活，她对家庭、学校和社会的态度，以及她对种族主义和男性本位主义的看法的访谈时所做的评论。我们称这位女学生为马塞拉（化名）。我把她的评论重印在下面。在第 10 章我将讨论"行和节"，但现在只处理文本中带编号的行和节，以使马塞拉的主题更加明确。

访谈者 : Uh huh. Um, why do you think there are relatively few African American and Hispanic doctors?

第一节

1. Because like white people get more education. [I: mmhm]

2. Like Hispanic people don't, don't, some of the Hispanic don't like go to college and stuff like that. [I: mm hm]

第二节

3. And you know, just, the white people just like, they like to, they want a future,

4. You know, they, some, some Hispanic and stuff they, they just,

5. I'm Hispanic but I'm saying

6. So [I: mm hm] um, they just like, like to hang around,

7. They don't want to go to school, you know,

第三节

8. So white people don't, don't think like that.

9. They want to get an education

10. They want to have, their [?life]

11. And they really don't care what people say,

第四节

12. Like if they make fun of em. [I: mm hm]

13. Like gringos and stuff like that.

14. They don't, they don't care,

15. They just do their work

第五节

16. And then, they see after, they're like, they're married and they have their professions and stuff, made, then, let's see who's gonna like, be better,

17. Maybe the Hispanic boy that said that you gonna, that like you're a nerd or something? [I: mm hm]

18. Probably in the streets looking for sh, for money and stuff like that. [I: mm hm] [?sick]

19. And you have a house, you have your profession, you got money, [I: mm hm]

第六节

20. I, it's like I think like white people are smarter.

访谈者 : You think white people are smarter?

20. Yeah.

21. Cos I think like, you guys get more education than we do. [I: mm hm]

访谈者 : Why, I'm not sure why you're saying white people are smarter?

22. Because they get more education, they're smarter. [I: mm hm]

23. I don't know, they,

访谈者 : Going to school makes them smarter? Or you mean, you know they're smarter because they go to school more?

第七节

24. They're just, they're just smarter.

25. They, they, both, they go to school

26. And they, they, it's like they make an effort to be smart.

27. They make a effort, not,

28. Some, some white people and some Hispanics try to be more than something else, they try to be more than somebody else,

第八节

29. But not I've seen the white people they want, they just want to be, they just wanna be smart, you know,

30. For so, when you go to college or something you know, you know how many points you have so you can make your career

31. You study [?all that] and you, I think, don't care about anybody else,

32. You just care about you, your profession,

第九节

33. And then, you have your kids and you teach them the same thing. [I: uh huh]

34. You know, like you pass already and all that. [I: uh huh]

35. You have example for your kids and stuff.

访谈者：Uh huh. What do you mean you don't care about anybody else?

第十节

36. You, just, you know, like, oh you are, you're a nerd, you're a nerd cos you always do your homework

37. and you gonna stop doing your homework so they won't call you nerd no more. [I: uh huh]

38. You know, they they they don't, they don't care,

39. They just keep on going.

访谈者：What is it about white people do you think that makes them like that?

第十一节

40. They're just smart. [slight laugh] [I: Uh huh]

41. I think they were born smart.

42. There's something like, their moms or something they give em a little piece of smart or something. [slight laugh] [I: laugh]

43. [?So they'll be smart]

理解图像世界的一个方法是追问"为了深刻理解一个人在说什么，我必须假设他或她（自觉或不自觉地）相信什么？"或者换句话说，"为了深刻理解一个人在说什么，我必须假设这个人是如何看待（识解或"理解"）世界的方方面面的？

有趣的是，我们对马塞拉提出这类问题时，我们看到她坚持的一种图像世界在某些方面非常接近于社会学中的一个正式理论，即文化资本再生理论。该理论指出，某些家庭，通常是中产阶级家庭，很早就让孩子参加与学校训练"共鸣"的社会实践，使其社会化。同时，学校提倡这种社会实践，似乎这些社会实践是"自然的""普遍的"和"正常的"，而忽略了其他家庭的社会实践和价值观。

因此，这些有优势的孩子不仅在学校"表现"出色，很容易"融入"学校的价值体系和实践活动，而且在学习上也处于领先地位，并表现得像（也常常被认为是）"天才"或"能人"。家庭文化资本在学校转化为"价值"。学校与"利益"相"融合"，然后作为一种"遗产"传递到以家庭为基础并以学校为重点的下一代的社会化进程。因此，中产阶级家庭的文化资本（即价值观、态度、规范、信仰和实践，而不只是经济上的"商品"）被学校"复制"（奖励和维持）。等孩子长大以后，像他们的长辈一样在家中社会化他们自己的孩子的时候，这种文化资本又被恢复了。

在第八节和第九节，马塞拉几乎有了她自己的文化资本再生理论的版本。但从她文本的很多地方可以清楚地看出，她的图像世界的理论版本是与"白人"天生比拉美裔人聪明、主动这一信条相融合的（见第一、二、三、六、七、八、十一节，比如第十一节中"I think they were born smart"）。这一信条事实上是与文化资本再生的正式理论不一致的（文化资本旨在解释为什么某种人天生并不聪明，但在学校却被认为他们好像比别人聪明）。

马塞拉似乎也有一个相关的图像世界。根据这一图像世界，动机和努力来自天生"聪明"。比如，她在第七节中说，"They're just, they're just smarter... And they, they, it's like they make an effort to be smart"。

另外，马塞拉关于文化资本再生的图像世界版本中也存在着矛盾。如果家庭实践可以解释"白人"的成功（见第九节），并且如果学校和某些中产阶级家庭推崇特定的态度、价值观和实践（注意：马塞拉在第八节说，"you know how many points you have so you can make your career"和"you don't care about anybody else"），那么我们就没有必要假设或诉诸"白人"天生聪明这一观点。就像克劳迪亚·施特劳斯研究的工人阶级男人遭到他们使用的"成功图像世界"的"殖民"一样，马塞拉把成功归功于"白人"的天性，从而减弱了文化资本再生理论的"决定性"。按照这种观点，马塞拉应该控告学校和某些家庭合搞的"阴谋"。

与此同时，很显然，马塞拉在构建自己的社会理论时，真实教育也发挥了很大的作用。她已经根据自己的经验，发现了家庭、种族、阶级和学校等在社会上发挥立场策略功能的一些方法。鉴于此，学校教育当然能够让她更清晰地了解历史、社会、政治和机构，并建立关于历史、社会、政治和机构的理论。但学校没能让马塞拉做到这一点，这是文化资本再生理论固有控告的一部分，颇具讽刺意味。

图像世界是调查工具

图像世界给我们提供了另一个"调查工具"。当我们面对面谈话、写作、行动或交流时，图像世界引导我们提出这样的问题：

1. 什么图像世界是相关的？作为话语分析者，我必须假设为了一次谈话（写作）、行动和 / 或交流，人们自觉或不自觉地感觉、评价和相信什么？

2. 影响人们信仰的图像世界和影响实际行动和实践的图像世界之间有什么区别？人们用什么图像世界（如果有的话）来对自己或他人做出评价？

3. 相关图像世界有多大程度的一致性？是否有相互竞争或相互冲突的图像世界？图像世界代表谁的利益？

4. 其他什么图像世界与这里最活跃的图像世界相关？是否有"主图像世界"？

5. 什么类型的文本、媒体、经验、交流和 / 或机构可能引发这些图像世界？

6. 这里相关的图像世界是如何帮助复制、转换或创建社会、文化、机构和 / 或政治关系的？这些图像世界有助于复制、转换或创造什么话语和会话？

在得到完全证明之前，我们总是假设每个人对自己的谈话、听话（写作、阅读）、行动、交流、评价、相信和感觉的具体社会文化方式都有"充足理由"和"深层意识"。当然，我们都是多重话语的成员，所以，话语分析的任务通常是寻找交际中哪些话语在起作用，在和什么一起混合起作用等。

"充足理由"和"深层意识"的假设是话语分析的基础。这不仅是一种道德原则，而且是建立在这样一种观点之上的：人作为生物，是"卓越"之意义的制造者。这种观点在认知科学、应用语言学以及各种话语分析方法中得到了充分的印证。这些学科和方法的话语追随意识，就像某些植物追随阳光一样。

我们显然不能通过打开人们的大脑来获得图像世界的证据，我们也没有必要这么做。除了密切观察他们说什么和做什么以外，我们还观察文本、媒体、社会实践、社会和机构的互动，以及影响他们的各种话语。正如上一章所讨论的语境和情境意义一样，我们总能获得更多的信息。因此，我们的结论也总是暂时的。在这里，我们也希望最终有那么一刻，更多的信息不会再导致我们对结论进行实质性的修改。这涉及一个关于有效性的更大的问题。我将在第 9 章讨论这一问题。

延伸阅读书目

Barsalou, L. W. (1999a). Language comprehension: Archival memory or preparation for situated action. *Discourse Processes*, 28, 61-80. [本文和下面一篇文章讨论了意义是如何从与目标和行为相关的具体体验中产生的。这两篇文章对理解本章讨论的在头脑中模拟很重要。]

Barsalou, L. W. (1999b). Perceptual symbol systenus. *Behavioral and Brain Sciences*, 22, 577-660.

Bellah, R. N., Madsen, R., Sullivan, W. M., Swindler, A. Tipton. S. M. (1996). *Habits of the heart: Individualism and commitment in American life.* Updated Edition. Berkeley, CA: University of California Press.

Clark, A. (1989). *Microcognition: Philosophy, cognitive science, and parallel distributed processing.* Cambridge, Mass.: MIT Press. [克拉克的书是关于人类如何通过身体、工具和环境，而不仅仅通过头脑来思考的最好著作。]

Clark, A. (1993). *Associative engines: Connectionism, concepts, and representational change*. Cambridge: Cambridge University Press.

Clark, A. (1997). *Being there: Putting brain, body, and world together again*. Cambridge, Mass.: MIT Press.

Clark, A. (2003). *Natural-bom cyborgs: minds and technologies are made to merge*. Oxford: Oxford University Press.

D'Andrade, R. (1984). Cultural meaning systems. In R. A. Shweder & R. A. LeVine, Eds., *Culture theory: Essays on mind, self, and emotion*. Cambridge: Cambridge University Press, pp. 88-119. [关于"文化模式"的早期经典之作。]

D'Andrade, R. (1995). *The development of cognitive anthropology*. Cambridge: Cambridge University Press. [关于"文化模式"的更多讨论。]

D'Andrade, R. & Strauss, C., Eds. (1992). *Human motives and cultural models*. Cambridge: Cambridge University Press. [关于"文化模式"的早期论文集。]

Fillmore, C. (1975). An alternative to checklist theories of meaning. In C. Cogen, H. Thompson, G. Thurgood, K. Whistler, & J. Wright, Eds., *Proceedings of the First Annual Meeting of the Berkeley Linguistics Society*. Berkeley, Calif.: University of California at Berkeley, pp. 123-131. [关于"框架"的早期经典文章，有助于综述文化模式方面的文献。]

Gee, J. P. (1992). *The social mind: Language, ideology, and social practice*. New York: Bergin & Garvey. [本书是关于"连接主义"或"神经网络"以及这种思维方式如何引导我们看待思维的社会性的。]

Gee, J. P. (2004). *Situated language and learning: A critique of traditional schooling*. London: Routledge. [关于情境意义和情境学习的讨论。这本书包含了一个关于把思考作为"在头脑中模拟"的更长的讨论。]

Hanks, W. F. (1996). *Language and communicative practices*. Boulder, Co.: Westview Press. [一本关于语言、语境和文化的优秀著作。]

Harkness, S., Super, C., & Keefer, C. H. (1992). Learning to be an American parent: how cultural models gain directive force. In R. D'Andrade & C. Strauss, Eds., *Human motives and cultural models*. Cambridge: Cambridge University Press, pp. 163-178. [关于文化模式的重要论文。我对不同育儿模式的讨论出自该文。]

Holland, D. & Quinn, N, Eds. (1987). *Cultural models in language and thought*. Cambridge: Cambridge University Press. [关于文化模式的早期重要论文集。]

Holland, D., Skinner, D., Lachicotte, W., & Cain, C. (1998). *Identity and agency in cultural worlds.* Cambridge, MA: Harvard University Press. [霍兰在本书中用 "图像世界" 一词取代了 "文化模式"。]

Lakoff, G. (1987). *Women, fire, and dangerous things: What categories reveal about the mind.* Chicago: University of Chicago Press. [本书和下面一本书是关于隐喻如何组织大量语言和思想的权威讨论。]

Lakoff, G. & Johnson, M. (1980). *Metaphors we live by.* Chicago: University of Chicago.

Lareau, A. (2011). *Unequal childhoods: Class, race, and family life, Second Edition with an Update a Decade Later.* Berkeley, CA: University of California Press.

Quinn, N. (1987). Convergent evidence for a cultural model of American marriage. In D. Holland N. Quinn, Eds. (1987), *Cultural models in language and thought.* Cambridge: Cambridge University Press, pp. 173-192. [关于文化模式的经典论述。]

Strauss, C. (1992). What makes Tony run? Schemas as motives reconsidered. In R. D'Andrade & C. Strauss, Eds., *Human motives and cultural models.* Cambridge: Cambridge University Press, pp. 197-224. [关于文化模式的经典论文——关于文化模式与社会经济阶层互动方式的重要材料。]

Strauss, C. & Quinn, N. (1997). *A cognitive theory of cultural meaning.* Cambridge: Cambridge University Press. [文化模式方法的最佳概括。]

第8章

语境

语境和自反性

本章我将对本书已经讨论过的问题做一个总结，然后讨论语境这一重要概念。我将展示构建任务和调查工具在语言使用中是如何与语境的作用建立联系的，以此为下一章讨论（我们可以无限接近但永远不能真正实现的）"理想"话语分析的构成以及话语分析的"有效"因素做好准备。

语境是理解使用中的语言和话语分析本质的一个重要概念。我们说话或写作时，永远不可能把我们所有的意思都明确地说出来，这样会花太长时间。说话者和写作者依靠受话者和读者使用语境，让受话者和读者从说出或写出的话中推理出没有说出来但假设可以从语境中推理出来的意义。即使是一个简单的话语，如"纸在桌子上"，也要求受话者从语境中推理出是哪张纸在桌子上或者纸在哪张桌子上。

我们在第7章看到，我们讨论汉克斯对尤卡坦半岛语言的研究时，共享文化知识发挥作用的关键在于成为语境的一部分。我们就是在语境中说话或写作的。然而，语境包含的内容远不止于共享知识，它还包括交际发生的物理环境和其中的一切，如身体、眼神、手势和在场人的动作等，参与交际者以前说过的话、做过的事，参与交际者拥有的共享知识，包括共享文化知识等。然而，我们（作为受话者 / 读者或话语分析者）解释语言时真的不会使用全部语境。我们只使用语境的相关部分，即与确定说话者或写作者意图相关的实际语境部分。

　　语境的相关部分是语境中与解释话语内容相关的部分。我举一个例子来解释什么是语境的相关部分。假设某人身边有一只橙色的橡皮鸭，这个人说"这只鸭子真是烦人"，橡皮鸭显然就是语境的一个相关部分，我们使用这部分语境来解释"这只鸭子"这个短语指的是"说话者身边这只橙色的橡皮鸭"。

　　如果说话者说"我刚收到一个礼物"，那这个礼物也许是指橡皮鸭，也许不是，我们也不知道橡皮鸭是不是语境的一个相关部分。如果说话者说"我们去看电影吧"，那么橡皮鸭可能就不是语境的一个相关部分，我们不需要用这部分语境来充分解释说话者的话语意思。第 6 章讨论的框架问题告诉我们，有时候我们很难知道有多少语境与解释在语境中说出或写出的话语的意义有关。

　　橡皮鸭的例子是物理实体作为语境的一个例子。在当前话语或陈述之前已经说过或写过的内容也是语境，说话者和受话者的共享知识和共享交流历史也是语境。这些语境的作用也像橡皮鸭一样。说话者说什么以及怎么说可以使它们相关或不相关，或者如果事情不完全清楚，受话者就必须猜测什么相关或不相关。

　　书面语语境明显与口头语语境不同，因为写作者和读者不是面对面交流的。例如，在书面语语境中，手势和眼神不会发挥作用。但是，当前话语之前的文本以及共享知识甚至共享历史（如书信或短消息中）仍然是书面语语境的一部分。

　　我们思考语境的运行方式时，马上会面临语言的另一特性，我称之为"自反性"。这是语言的一个"神奇"特性。比如，我们在办公室走廊上遇到同事时会进行"'你好吗？''好'"这样的简单对话。即使是这样的简单对话，我们也可以从中看到语言的"自反性"这一特性。人们在这一情景中为什么用这些词语？因为人们只把这种情景当作熟人之间的一次简单而普通的见面，这些词语在这种情景中使用是"合适的"。但为什么人们认为情景应该如此呢？部分原因是他们就是在使用这种词语和相关行为。如果对话用"你怎么了？"来开始，那么对情景的解释就会完全不同。

　　我们遇到的又是一个鸡和蛋的问题：哪个先出现？是情景还是语言？这个问题反映了语言和"现实"之间的相互作用：语言既反映现实（"事物的运作方式"），又创造（构建）现实。虽然"相互作用"可以是表示这一语言特性的一个很好的术语，但"自反性"这一术语更常用（从这种意义上来说，语言和语境就像两面相对的镜子，不断地、永无休止地反射自己的影像）。

　　于是，语言总是同时反映和构建语境。通常情况下，除了谈话（比如，我在和一个朋友谈话）之外，语境的方方面面是在世界上真实存在的，并由谈话创造或再造（比如，如果我作为朋友与我的朋友进行友好谈话，那么我就创造或标记了我们之间的友好关系）。如果一个人是我的朋友，即使我不和他谈话，他也仍然是我的朋友。但是，如果我不和他谈话、不把他当朋友，那么我们的友谊就会终止。

语境和构建任务

　　第 3 章讨论的语境和构建任务彼此密切相关。说话者和写作者使用语言来表达我们构建什么、如何构建。两者都存在于我们头脑中、存在于世界上。受话者和读者（根据说话者或写作者的引导）适当地构建时，实际上并不仅仅是建立在明确说出的话语的基础上，而且还建立在说话者或写作者向我们发出的可以称得上是语境部分的信号上。我们在识解语境，在识解的过程中，语境的方方面面与解释说话者或写作者使用的词语建立了相关性。

我们根据说出的话和做出的暗示来建立语境与解释的相关性。下面我列出七个构建任务。每个任务都有助于构建语境的相关部分（或我们认为相关的部分）：

1. **显著性**：根据说话者所说或写作者所写以及他们说话或写作的方式，语境中的什么事物和哪些人具有相关性和显著性？它们是如何具有显著性的？说话者或写作者是如何努力给事物赋予显著性的？

2. **实践（活动）**：根据说话者所说或写作者所写以及他们说话或写作的方式，语境中的什么实践（活动）或哪些实践（活动）是相关的？它们是如何促成的？

3. **身份**：根据说话者所说或写作者所写以及他们说话或写作的方式，（对于说话者／写作者、受话者以及对其他人的描写方式来说）语境中什么身份或哪些身份是相关的？

4. **关系**：根据说话者所说或写作者所写以及他们说话或写作的方式，语境中的什么关系是相关的？这些关系是如何促成、巩固和使用的？

5. **立场策略**：根据说话者所说或写作者所写以及他们说话或写作的方式，语境中的什么社会产品是相关的、决定性的？这些社会产品是如何分配的或人们是如何看待这种分配方式的？

6. **连接**：根据说话者所说或写作者所写以及他们说话或写作的方式，语境中事物和人物之间有什么相关连接或连接被断开？这些连接或连接被断开是如何造成或暗指的？

7. **符号系统和知识：** 根据说话者所说或写作者所写以及他们说话
或写作的方式，语境中相关的符号系统（如语言或社会语言）和
知识形式（获取知识的方式）是什么？这些符号系统和知识形式
是如何使用、如何获得优势或失去优势的？

任何语言片段，无论是口头的还是书面的，都是由一套语法暗示
或线索组成的，可以帮助受话者或读者（在交流中与其他人协商或合作）
构建七件事情——我们的七项构建任务所创建的事情。我们根据明确
说出来的话和从语境中推理出来的信息来构建这七件事情。说话者或
写作者暗示或提供关于语境相关部分的线索，来帮助我们完全理解所
说或所写的内容。

因此，在"The paper is on the table"一句话中，名词"paper"和"table"
前的定冠词（"the"）暗示受话者已经（从以前的谈话或共享背景知
识中）知道或可以看到是哪张纸、哪张桌子。受话者使用这部分语境，
使纸和桌子在交际语境中建立了相关性，被赋予了显著性。

我们再举一个例子。假设约翰问玛丽："Do you think Susan is a
racist?"玛丽回答道："Well, she's a southerner, isn't she?"玛丽回答这
一问题的方式提示受话者把过去美国南方种族问题看作语境的相关部
分。同时，这句话也向受话者暗示了一个事实，即玛丽使用的图像世
界假设所有南方人都是种族主义者，她把这个图像世界看作语境的相
关部分（看作共享知识，但事实上，受话者未必相信）。

我们可以看到，用语言构建是一个相互的过程。说话者或写作者
通过明确说出事情和暗示受话者或读者应该如何根据语境来构建我们
的构建任务所涉及的七件事情。反过来（如果受话者或读者合作的话），
他或她相应地使用说话者或写作者的话语来构建说话者或写作者所持
的世界观。

他们共同创造显著性，促成实践、身份和关系，建立连接，参与

立场策略（社会产品的分配），给予或剥夺各种符号系统（如语言）和世界知识的特权等。根据语言和语境的自反性，这些事情可能已经在世界上"存在"，但它们不发挥作用，除非我们让它们发挥作用。它们之间没有相关性，除非我们给它们建立相关性。我们通过积极构建、说明和识解世界的运作方式，及其与当前交际建立相关性的方式，来建立这些事情之间的相关性。

情境意义和图像世界回顾

我们在第 6 章介绍的作为调查工具的情境意义和图像世界也与语言和语境的运作方式密切相关。情境意义是单词和短语在具体语境中承担的具体意义。虽然图像世界是人们头脑中想像的（部分）理论或故事，但是我们必须使用我们在语境中所说的话、说话方式以及语境的相关部分来确定说话者或写作者在特定语境中使用什么图像世界。人们的头脑中有许多不同的，有时甚至是不一致的图像世界。所以，我们必须确定，在特定的语境中哪种图像世界在起作用。

情境意义是我们在某一特定语境中交流时根据经验以及对语境的识解"现场"组合而成的。在第 6 章我用了这样一个例子，"咖啡洒了，拿把拖布来"和"咖啡撒了，拿把扫帚来"。第一句话中，受"拖布"一词和你关于这种事情的经验的激发，你组合出"咖啡"的一种情境意义，比如"黑色液体，可能很热"。在第二句话中，受到"扫帚"一词和你关于这种事情的经验的激发，你组合出"咖啡"的情境意义要么是某种"黑色干颗粒"，要么是"深红色咖啡豆"。当然，在实际语境中会有更多组合词语和短语情境意义的信号。

情境意义并不是简单存在于个人的头脑中，而通常是在人与人的社会交往中相互协商的结果。例如，假设某人在一种关系中说，"I

think good relationships shouldn't take work"，那么，接下来的谈话内容大部分应该是谈话双方围绕着"work"一词在具体语境中的意思，以及这个词在谈话双方相互关系的更大语境中的意思（通过直接或间接推理得知）而进行的协商。此外，随着会话（实质上是关系）的展开（实际上是随着双方关系的展开），参与者不断地修订其情境意义。

图像世界与情境意义建立相关性的方式是这样的：图像世界是通常帮助指导我们构建情境意义的理论或故事。当某人说"Relationships take work"时，如果我们知道或可以猜测他们在使用"relationships"和"work"的什么图像世界，我们就可以确定他们在给予"relationships"和"work"什么具体的情境意义。他们在这里使用"relationships"和"work"的什么理论或故事呢？作为受话者，我可能意识到，我根据我自己的世界经验、关系和工作"确定"（识解、讲故事、构建理论）的情境意义跟你是不一样的。反过来，这可能促使我们争论或协商在这个语境中应该赋予"relationships"和"work"什么情境意义。

有些图像世界由许多话语所共有，有些则不然。我对狂热的观鸟者如何表现、行动、交流和评价的图像世界是根据我对观鸟者的经验而建立的，虽然我的经验只来自观鸟者这一话语的边缘（我不是一个"真正的"观鸟者），而且我的图像世界无论如何都不可能被非观鸟者所共享。顺便说一句，如果你认为观鸟者不能构成话语，那你就读一下马克·考克的《观鸟者：部落的故事》（*Birders: Tales of the Tribe*）一书，这样你就会很快意识到观鸟者促成并认同特定的社会身份和活动。

另一方面，我关于政治和金钱在美国（即金钱比投票发出的声音更大）的运行方式的图像世界为很多其他美国人所共享，无论我们是不是同一话语中的成员，尽管不是被所有的美国人所共享。

图像世界"解释"，相对于某些群体的标准，为什么词语可以有不同的情境意义，并可以激发人们创造更多的情境意义。图像世界也往往不完全存储于任何个人的头脑中。相反，它们分布在不同的"专业知识"和群体观点中，就像一个故事情节（或拼图）一样，不同的人有不同的小块，他们可以共同拼出一幅"大画"。

在第 7 章，我曾指出图像世界与我们在头脑中形成的原型模拟相联系。因为人类不同社会文化群体的成员有着共同的观察事物的方法，所以我们都有形成原型模拟的能力。原型模拟是当你认为某一情境"典型"时，你在大脑中对某种事物（如，婚礼、为人父母、投票等）的模拟。当然，不同社会文化群体中的人对"典型"有着不同的认识。比如，你对婚礼的"图像世界"与你在设想你（和你的社会群体）认为什么是"典型"婚礼时头脑中构思的一种模拟或几种模拟相联系。

虽然图像世界与我们在头脑中构思的原型模拟相联系，但图像世界不仅仅存在于我们的头脑中。一位上层中产阶级母亲在头脑中有特定的育儿图像世界（如儿童的早期经历与后来进入著名大学有很大的联系）。然而，这位母亲与她的社会群体有着共享图像世界。她从她的社会群体中接受并理解这些图像世界。

图像世界彼此链接，创造出越来越大的故事情节。图像世界的链接方式比较复杂。这种链接网络有助于组织社会文化群体思考问题，并从事社会实践。例如，我们在第 7 章看到有些人使用这样的育儿图像世界（实际上是一组相互连接的图像世界）：儿童生来是依赖父母的，然后他们经历不同的阶段。在这些阶段，他们经常会表现出一些破坏性的行为，来追求日益增长的对独立的渴求。这种图像世界也并非完全存在于人们的头脑中——通常从其他资源中得到补充，比如育儿方面的自助指导。这种指导往往反映中产阶级的理论和价值观。

这一图像世界整合了儿童、育儿、阶段、发展和独立等，以及其他一些图像世界，帮助父母按照他们群体所遵守的价值标准（比如独立）来解释儿童的行为。通过群体内部的交流，通过阅读不同的书籍，以及通过从其他媒体中获取信息，这一图像世界被不断地（自觉和不自觉地）修改和发展。其他社会群体对儿童的看法则不同：例如，由于儿童从一开始就太不社会化，他们的破坏性行为所释放的信号并不是渴望独立，而是需要在家庭内部实现更多的社会化和更少的独立（少点"自我"）。

实例分析

我来举一个例子，说明情境意义和图像世界是如何相互作用的。请看下面的句子：

... yet I believe [Milton] Friedman is right that thoroughgoing restrictions on economic freedom would turn out to be inconsistent with democracy

[……然而，我认为 [米尔顿] 弗里德曼所持彻底限制经济自由与民主相违背的观点是对的。]

"民主"一词典型的词典定义是"由人民选举代表的政府形式"。那么"彻底限制经济自由"怎么可能与民主不一致呢？当然，一些国家的人可以投票通过这样的限制，这似乎是民主的一个例子。

如果读者知道作者使用的图像世界，那么他就能知道"民主"一词在这里的特定情境意义。这个作者设想，自由的、不受管制的市场（即，社会上的人可以随意购物和销售）既是在社会上制造财富的地方，又是让每一个人都享受自由、不受其他人强迫（不能掠夺他或她的财产或生命）的地方。

按照这种观点，人们不会选择加入一个反对经济自由的社会，因为如果这样，其他人就会掠夺他们的财富。既然民主是建立在"被统治者同意"遵守投票结果的基础之上的，所以它假定人们在某种意义上同意参与民主。因此，如果没有强大的"经济自由"（自由市场），民主制度就不能得到"被统治者同意"。这个图像世界是写作者假定的语境部分。作者提到强烈主张这种世界观的米尔顿·弗里德曼（诺贝尔经济学奖得主）进一步证明了这一假设。一旦我们接受了这一图像世界，我们就可以给"民主"一词赋予一个具体的情境意义（即，"一个社会可以投票产生代表，但不能以任何方式剥夺经济自由，因为这样将大大限制自由市场的运行"）。

如果你不了解上面描绘的图像世界，你就不知道它既是这句话语境的一部分，又是这句话的一个相关部分。你不能为"民主"一词定位意义，而它的一般词典意义只会使这个句子看起来自相矛盾。了解这个图像世界也有助于你参与构建任务。例如，这个图像世界告诉你，作者是以"新自由主义者"（相信自由市场的人）的身份说话。结合作者说的其他话语，读者也可以看到，作者是在主张（这是一种实践或活动）把他的图像世界看作维持世界运行的正确方法。

作者的图像世界是米尔顿·弗里德曼学术理论（经济学）的一部分。由于我在引用这篇文章时没有完全阐述清楚，所以它的功能更像是一个图像世界，而不是一个正式理论。

然而，即使在弗里德曼的著作中——当然也在他倡导的美国对南美政策的方式中（比如，美国强行按照弗里德曼的观点在南美洲组建政权），这一"理论"也更像是一个图像世界（即，关于世界如何运行或应该如何运行的一种想当然的、过度简化的观点），而不是提供有力证据的理论。最后，在任何情况下，正式理论（即理解复杂现实的简化方法）都是图像世界，尽管我们希望它们比大多数日常生活中的图像世界更少一些想当然、多一些公正。

社会语言和话语回顾

现在我来谈谈另外两种调查工具：社会语言和话语。这两种调查工具与我们的构建任务密切相联，因为二者都是我们促成（表现）身份和实践（活动）的方式。身份和实践是我们的两个构建任务。因此，我们说话或写作时，我们使用社会语言和话语来表明（构建、促成）不同的身份和实践。我们听或读时，我们使用我们看到或想象正在发挥作用的社会语言和话语来指导我们解释正在促成什么身份和实践。

对话语分析来说，重点不在语言层面（比如我们使用的英语和纳瓦霍语）。所有的语言，无论是英语还是纳瓦霍语，像第 5 章讨论的那样，都是由很多不同的社会语言组成的。物理学家在做实验时的说话和写作方式不同于街头帮派在吸收新成员时的说话和写作方式，物理学家和街头帮派成员又不同于"新资本主义"企业家一边"授权一线工人"一边削减他们的工资待遇的说话或写作方式（如，沃尔玛鼓励低收入员工像公司"合伙人"一样思考和谈话）。每种社会语言都使用一些具有不同特色的语法资源来执行我们的七项构建任务。

我们都拥有许多不同的社会语言，可以在不同的语境中进行切换。从这个意义上来讲，没有一个人是单语的。但同样，我们都会有我们没有掌握的社会语言，即使这些社会语言也使用我们"本族语"的语法资源。因此，从这个意义上来讲，我们并不是（所有人都不是）"我们自己的"社会语言的"本族语者"。

同样重要的是，我们应该注意到，社会语言并不总是"纯粹"的，相反，人们为了特定的目的通过复杂的方式把它们混合（"杂糅"）在一起。有时候很难说一个人是在从一种社会语言切换到另一种社会语言（"语码转换"），还是在把两种社会语言混合在一起，为某一特定语境组合一种转换了语码的（甚至是新的）社会语言（当人们忘记这种社会语言是混合产物时，这种社会语言最终就理所当然地被认为是"纯粹"的或不同的社会语言了）。当然，在话语分析中，更重要的是认识到这一点，而不是解决这一点。人们甚至能够在英语和纳瓦霍语等不同语言中提取几种社会语言，把它们混合在一起或者在它们之间进行切换。

正是包含线索或暗示的社会语言指导着我们执行七项构建任务。不同的社会语言包含不同种类的暗示或线索。也就是说，它们以不同的方式把语法作为七项构建任务的资源来使用。例如，我们再看一看那位年轻女子谈论同一个故事中的同一个角色时对她父母说的话，"Well, when I thought about it, I don't know, it seemed to me that Gregory should be the most offensive" 和对她男朋友说的话 "What an ass that guy was, you know, her boyfriend"。这两种说法分别属于两种不同的社会语言。

在第一种情境中，年轻女子对她父母说话时，其中的语法特征模式表明了一种特定的社会语言：表示经过深思熟虑的从句（"when I thought about it"），缓和成分（"I don't know"，"seemed to me"），复杂从属句型（when 小句，it-seems-that 结构），作为声言者/认识者的自我重复指称 ["I"（主格），"me"（宾格）]，拉丁语词汇（"offensive"），复杂情态（"should be"）等。这种社会语言包含的线索和暗示有尊重、尊敬、学校学习、思考和对知识和声言的关注等。

在第二种情境中，年轻女子对她男朋友说话时，其中的语法特征模式表明了另一种社会语言：感叹句（"What an ass ..."），非正式词汇（"ass"，"guy"），右向移位（"her boyfriend"），关注受话者（"you know"），在没有缓和成分、没有关注自我声音的情况下直接发出自己的声音。这种社会语言包含的线索和暗示有一致性、非正式性、参与交流、注重共同价值观、以社会为中心而不是以自我为中心等。

这两种模式是第 5 章所说的搭配模式（即通过我们合并传统语法单位创造的模式）。作为由社会语言构成的话语的成员，解读者（受话者和读者）可以迅速地（但不自觉地）区别这两种模式，就像他们通过直觉迅速地区分词语的情境意义一样。

话语是在适当的时间和地点通过语言（社会语言）在社会上促成具有社会性意义的身份和相关实践的方法，以及行动、互动、评价、理解、相信和应用各种物体、工具和技术等的方法。把某人识别为核物理学家、政客或街头帮派成员，不仅仅要求使用语言，而且要求语言能够顺利地融入到在世界上成事和做事之中。

通常，在话语分析中，我们要做的是研究使用中的语言，以揭示话语在社会上的运作方式。社会基本上是由话语组成的，社会和话语的相互作用决定了很多历史以及社会的运行方式，无论是好还是坏。

实例分析

我举一个例子来说明社会语言和话语是如何共同发挥作用的。下面的语料来自一个大学教授和几个中学教师参加的一个项目。他们讨论开设一门历史课程，让中学生在他们的社区做历史调查（特别是口述历史），搜集口述故事。项目团队刚刚开了一次长会，会上大家争论不休，这位大学历史教授与部分参与项目的教师之间发生了冲突。冲突的焦点是，这位历史学家在制定项目计划时没有充分与教师进行磋商。

下面的语料发生在正式会议结束之后，这时只剩下几个人：卡伦和简（两位教师）、乔（参与该项目的另一所中学的管理员）和萨拉（大学历史学家）。他们在"闲聊"——不再谈论项目，并正准备离开。

卡伦、简、乔都出生在项目开展的城镇，米德维尔（所有的名字都是化名）。他们的父母也是如此。米德维尔是一个以工人阶级为主的城镇，当时正值大批工人失业。萨拉不是当地人，也不是在这里接受的教育。她是在当地一所著名私立大学里任教授，并且没有计划把整个职业生涯都奉献在这里。

　　项目会议上，中学教师和大学教授之间在谈论和思考问题上出现了很紧张的关系。也就是说，米德维尔镇中学教师的教师话语与大学教授的教授话语之间存在着紧张关系。

　　以下是"闲聊"的语料（符号"/"和"//"代表的意义我们将在下一章说明，此处可以忽略）：

卡伦：

1. My mother used to talk about in the 40s /

2. You'd hang around at Union Station /

3. And anybody would just pick you up /

4. Because everybody was going down to dance at Bright City /

5. Whether you knew them or not //

乔：

6. Lakeside Ballroom //

简：

7. Yeah definitely //

乔：

8. My father used to work there //

简：

9. And also, once you finally get into the war situation /

10. Because you have Fort Derby /

11. Everybody would get a ride in to come to Bright City /

12. To the amusement park //

13. So it was this influx of two, three cars worth of guys /

14. That were now available to meet the girls that suddenly were there //

萨拉：

15. Well actually street, street cars had just come in in this/

16. And as I recall um from a student who wrote a paper on this /

17. Bright City and Park was built by the street car company /

18. In order to have it a sort of target destination for people to go to /

19. And to symbiotically make money off of this //

简：

20. Because once you got there /

21. You could take a boat ride /

22. And go up and down a lake /

23. And there were lots of other ways to get the money from people //

这里，米德维尔镇的教师和管理员不再以教师或管理员的身份（不再使用与教师或管理员相关的社会语言）说话——不再像学校工作人员那样说话，而是（在使用与"日常人"相关的社会语言）以"日常人"和米德维尔镇的长期居民和公民的身份说话。他们使用"闲聊"这样的实践是与他们的共享背景、身份和价值观结合起来的。他们在以他们的"生活世界话语"说话（即以"日常人"身份而不是任何形式的专家身份说话，如教育者）。他们也在以他们作为米德维尔镇的长期居民和公民的话语说话。

有一些典型的米德维尔镇的思维和评价方式你可能不了解，但这些思维和评价方式对理解上述谈话有所帮助。米德维尔镇的长期居民是 19 世纪和 20 世纪初欧洲移民的后裔。他们重视他们的共同历史，把它看作米德维尔镇的一部分；他们把米德维尔镇的公民经常聚集的地方看作该镇的社会中心。今天，面对来自南美洲、亚洲和西印度群岛的新移民以及经济问题，他们关心的是那里再没有这样一个集中聚会的地方了，其中的部分原因是人们往往愿意留在自己的居住区，而中心区已不复存在。

米德维尔镇学校的人在他们共同的米德维尔话语中，使用他们从亲戚那里听到的关于过去共享故事的"闲聊"的社会语言进行互动，以此作为一种联系纽带。他们的话语当然不仅仅是谈话的方式，而且也是行动、互动、思考、评价以及了解和使用他们城镇地理的方式。

大学教授萨拉不能进入米德维尔话语。她不是米德维尔镇的长期居民，她对该镇的观点与他们也不同。她没有相关的故事来分享。与此同时，她希望通过闲聊来与他们建立联系，特别是在专业话语方面刚刚发生了冲突之后。然而，萨拉将"日常语言"和她作为大学学者的专业语言（两种不同的社会语言）混在了一起。她还将两个不同的话语——她作为"日常人"的生活世界话语和她作为历史学家的话语——混了起来。

"学术语言"与"日常"谈话混合的例子有"in order to""target destination"和"symbiotically"。将学术话语与"常人"生活世界话语混合的一个例子是使用学生论文作为证据。这是历史学家做的事情。然而，米德维尔话语的人们在用他们父母和祖父母的共享故事而不是研究论文作为证据，他们使用且可以使用这种证据让别人认识到他们是米德维尔话语的成员。所以萨拉再次诱发了一场可能的冲突。另一方面，她也没有其他方式参与到这种关系中。

然而，简很好地结合了萨拉的评论。她参与的是作为联系纽带的典型的米德维尔谈话，但以"钱"作为重新联系和融入萨拉观点的方式结束了谈话。

具有讽刺意味的是，也许萨拉是在试图让老师与她们的学生从事并重视口述历史。这里，米德维尔镇的长期居民在分享口述历史故事，来标记他们作为米德维尔话语成员的身份。但是萨拉在寻求书面证据（一篇研究论文），认为书面证据胜过口头故事证据。另外，这也是构建任务 7 的一个很好的例子：一种知识形式优于另一种知识形式。

上述语料是在正式会议之后，在"闲聊"这样的一般实践（活动）中成事（身份、话语）方式和言语（语言风格、社会语言）方式之间进行的复杂游戏。这次闲聊中的紧张关系可能会解释正式会议中的紧张关系，这使专业话语差异（中学教师、大学教授）覆盖了"真正的"米德维尔公民和新来者之间的紧张关系（如萨拉或新"棕色"移民）。

互文性与会话

在社会上，话语（"各种人"，促成不同身份的人）彼此"谈话"，而不仅仅是个人之间进行谈话。洛杉矶警察以警察的身份跟街头帮派成员说话就不是两个人之间的互动，而是洛杉矶警察的话语和街头帮派成员的话语（根据民族和社区有不同的帮派话语）之间的互动。这一"对话"已经持续很久了，在当前遭遇之前已经开始，并将持续下去。此外，当前的遭遇深深地受到过去两个话语之间互动的影响。

同样，生物学家和创造论者之间、自由主义者和保守主义者之间以及美国西部的牛场主和环保主义者之间也存在长期的互动。这是话语冲突的几个例子。有时候，话语会相互一致，而不是相互冲突。例如，在美国，极右保守话语和某些原教旨主义的基督教话语之间就有很多共同之处（虽然有时也会有一些紧张）。

互文性和会话是我们的两个调查工具。它们集中讨论话语在社会上的互动。互文性是我们在说话或写作中引用、暗示或以其他方式使用别人的话。但是，它通常可以通过各种方式混合或并列不同的社会语言，与不同的话语相连。两种风格的语言在同一"语篇"（言语或书写片段）中相互作用（一致或紧张）。

会话是社会上或社会群体中人所共知的公开辩论、争论、主旨、问题或主题。我使用加着重号的"会话"，是一种隐喻性说法，就好比"堕胎"或"吸烟"这样的主题辩论各方在进行一场大型的会话（或辩论或争论，无论我们怎么命名）。当然，这个加着重号的"会话"是由特定时间、特定地点的特定人物进行的无数次的互动活动组成的。关键是人们知道这些会话中不同的"辩方"或"论点"，即使他们只赞同一方。

话语在社会上互动的痕迹出现在我们的谈话和写作中时便产生了互文性和会话。事实上，互文性往往是一个社会上的话语之间会话的语篇反应或痕迹。在一个社会或社会群体中广为人知的会话通常被认为是在该社会或社会群体中的任何受话者或读者所共知的（并被认为是语境的潜在相关部分）。

实例分析

亚里桑那大学社会学家和人类语言学家理查德·鲁伊兹在一篇题为"墨西哥玉米卷饼的本体论现状"的文章中这样说（粗体字是我要讨论的术语）：

> 事实上，我周围的许多墨西哥人都会说"卷饼"是**隐喻**用法（实际上是**转喻**用法——我认识的墨西哥人使用**古典词根词**时往往很精确）。"卷饼"这个标签所代表的不止是一种食物。"Vamos a echarnos un taco"的字面意思是"把卷饼扔向我们自己吧"，意思是"**吃午饭吧**"，或者更具圣餐仪式色彩的说法是，"**我们一起分面包吧**"。这时，人们不是真的在谈论面包，而是超越了吃饭的意思，表示有兴趣建立或增进友谊。从**社会语言学**上来看，"卷饼"在这方面是独一无二的；你大概没有听说过有谁邀请别人互相扔玉米面辣椒肉馅卷或玉米面鸡肉卷（原文如此）。（如果真这样做了，我会认为这是在邀请参加一场**变态的**墨西哥式决斗——意思就变了。）

鲁伊兹在他的文本中纳入了许多其他话语的术语。术语"隐喻""转喻""古典词根词"和"社会语言学"等都来自语言学话语。当然，

"Vamos a echarnos un taco"是将西班牙语与英语文本的某些部分结合在一起。"吃午饭吧"来自"商务谈话"。"我们一起分面包吧"来自宗教话语。最后，"变态的"一词引用了一些与性相关的话语中发生的"性谈话"。

因此，在鲁伊兹的文本中——基本上是以会话形式书写的文学作品，涉及不同话语的语言片段与他的基本会话风格融合在一起。每个互文性引用都有一个目的。与语言学的联系在于鲁伊兹最终用他的语言学知识对一个法庭诉讼案提出了他个人（文化）和专业的观点。这个诉讼案的关键问题是墨西哥卷饼是不是三明治。与西班牙语的联系在于文章中的一个问题是美国社会上不同语言和文化的作用。与商业、宗教和性的联系在于把在文化上特定的实践和术语"翻译"给不熟悉这些实践和术语的读者［比如，鲁伊兹的家人在"Vamos a echarnos un taco"中使用"taco（卷饼）"一词］。

从这个段落来看，文本中会话的作用可能并不明显。但请阅读鲁伊兹文章的另一段：

> 法官和法院做出不合常理的判决已不是什么新鲜事。有些判决比判断墨西哥卷饼的本体论状况还要重要。1896 年，一个法庭宣布要求有黑人和白人分开使用市政设施的法律是符合宪法的。诉讼的原告是荷马·普莱西。他有八分之一的黑人血统。1927 年，更是出现了挑战普莱西案的学校种族隔离判例——某法庭判决中国女学生在法律上属于黑人（当时黑人被称为"negro"）。1954 年，得克萨斯州一家法庭宣布墨西哥裔美国人是白种人。（当时我还是个小男孩，当我知道我突然变成了白人时，我不禁打了一个冷战，现在我知道原因了。）回想起来，如今我们当中有很多人会认为这些法官根本没有资格判决这些问题，他们只会误导大众。

鲁伊兹使用一个判决墨西哥卷饼是否属于三明治的法庭案件（商场内的三明治连锁店，想阻止一家墨西哥卷饼店进驻该商场，理由是该连锁店与商场签订了协议，不许其他三明治餐厅进驻该商场）来证明一件更大的事情，即法官对某些问题没有一点文化背景或文化资格，却妄下结论。

　　在美国，有一个长期的会话，就是司法是否应该是"无知的"，或者法官是否应该使用他们独特的文化知识，或者如果没有这种文化知识的话是否应该学习这种文化知识。这一会话就很多问题在很多地方长期存在。今天，这一会话（辩论）在美国与关于西班牙和墨西哥文化在美国的影响日益增长的会话（辩论）相交叉。虽然鲁伊兹是在索尼娅·索托马约被提名任职最高法院之前写的文章，但她的提名激励了这两个会话（这两个会话是这些长期会话的经典实例）。这些会话是鲁伊兹文章语境的相关部分。虽然他没有明确提到这些会话，但他是承认它们的存在的。

　　从这个例子可以清楚地看出，互文性（不只是引用或暗示，而且是与不同的话语在文本中混合或并列的不同语言风格）和会话（辩方或观点都广为人知的公开辩论）是话语互动在我们的交谈和写作中出现的方式。

延伸阅读书目

Duranti, A. (1997). *Linguistic anthropology*. Cambridge: Cambridge University Press. [对语言人类学的介绍，使用了大量的话语分析，并对语境的作用进行了很好的讨论。]

Duranti, A. & Goodwin, C., Eds. (1992). *Rethinking context: Language as an interactive phenomenon*. Cambridge: Cambridge University Press. [反映语言和语境的反射关系及语境在互动中进行社会协商的最新观点。]

Gumperz, J. J. (1982). *Discourse Strategies*. Cambridge: Cambridge University Press. [20 世纪顶级人类语言学家的一本关于受话者如何使用"语境化线索"解读话语的著作。]

Gumperz, J. J., Ed. (1982). *Language and social identity*. Cambridge: Carnbridge University Press. [关于语言和在社会互动中构建身份的重要文集。]

Hymes, D. (1974). *Foundations of sociolinguistics*. Philadelphia: University of Pennsylvania Press. [关于语言作为文化能力的经典基础著作。]

Kramsch, C. (1993). *Context and culture in language teaching*. Oxford: Oxford University Press. [热心于语言教学之人的必读书。]

Van Dijk, T. A. (2009). *Society and discourse: How social contexts influence text and talk*. Cambridge: Cambridge University Press. [讨论语境在解释中的作用的好书。]

第 9 章

话语分析

转写

本章我首先讨论话语分析的语料转写问题（我将在第 10 章更详细地讨论这个话题），然后，我将讨论什么是"理想"的话语分析。我认为，任何实际的话语分析都只是部分地实现了这一理想。最后，我将讨论话语分析的有效性问题。我们从本节开始讨论语料转写。

随着先进录音设备和计算机设备的日益发展，话语记录已经到了令人难以置信的详细程度，包括小停顿、小犹豫以及声音（音调、音速和音响等）的细微变化、说话人话语的同步重叠等。人们很容易相信，如此详细的记录代表了某种纯粹的、客观的、未经分析的"现实"。但事实并非如此。言语包含的信息远比任何录音或转写系统可以捕捉到的（或人耳所能听到的）丰富得多。

口头语或书面语细节在语境中无疑是彼此相关的，并与话语分析的论点相关。话语分析不是基于现有的全部物理特征，甚至不是基于在某些语境中可能具有意义的物理特征，或在为不同的目的而做的分析中可能具有意义的物理特征。这种相关性（什么被记录下来，什么没有被记录下来）判断归根结底是理论判断。也就是说，这种判断是基于话语分析者关于语言、语境和交际等的一般运行方式以及在具体语境中的运行方式的理论的。从这个意义上来讲，转写本身就是一个理论实在——它不独立于分析之外，恰恰相反，它是分析的一部分。

任何语音数据都可以以不同的详细程度标示出来，这样我们就可能得到一个连续的语音记录，从非常详细（语言学家称为"窄式"音标）到非常不详细（语言学家称为"宽式"音标）。尽管人们在开始分析时最明智的选择是详细标音，而不是按最后的相关性来标音，但最终音标的宽窄程度还要取决于分析者的目的。分析的有效性不取决于音标的详细程度，而是取决于音标如何与其他要素一起创建一个"可靠"分析。

在这里，我们不讨论转写的语言学细节，而是要举一个例子，来说明在交际中"小"细节是如何产生"大"意义，并在转写中标示出来的。下面是一位英裔美国女研究员（"R"）和一个四年级非洲裔美国小女孩（"S"）在讨论有关"光"的问题。"光"是学校科学课的部分内容。这个小学生家庭非常贫穷，为了到处找房子不得不几次辍学。研究员在与这名小学生交流之始，让她操作一个灯箱并思考被灯箱聚集的一束光是如何与不同的塑料边框——包括一个棱镜——互动的（棱镜使光束分裂为彩虹或不同的颜色）。

以下转写使用标记手段来命名言语特征。我们还没有讨论过这些特征，但我们将在下一章（第 10 章）讨论。现在，只要知道每一行都代表一个语调单元就可以了。语调单元是按照统一语调轮廓说出来的一组词语（即，词语相互"协调"，形成一个整体——见第 10 章）。双斜线（"//"）表明语调单元通过"最后轮廓"说出来，即听起来是"最后"的升调或降调，就像一条信息的"封闭"和"结束"（升调或降调由带下画线的词及这些词后的任何词语来实现）。没有双斜线的语调单元通过"非最后轮廓"说出来。非最后轮廓是一个较短的升调或降调轮廓，听起来好像还有更多的信息要说出来。

我把下面的文本安排成"节"，我们将在第 10 章讨论"节"这一语言单位。节是处理单一话题或观点的语调单元"块"，"块"被（语言的各种细节）规划在一起。在这个例子中，节交互产生。画线的词语在语调单元中承载主重音（我们将在第 10 章看到，英语的重音是把音高向上 / 向下缓冲 / 滑动，或增加音量，或两者都有），大写词语是强调的（特别重读），两个句点（".."）表示听得见的停顿，元音后的两个点（":"）表明元音延长（被拉长），"沉音"的意思是前面的单位整体是沉音。这段转写当然不是尽可能地窄，但它的确包含某种程度的语言细节。

第一节

1. R: Where does the <u>light</u> come from

2. R: when it's <u>outside</u>? //

3. S: <u>Sun</u> (low pitch)//

4. R: From the <u>sun</u> (low pitch) // .. hum

第二节

5. S: Cause the <u>sun</u> comes up

6. S: <u>REALLY</u> early //

7. R: um .. And that's <u>when</u> we get light (low pitch) //

第三节

8. S: And that's how the, the the me.. my.. <u>me and my class</u>

9. S: is talkin' about <u>dinosau:rs</u>

10. S: and how they <u>die:d</u>//

11. S: And we <u>found out</u> ..

12. S: some things . about how they <u>die:d</u>//

13. R: Oh <u>really</u> //

第四节开始部分

14. R: Does that have to do with <u>LIGHT</u>? //

（交流在继续）

这次谈话很长，这几节只是其中的一个片段。研究员感觉到这个小学生经常跑题，且难以理解。但从上面的信息中可以看出，研究员和小学生"共同构建"（贡献）了这种跑题和难以理解。

学生习惯于这样一种特别的教学活动：老师问一个问题（这个问题的答案老师已经知道，但答案又不应该是明显的），学生回答，然后老师的回应可以被看作对学生的回答是否"可以接受"的评价。

学校课堂上还有一种常见的相关练习。老师问学生一个或几个答案比较明显的"日常"问题，目的是要导入新知识点，而这一新知识点必须用比较抽象的方法来处理，而不能在"日常"（生活世界）交流中得到处理。科学课的老师可能会拿一把尺子问"这是什么？"当得到"这是一把尺子"的回答以后，她会接着问，"我们用尺子做什么？"在引出"测量东西"的回答后，老师可以继续用比较抽象的方式来讨论测量设备和测量方法。

在研究员和小学生的交流中，研究员好像要引出关于光的日常信息，目的是接下来让这位小学生用"光源""方向""反射"等抽象概念来讨论光。也就是说，这些概念比具体的事物（如太阳）要抽象得多。从其他方面对这位小学生的了解，我们有足够的证据证明，她很有可能对这种课堂练习（面对这种练习她感觉很奇怪）不熟悉，或者根本没有练习过。

在以上交流中，研究员首先提了一个问题，小学生的回答是用沉音说出"sun"一词，且最后用的是降调。这种回答方式（在许多英语方言中）表明，回答者认为答案是显而易见的。

研究员在回应中使用的方法和小学生一模一样（沉音，降调），并且正好是小学生可能期待评价的地方。这表明，她也认为答案是显而易见的。小学生很有可能是产生疑惑了，心想研究员为什么问这么一个问题。

在第（5）和第（6）行中，女学生增加了一些语调单元，比在前几行中的音调高。此外，第（6）行包含一个强调的"really"。第（5）和第（6）行的表达方法表明，小学生认为这一信息是新信息或重要信息。她增加这一信息的目的可能是要研究员回应，而不是要她给出显而易见的答案；她也可能是想得到研究员的某种更加有力的回应，让她知道她是在交流的"正确轨道"上。

然而，小学生从研究员那里得到了回应（沉音，降调），再次表明研究员把小学生提供的信息当成是显而易见的了。然后小学生在第（8）行又推出了另一信息。也就是说，小学生以某种方式出发，表明她在试图陈述新信息或重要信息，希望引起研究员的兴趣。

小学生在这里也使用了一个非洲裔美国儿童常用的技巧（Gee 2007）。她首先（在第三节）陈述背景信息，然后开始她的主题（光），尽管在这个语境中"found out / some things"清楚地表明这些事情最终会与光有关系（事实上的确与光有关系——她曾学习过陨星如何遮住了阳光而导致了恐龙的灭绝）。研究员想听到与光更加凸显的联系，因此打断了小学生，并且强调"light"，清楚地表明她怀疑小学生的信息与光无关。从小学生的角度来看，怀疑的态度不仅没必要，而且莫名其妙，甚至是对她的一种侮辱（这一点在接下来的交流中会显现出来）。

这里的"麻烦"实际上就在这些细节中：学校课堂上"已知的问题—答案—评价"活动，关于信息引入和连接方式的不同设想，音高和强调的细节（以及很多其他这类细节）等共同导致了误解。当处于权威

地位的老师把这种误解归因于学生而不是归因于语言的细节和多样性
（当然包括研究员自己的语言及其多样性）时，这种误解就必然产生
不良后果。

人们可能不知道为什么研究员提出这样的问题并做出这样的回应。
为了长话短说，该研究项目是基于这样一种思想的：给学生太多明显
的信息或公开非难性的回应会限制他们的创造力和"理解"力，特别
是少数民族学生，他们可能不会像老师那样解释这种公开信息和非难。
具有讽刺意味的是，设置一种能让学生充分"自由"发挥"最佳"水
平的情境，造成的结果却是认为学生没有理解。事实上，小学生是在
研究员创建的矛盾背景中进行多层次的理解。

那么，也请注意转写的细节在话语分析中是如何呈现相关性的，
转写的详细程度是如何做到不多不少地满足转写需要的（转写中的其
他细节可能已经被纳入分析中了）。当然，批评家总会说我们排除的
细节是相关的。但有些细节总是需要被排除的。（比如，我们是不是
应该只标记出元音在多大程度上适应于末尾的辅音，或者是不是应该
只标记出一个语调单元中音高下降的程度？）因此，这种批评并不意
味着我们必须努力标出所有的细节。这一责任完全落在了批评家的身
上，由他们通过把被排除掉的信息加入分析并改变分析的方法来说明
这些被排除掉的信息是相关的（因此，话语分析者一定会愿意分享他
们的数据）。

"理想"话语分析

在下一节讨论话语分析的有效性构成之前，我想总结一下"理想"
话语分析的构成。当然，实际的话语分析往往只详细地开发整个话语
分析大画卷的一小部分。但是，任何话语分析都至少需要考虑一下完

整画卷，哪怕只是把它作为背景。

从本质上来讲，话语分析涉及在特定的时间和地点提出前述七项构建任务的有关问题。我们介绍的调查工具应该构成话语分析者可以提出问题的六个领域。这些调查工具包括情境意义、社会语言、图像世界、互文性、话语和会话。

我们有七个构建任务和六个调查工具。话语分析使用每个调查工具来对每个构建任务提出问题。这意味着我们有七件事情，可以就每件事情提出六个问题，共 42 个问题（每个问题都是一个"大问题"，每个大问题都有可能引出若干小问题）。

构建任务一　显著性：情境意义、社会语言、图像世界、互文性、话语和会话是如何用来在语境中建立人或事物的相关性或显著性的？

构建任务二　实践（活动）：情境意义、社会语言、图像世界、互文性、话语和会话是如何用来在语境中促成实践（活动）的？

构建任务三　身份：情境意义、社会语言、图像世界、互文性、话语和会话是如何用来促成并描绘身份（具有社会显著性的人）的？

构建任务四　关系：情境意义、社会语言、图像世界、互文性、话语和会话是如何用来建立和维持（或改变或摧毁）社会关系的？

构建任务五　立场策略：情境意义、社会语言、图像世界、互文性、话语和会话是如何用来创建、分配或撤销社会产品，或把社会商品的特定分配方式解释为"好"/"可接受"，或"不好"/"不可接受"的？

构建任务六　连接：情境意义、社会语言、图像世界、互文性、话语和会话是如何用来建立人和事物之间的连接/相关，或者断开连接/相关的？

构建任务七　符号系统和知识： 情境意义、社会语言、图像世界、互文性、话语和会话是如何使不同的符号系统（语言、社会语言以及其他符号系统）占优势或劣势的？

在前面的章节中，我提出了人们可以就每个调查工具提出的各种小问题。所以对于任何语料，我们都可以提出 42 个大问题和若干小问题。就任何一段语料提出并回答这 42 个问题需要很长的分析。但只有这样才能构成"完整"或"理想"的话语分析。在大多数情况下，任何真实的话语分析只涉及一部分问题。尽管如此，话语分析者应该意识到剩下的问题仍然是话语分析的未完成的背景。任何批评者都可以提出其中一个或多个问题来质疑分析的有效性。这就意味着我们还有更多的工作要做。

有效性

我一直拖到现在才开始讨论话语分析有效性的构成问题。这个问题要等到话语分析中使用的"调查工具"得到足够的展开之后才能回答。现在我们已经准备好处理有效性问题了，这是一直困扰着所谓的"定性研究"的问题。

有效性并不是说话语分析只简单地"反映现实"。原因至少有二：首先，人类解释世界，但他们无法按照"世界本身"的样子来解释世界。他们必须使用语言或其他符号系统来解释世界，从而使它在某些方面有意义。其次，话语分析本身就是解释，解释人们在具体语境中所做的解释工作。在这个意义上，话语分析是解释的解释。

这两个因素并不意味着话语分析是"主观的"，它们只是话语分析工作者的"见解"。我认为，有效性是不同的分析可以或多或少拥有的某种东西，即有些分析可以比其他分析有更强或更弱的有效性。

此外，有效性永远不会是"一劳永逸的"。所有的分析都可以经过进一步讨论和争论，它们的地位可以随着在该领域工作的继续而上升或下降。

我们上面讨论的 42 个问题——基于六个调查工具就七个构建任务中的每一个而分别提出六个问题——在我对话语分析有效性的定义中发挥着关键作用。一个话语分析——像任何实证研究一样——是围绕着为特定声言或假设寻求证据而建立的。声言或假设是分析的要点。

关于这种声言的一个例子是：我的语料（或研究项目）中的中学教师和大学教授之间在会议上的冲突，是由他们不同的话语之间不确定的紧张关系造成的。由于话语涉及某种情境意义、图像世界、社会语言、社会会话（与其他话语的辩论）的参与，以及互文性的各种可能的具体用途（即我们所有的其他调查工具），这个声言或假设可能涉及我们所有的调查工具。我们收集的语料将向我们显示七个构建任务中的部分或全部。我们的调查工具按照支持我们的声言或假设的方式来表现这些构建任务，因此我们支持这一声言或假设。

每个调查工具都与所有其他工具联系在一起，联系的方式是人们在具体语境中用语言所做的事情和我们的分析。正如话语涉及所有或任何其他工具一样，图像世界也是如此。例如，关于图像世界的任何声言或假设都可能涉及我们对话语、情境意义、社会语言、会话和互文性的观察。

任何话语分析的有效性都由以下四个要素构成。

1. **聚合（convergence）**：上述 42 个问题的答案以支持话语分析的方式聚合，聚合度越高，话语分析越有效，越有说服力。或者换句话说，话语分析为多个或所有问题提供的答案越有兼容性，话语分析就越有效。

2. **赞同（agreement）**：语料中社会语言的"本族语者"以及语料

涉及的话语的"成员"可能会赞同这样的观点：话语分析可以反映社会语言发挥真实作用的方式。在这种背景下，他们越赞同，上述 42 个问题的答案就越有说服力。本族语者不需要知道他们的社会语言为什么以及如何发挥这样的作用，他们只需要知道他们的社会语言就这么发挥作用。其他（接受我们基本的理论假设或工具的）话语分析工作者，或其他类型的研究者（比如人类学研究者）越倾向于支持我们的结论，这 42 个问题的答案就越有说服力。

3. 覆盖范围（coverage）： 话语分析对相关语料的适用性越强就越有效，包括能够理解在被分析情境之前和之后出现的事情的意思，能够预测可能发生的与各种情境相关的事情。

4. 语言细节（linguistic details）： 话语分析与语言结构细节联系越紧密就越有效。人类所有语言的演化，从生物学和文化上来说，都是为不同的交际功能服务的。为此，任何社会语言的语法都是由语言形式组成的，而语言形式是为了承担具体功能而"设计"的，虽然任何语言形式都可能承担一种以上的功能。那么，形成话语分析有效性的部分原因是，根据相关社会语言"本族语者"的判断以及语言学家的分析，话语分析者会认为话语分析中揭示的交际功能明显与能够承担并确实承担这些功能的语法手段密切相关（参见第 6 章对形式功能相关性的讨论）。

为什么这样就形成有效性了呢？这是因为，上述 42 个问题的很多答案、不同的"内部"和"外部"观察者的观点、附加数据集，以及"本族语者"和 / 或语言学工作者的判断等基本不可能会聚合，除非你有充分的理由信任这种分析。当然，信任这种分析并不意味着分析在各个方面都是真实的、正确的。经验科学是社会的、累积的，是研究者根据彼此的工作建立起来的。长远来看，我们希望它能够不断地发展和完善。但这确实意味着"有效"分析可以解释未来对相同语料或相关语料进行的任何研究所必须认真考虑的事情。

有效性是社会的，不是个人的。每一项话语分析工作都会有一个要点或主题，或者有几个要点或主题。这些要点或主题是话语分析工作的前提。分析者通常会认为他们的分析是有效的，会说聚合、赞同、覆盖范围和语言细节的某些方面在他们的分析中得到了体现。但是没有任何话语分析工作能够或应该提出所有可能的问题，寻求所有可能赞同的缘由，覆盖所有被认为与正在分析的语料相关的语料，或者处理所有可能相关的语言细节。

话语分析认为，特定的语料支持特定的主题或要点（假设）。在许多情况下，对于任何单个的话语分析，聚合和语言细节是有效性最直接、最重要的方面。也就是说，对若干问题——比如我们的 42 个问题——的回答和语言细节聚合在一起来支持话语分析。同样重要的是，这些问题来自对不同构建任务（而不只是一个构建任务）的考虑，许多不同的语言细节也支持得出的结论。另外，同样重要的是，研究者应该公开告知这些问题的任何答案或任何语言细节是不是支持相反的结论。

然后，任何单个的话语分析当然合并了该领域早期和近期的分析。这种合并进一步使得聚合、赞同、覆盖范围和语言细节的各个方面得到社会评判和裁决。社会评判和裁决与单个话语分析一样有效或者更有效。

开始话语分析

下一章我将讨论语言是如何设计和产生的，以及话语分析者是如何开始组织他 / 她对语言片段的思考的。在第 11 到第 13 章，我将讨论一些话语分析实例。在这里，必须特别留意我在本书前言中的敬告：研究不是一套"法则"，不能按步骤推理出结果。同样，第 11 到第 13 章也不是什么"秘诀"或"操作"指南。相反，它们只是为了表明我们在本书中讨论的一些工具在特定主题、观点和话题讨论中的应用，并不是为工具而讨论工具。这些例子作为"思维手段"，鼓励其他人从事他们自己与话语相关的思考。当然，我们也可以使用其他例子，其他例子也可以以不同的方法使用这些工具。

我对希望从事话语分析的"初学者"的建议是：选择一个你既感兴趣又相信涉及或阐述了某一重要话题或问题的语料片段（大交流或小交流、叙事语言或其他语言片段、访谈或书面文本等）。如果是口语语料，尽可能把它记录下来，但要考虑你认为对你感兴趣的话题或问题来说最重要的特征。从适当规模的语料（你不需要使用所有的语料）开始分析，并且随着你的需要的增加（如果真需要的话），你可以使用更多的语料。

在语料中选择一些关键词和关键短语，或相关的词语和短语，并假设在你知道语料发生的全部语境的情况下，询问这些词语和短语在你的语料中有什么情境意义。考虑这些情境意义暗指的可能是什么图像世界。考虑与你的语料可能相关的社会语言和话语，无论以什么方式。如果考虑什么会话（见第 4 章）与你的语料相关会更容易一些，那就考虑这些会话。

当你思考社会语言、话语和会话时，你是在思考什么是社会活动和社会情境身份，以及它们是如何在你的语料中被（参与者和 / 或作为话语分析者的你自己）促成和识别的。当你思考这一切时，你可以自问：你的语料中的什么语言细节有助于你"设计"、促成或识别情境意义、图像世界、社会活动、社会情境身份、社会语言和话语？

经过对这些问题的初步思考，或者作为进行这些思考的方法，你可以自问上述 42 个问题（就七个构建任务中的每一个分别提出六个调查工具问题），在你的主题或你开始讨论的问题的引导下记录或回忆你对这些问题的答案，但要注意其他可能出现的答案，尤其是要注意似乎会聚合于同一要点或主题的几个不同问题的答案（无论与原始的主题、兴趣或你开始讨论的问题是不是相关）。这 42 个问题中的一部分可能不相关，或者可能对你选择的语料不产生启发性的回答，这样也没关系。

思考从提出的 42 个问题中产生的要点或主题时，你要么使它们与你开始讨论的主题或问题建立联系，要么修改你的主题或问题，然后组织你的分析，以使你所开发的材料（你提出的问题的答案和对它们进行的思考）提到、证明并阐述你要解决的最后一个或几个要点、主题或问题。

为了在聚合方面实现有效性，你要确保在话语分析中利用各种语言细节，并尝试解决不同的构建任务（以及相关的问题）。为了在覆盖范围方面实现有效性，应尽量把你的分析扩展到语料的其他部分或者相关的新语料（或者参考文献中的语料）中。为了在赞同方面实现有效性，你可以利用对参与者（要明白他们并不总能意识到他们在说什么、要做什么）的访谈、对相关文献中的引述以及与其他人的合作等。

延伸阅读书目

Duranti, A. (1997). *Linguistic anthropology*. Cambridge: Cambridge University Press. [本书包含有关转写规则和问题的最新讨论。]

Edwards, J. A. & Lampert, M. D., Ed. (1993). *Talking data: Transcription and coding in discourse research*. Hillsdale, N. J.: Erlbaum. [关于转写规则的好书。]

Gee, J. P. (2012). *Social linguistics and literacies: Ideology in Discourses*. New York: Routledge. Fourth Edition. [包含关于非洲裔美国儿童语言的讨论及引用文献。]

Hutchby, L. & Wooffitt, R. (2008). *Conversation Analysis*. Malden, MA: Polity Press. [基于社会学话语分析的"会话分析（CA）"方法导论。]

Jefferson, G. (2004). Glossary Of transcript symbols with an introduction. In G. H. Lerner, Ed., *Conversation Analysis: Studies from the first generation*. Amsterdam/Philadelphia: John Benjamins, pp. 13-31. [杰斐逊开发的用于话语分析的"会话分析（CA）"方法中最为人熟知的转写规则。]

Ochs, E. (1979). Transcription as theory. In E. Ochs & B. Schieffelin. Eds., *Developmental pragmatics*. New York: Academic Press, pp. 43-71. [对转写什么以及如何转写做出理论性判断的经典论文。]

第 10 章

处理与组织语言

言语是小迸发

本章讨论言语产生的几个方面，包括说话者希望通过言语传递的意义种类，受话者试图（积极地、创造性地）"复原"的意义种类。这里，我们将讨论关于句子结构和话语结构的几个细节。这些细节本身并不重要，重要的是，话语分析者在话语内部和话语之间寻找模式和联系，以形成关于意义构建和组织的假设。我们使用什么语法术语并没有我们寻找的模式以及我们提出并检验的假设那样重要。

"情境意义""图像世界""话语"等概念将被放在次要的位置。本章我们主要关注一些探索文本的基本方法。我们关注话语分析者可以把他或她的思想组织成一个语言片段的方法。当然，这些初步见解一定会迅速地引起人们对情境意义、图像世界和话语的思考。反过来，关于情境意义、图像世界和话语的概念有时候也会影响和改变话语分析者对语篇中语言模式的思考。话语分析是一个互惠的循环过程，在这一过程中，我们在语言结构（形式、设计）及其在具体语境中尝试创建的关于世界、身份和关系的情境意义之间来回穿梭。

鉴于人类大脑和发音系统的构造方式，在所有语言中，言语的产生是一股股小小的迸发（spurt）。如果不密切注意，我们往往听不到这些小小的迸发，因为耳朵把它们聚焦在了一起，给我们一种幻觉，以为言语是一个连续不断的音流。但是，在英语中，这些小迸发经常——虽然并不总是——只有一个"小句"的长度。

我们可以大致把"小句"界定为一个动词及与它"组合"在一起的成分。因此，"Mary left the party because she was tired"这一句话有两个小句"Mary left the party"和"because she was tired"，"Mary left the party"只包含一个小句，"Mary intended to leave the party"也包含两个小句"Mary intended (something)"和"[Mary] leave the party"（其中"Mary"被理解为"to leave"的主语）。这里的第二个小句（"to leave the party"）作为动词"intend"的直接宾语被嵌入第一个小句（"Mary intended"）之中。这两个小句联系得非常紧密，通常被看作一次单独的迸发。

下面的例子摘自一个七岁儿童讲的故事，除了 1b 和 1e，每次迸发都是一个小句。在 1b 和 1e 中，这个儿童分离出小句的一部分作为单独的迸发（当然，儿童的言语单位往往比成人的短）：

1a. there was a hook

1b. on the top of the stairway

1c. an' my father was pickin me up

1d. an' I got stuck on the hook

1e. up there

1f. an' I hadn't had breakfast

1g. he wouldn't take me down

1h. until I finished all my breakfast

1i. cause I didn't like oatmeal either

为了理解在英语中这些迸发是怎么运作的（在不同的语言中有不同的运作方式），我们需要讨论一系列相关的语言概念：虚词、实词、信息、重音、语调、行和节。我们从虚词和实词的区别开始讨论。

虚词和实词

实词（content words）（有时也称"词汇词"）构成言语的主要部分，包括名词、动词和形容词。这些词类被称作"开放类"，因为每一类都有许多成员，而且语言随时都会通过从其他语言中借用或者创造新词的方法来给这些词类添加新成员。

虚词（function words）（有时也称"语法词"）属于较小的类别，被称作"封闭类"，因为每一类虚词的成员数量都相对较少，而且语言能抵制从其他语言中借用或创造这样的新词（虽然有时候也会）。限定词（如，"the""a/n""this/that""these/those"——这些词有时也被称为"冠词"），代词（如，"he/him""she/her""it""himself""herself"），介词（如，"in""on""to""of"）和数量词（如，"some""many""all""none"）等都是虚词。

虚词表明一个短语、小句或句子中的实词是怎样彼此相关，或者信息片段是如何符合整体交际过程的。例如，限定词"the"表明其后的信息对说话者和受话者来说是"已知"的。代词表明其所指已经在前面提到过，或者很容易在交际语境中或基于说话者和受话者的共有知识中得到识别。介词使名词和名词短语与其他词语连接起来（比如，在"lots of luck"中，of 连接 luck 和 lots；在"ideas in my mind"中，in 连接 my mind 和 ideas；在"look at the girl"中，at 连接 the girl 和动词 look）。我还没有提到副词。副词比较复杂和模糊，其功能很多时候介于虚词和实词之间。

虚词表明实词之间的联系方式，因此可以帮助我们猜测与其相伴的实词的种类（如名词或动词），以及这些实词的意义。为了说明这一点，请看刘易斯·卡罗尔（Lewis Carroll）的诗《杰伯沃基》的第一节：

Twas bryllyg, and the slythy toves

Did gyre and gymble in the wabe:

All mimsy were the borogoves;

And the mome paths outgrabe.

我给虚词标了下画线。我也为复数词缀（"es"和"s"）标了下画线，因为虽然复数词缀不是一个独立的词，但它和虚词的功能是一样的。在这首诗中，卡罗尔使用了真实的英语虚词，但使用了无意义的实词（我们怎么知道它们是实词呢？它们的放置方式与虚词有什么样的关系呢？）。尽管这个文本中有一半的"词语"都是无意义的，但任何讲英语的人都可能通过虚词来解析这些句子的语法，并能准确地猜测出这些无意义的词语属于哪种词类（如名词、动词、形容词）。英语本族语者甚至可以准确地猜测出这些无意义词语可能的意思或可能的所指。因此，我们很容易做出这样的解释：这节诗描绘的是一个各种动物嬉戏走动的户外场景。

信息

由于虚词承载较少的交际内容（虚词的职责是指示句子的语法关系），我们可以说，虚词往往比实词的信息凸显度低，它们的作用是辅助性的，因此往往是可有可无的。发过电报的人都知道这一点。

因此，我们可以在句子中区分两种类型的信息。首先是，相对较新的、相对不可预测的、我称为"信息凸显度高"的信息。任何一个实词如果不知道其确切的意思，那么它在句子中的实际意义就是不可预测的。在卡罗尔的诗中，我们隐约知道"toves"很可能是活跃的小动物，但我们不知道究竟是什么动物。因此，实词通常比虚词的信息凸显度高。

其次是，特定的、假设是已知的或可以预测的信息，我称为"信息凸显度低"的信息。很多时候，即使你没有听到一个虚词，你也完全可以预测它应该在什么地方，应该是哪个具体的词。例如，如果你听到"Boy has lots ideas"这样的句子，你可以预测"boy"前面漏掉了"the"，"lots"和"ideas"之间漏掉了"of"。但如果你听到"That man has lots of"，你就预测不到"of"后应该出现什么实词。因此，虚词通常比实词的信息凸显度低。

因此一般来说，实词和虚词之间的区别是两类信息的区别。但是，除了这种大的对立之外，信息凸显度的区别只能在实际交际语境中获得。现在我们就来谈谈这个问题。

重音与语调

英语中的信息凸显被标记为重音。反过来，一次言语迸发中的不同重音类型构成这次迸发的语调轮廓。为了理解这些术语，我们看下面一段简短的对话：

1. 说话者一：Have you read any good books lately?
   说话者二：Well, I read a shocking book recently.

   　　　　　　[继续描述这本书]

说话者二如何设计自己的回答方式在一定程度上是由说话者一的话语造成的。说话者一的话代表了说话者二的回答发生的部分语境。我们可以思考一下说话者二的句子本来可以怎么说。讲英语的人通过给一个词语重音来标记这个词的信息凸显度。

重音是一个心理概念，而不是一个物理概念。说英语的人在一次迸发中可以（不自觉地）使用并听到几个不同程度的重音，但这并不是以任何统一的和一致的方式所做的物理标记。重音的物理标记是发单词的主（"重"）音节时增加音量、增加音长以及改变音高（提高或降低音高，向上或向下滑动音高）。这些因素的任何一个或两个都可以用来以一种相当复杂的方式与其他因素相互交换。

在任何情况下，讲英语的人不自觉地使用并识别重音，而且通过稍许练习便可以自觉地认识到（有些人在自觉认识重音差别方面比其他人好，但我们都可以不自觉地使用并识别重音）一个词语的重音比另一个强，听起来也更突出（通常听起来更响亮，虽然实际上并不一定更响亮，而只是更长或者音高有所变化，音长的增加和音高的变化都会使讲英语的人认为这个词听起来更加响亮了）。

因此，让我们再回到说话者二的回答上，并假设这句话是一次小迸发。第一个词"well"可以不用重读，音高相对较低，并且/或者基本没有音响。这是因为它不承载信息内容，只是用来把说话者二的话轮和说话者一的话轮连接起来。这并不是说"well"之类的词在其他方面也不重要；这类词语实际上在帮助连接和打包句子间的信息方面有着非常有意思的话语功能。由于"well"是说话者二的言语迸发的第一个词，说话者二通过这个词语开始她的话轮，因此可以认为这个词接近于说话者二说话的"基本音高"（也许，从说话者二的基本音高提升一点，也从说话者一结束的地方提升一点，来标记说话者二话轮的开端）。

在说话者一提出的问题的语境中，"I"完全是可以预测的。"I"是一个虚词，因此，信息凸显度较低，获得重音较小，只是得到能够把它说出来的响度，音高接近于说话者二（为本次迸发或接下来的相关迸发）所选择的基本音高。实词"read"是可以预测的，因为在说话者一的问题中已经出现过这个词。说话者二回答中的"book"一词也是一样。这两个词的重音都比较低，但都高于虚词"well"，"I"和"a"，因为作为实词它们的确是承载信息内容的。但它们的重音又比"shocking"一词低得多，这是因为"shocking"承载新的非冗余信息。当然，不定冠词"a"的信息凸显度也很低，获得的重音也很少。说话者通过她已经设定或者正在设定的"基本音高"，以及 / 或者通过增加相对于"I"和"a"等词的响度来向上或向下调整她的音高来标记"read"和"book"等重读词。

另一方面，"shocking"一词是句子中最不可预测的新信息，信息凸显度最高。说话者需要给予这个词最强的重音来标记它的凸显度。这种在句子中（或特定迸发中）承载最大重音的词汇或短语不仅是通过向上或向下调整音高和增加音响，而且也通过真正的音高移动（即"滑音"）来标记。

说话者开始对"shocking"一词向上或向下滑动她的音高（或者甚至先向上后向下，又或者先向下后向上滑动），使得音高继续向上或向下滑动（无论她选择哪种）到后面出现的词语上，这里是"book"和"recently"。当然，说话者选择哪种音高移动，即向上、向下、向上然后向下、向下然后向上等都是有意义的（例如，说话者的音高在某种问句中向上滑动，在某种陈述句中向下滑动）。但我们现在不考虑这些意义的差别。

从"shocking"一词开始的音高滑动把"shocking"标记为"语调单元"的中心。"语调单元"是音高滑动之前和之后的所有词语，在音高滑动之后，滑音继续移动（上升或下降）。滑音结束后，下一个语调单元开始。说话者通常在语调单元之间犹豫片刻（通常我们注意不到这片刻的犹豫），然后从前一个语调单元的基本音高向上或向下一点跳到下一个语调单元的第一个单词上（不管这个单词是不是实词），为受话者"调音"，表明新的语调单元已经开始。

在说话者二对说话者一的回答中，实词"recently"显然是多余的（不太凸显）。这是因为虽然在说话者一的问题中没有提到这个词，但显然这个词隐含于说话者一使用的"lately"一词之中。因此，"recently"一词获得的重音和"read"和"book"差不多，也可能多一点点。

"recently"是从"shocking"开始的音高滑动的一部分（和结尾），当音高向上或向下滑过"recently"时，说话者可以在"recently"一词上增加一点点音响，并且在其主音节（即"cent"）上向上或向下滑动音高。

下面是说话者二的话语的视觉呈现：

```
                     shock
                              ing
           read                          book        cent
Well                                            re
       I        a                                     ly
```

当然，这句话也可以通过其他方法说出来，改变说话方式可以带来意义的细微差别。

这里有必要谈论一下英语语调的最后一个重要特征。在英语中，如果语调焦点（音高滑动）被置于最后一个实词或短语上（比如"the pretty red flower"中的"flower"一词），那么突出的新信息是这个实词本身或者是短语的全部（因此，要么是"flower"，要么是整个短语"the pretty red flower"）。当然，究竟是哪一个还要取决于语境。如果语调焦点（音高滑动）不是落在短语的最后一个词上，而是落在其他词上，那么，承载语调焦点的词语毫无疑问被认为是凸显的新信息（比如，如果"the pretty red flower"中的语调焦点在"red"上，那么凸显的新信息只能被认为是"red"）。在上面的例子中，"shocking"不是短语的最后一个词（它是名词短语"a shocking book"中的一个形容词），因此，毫无疑问是凸显的新信息。

如果语调焦点（音高滑动）落在句子的最后一个（实）词上，就会产生一种有趣的现象。这时我们无法判断说话者想凸显的新信息仅仅是这一个词语还是包括这个词前面和它同属于一个或几个短语的其他词。因此，在"This summer, Mary finished fifteen assigned books"这一话语中，如果说话者从"books"开始她的滑音，那么她想标记的新凸显信息可能只是"books"（回答"Mary finished fifteen assigned whats?"这样的问题），或者"assigned books"（"Mary finished fifteen whats?"），或者"fifteen assigned books"（"What has Mary finished?"），因为"books"是名词短语"fifteen assigned books"的一部分。新的凸显信息甚至可能是"finished fifteen assigned books"，因为这些词语一起构成一个包含"books"并以"books"结尾的动词短语（"What has Mary done？"）。事实上，由于"books"是句子的最后一个单词，句中的所有词语都可以被认为是新的凸显信息（"What happened"）。当然，在实际语境中，什么是新的凸显信息会清楚得多。

最终，话语的上下文以及说话者对受话者知识的假设往往决定着一句话中每个单词和短语的信息凸显度。说话者也可以选择漠视或重视单词、短语的信息凸显度或重要性，忽略上下文或他们假设受话者已知和未知哪些信息。这是说话者积极创造或操纵语境的方法之一，而不只是对语境做出回应。当然，如果说话者在这方面走得太远，他们的话就会"脱离语境"，听起来怪怪的。

在一个给定的语境中，甚至虚词的信息也会变得很重要。在这种情况下，虚词的强调程度也很高。例如：

2. A: Did Mary shoot her husband?

   B: NO, she shot YOUR husband!

在这个语境中，"your"承载的信息是不可预测的、新的、凸显的，因此是重读的。因此，"your"是强调（事实上是特别强调，因为它既表示对比——yours 而不是 hers——又表示惊讶）。事实上，由于给定了语境 A，它在 B 中就成了语调单元的焦点。当说话者想对比或强调某物时，他们可以使用（通过更加突出的音高变化和音响来标记的）特别重音——有时被称为"强调重音"。

行

言语组成的每个小迸发通常都有一个凸显的新信息。凸显的新信息是该小迸发语调轮廓的焦点（比如上述第一个对话中的"shocking"和第二个对话中的"your"）。每一次迸发后往往都有一个节奏的停顿、迟疑或中断等。

比方说，我们可以想象大脑像眼睛的运作方式一样（Chafe 1980, 1994）。假设我要和你交流一大块信息，比如我在暑假遇到的事情。这块信息存储在我的头脑（我的长期记忆）中。当我想谈谈我的暑假时，我的"心灵的眼睛"（我的意识的关注点）可以一次只聚焦于我的暑假全部信息的一小部分。

同样，我的眼睛看到一个大场景、风景或油画时，一次也只能聚焦或凝视一小块视觉信息。眼睛迅速浏览整个场景，不时地停止和开始一次小的聚焦或凝视（一个人浏览一幅图画、一页书或一个场景时，你可以注视他的眼睛）。"心灵的眼睛"一次也只能聚焦一小块信息，把它编码为语言，作为一次迸发说出来。每一小块言语代表着心灵的眼睛的一次聚焦，通常只包含一块主要的凸显信息。

这些言语块（就是我前面提到的"迸发"）有时在人们想强调其信息功能时被称为"思想单元"，在人们想强调其语调特征时被称为"语调单元"。在这里，我称它们为"行"，原因后面会讲清楚。

要了解行的运作方式，我们看下面一个例子。这个例子摘自一位七岁非洲裔美国小女孩讲的一个故事的开头部分（本章开始时我们已经读过其中的几行）。每一行都分别编号。每一行中最重读的单词或短语承载主要音高滑动（即语调轮廓焦点），承载新的最凸显的信息。这样的单词或短语用下画线标示（如果一个以上的单词有下画线，那么音高滑动出现在短语的最后一个单词上，我将通过上下文判断这个短语中有多少信息是凸显信息）：

3a. last yesterday

3b. when my father

3c. in the morning

3d. an' he …

3e. there was a hook

3f. on the top of the stairway

3g. an' my father was pickin me up

（"pick up"是一个动词 + 语助词组合，属于一个词汇单位，两个部分可以分开；音高滑动从"pick"开始）

3h. an' I got stuck on the hook

3i. up there

3k. an' I hadn't had breakfast

3l. he wouldn't take me down

（"take down"也是一个动词 + 语助词组合）

3m. until I finished all my breakfast

3n. cause I didn't like oatmeal either

请注意，每一个画线的单词或短语（除去把短语粘连在一起的虚词）都包含新信息。第一行（3a）给我们讲述的是故事中事件发生的时间（在这个小女孩的语言中"last yesterday"的意思是"前不久"）。

第二行（3b）介绍了她的父亲，故事中的一个主要人物。第三行（3c）给我们讲的是故事的第一个事件（挂在钩子上）发生的时间。第四行（3d）是话语间断，表明小女孩在计划说什么（所有言语都会有这样的间断）。第五行（3e）介绍了钩子。第六行（3f）告诉我们钩子的位置。第七行（3g）介绍了导致被钩子挂住的行为，由于在（3b）中有所交代，父亲现在已经是旧信息，因此（3g）中的"my father"基本上不重读。现在已经成为旧信息的"my father"可以成为"my father was pickin me up"一句的一部分，这一句只包含一块新信息（送上楼梯这一行为）。第八行（3h）是第七行的结果，即叙述者被挂住的结果。

其余几行的运作方式是一样的，即一次只有一块凸显的信息。当然，成人的行可以长一点（因为他们在语言中编码意识焦点的能力更强），但也不能太长。

也请注意，小女孩开始讲故事，并且组织了足够的信息（因而有些信息就成了旧信息）以后，每一行的长度一般是一个完整的小句。第（3f）行后的所有行都是一个小句，只有（3i）不是。并且，在我引述的这一部分之后，小女孩继续讲述她的故事，越来越多的行是完整的小句。所有言语中的大多数行，但不是所有的行，都是小句的长度，虽然说话风格各不相同。某些风格的小句行会比其他风格的多一些。

读者阅读书面语文本时，必须在"心"中"说"这些句子。要做到这一点，他们必须选择如何把句子分成行（由于是在心中说话，而不是产生真实的言语再说出来，在心中分成的行可能会在某种程度上比实际说出来的行长一点）。这种选择是为文本"强加"意义（解释）的一部分，不同的选择导致不同的解释。作者可以或多或少地尝试引导这一过程，但他们不能完全决定这一过程。

例如，请看下面我从一篇期刊文章的开头随机摘录下来的两个句子。我第一次"默读"时在行之间加了斜线：

My topic is the social organization of remembering / in conversation.
My particular concern is to examine / how people deal with experience
of the past / as both individually and collectively relevant.

David Middleton, "The social organization of conversational remembering:
Experience as individual and collective concerns". *Mind, Culture, and Activity*

4. 2: 71-85, 1997, p. 71.

我发现自己把第一句中的"in conversation"作为一个单独的行
对待了——也许是因为记忆里的社会组织方法有很多种，谈话只是
一种方法，只是米德尔顿就对这种方法感兴趣。我对第二句的分行方
法是把米德尔顿在第一句中宣布的主题（"the social organization of
remembering in conversation"被"my particular concern [in this topic] is
to examine"回指）分成两个部分："how people deal with experience of
the past"（一行）和"as both individually and collectively relevant"（另
一行）。也就是说，他要处理（1）记忆，（2）作为个人和集体现象
的记忆。请注意，这种二分法在米德尔顿文章的标题中也得到了应用。
在标题中，一个冒号把两个主题隔开。行反映文本的信息结构，无论
是口头语文本还是书面语文本。

节

当然，行所包含的信息量往往太小，无法处理说话者想说的所有
内容。通常有必要使（行代表的）几个意识焦点扫描比单一焦点大的
信息单元。也就是说，说话者头脑中有比单一意识焦点大的信息块，
几个这样的意识焦点可以构成一个更大的信息块。

我们再看一看上一节中小女孩故事的开头部分。这些意识焦点（行）
构成了她故事的开端和背景，即为了在接下来发生的故事中定位和语

境化主要行动需要知道的背景材料。也就是说，这些行在整个故事中构成了一个更大的统一的信息块（背景）。然而，在这个信息块中，有一些较小的次信息块：小女孩用几行来说明一个话题（即被挂住），又用几行来说明另一个话题（即吃早餐）。我把这些用来说明一个单一话题、事件、图像、观点或主题的行称为"节"。

下面，我按行和节的布局来展开小女孩故事的开头部分：

故事背景

第一节（被挂住）：

4a. last yesterday

4b. when my father

4c. in the morning

4d. an' he

4e. there was a hook

4f. on the top of the stairway

4g. an' my father was pickin me up

4h. an' I got stuck on the hook

4i. up there

第二节（吃早餐）：

4k. an' I hadn't had breakfast

41. he wouldn't take me down

4m. until I finished all my breakfast

4n. cause I didn't like oatmeal either

每一节都是一组关于在某一时间某一地点发生的一个重要事件、现象或状况，或者集中于一个具体的人物、主题、图像、话题或观点。时间、地点、人物、事件或观点变化标志着新的一节的开始。我用"节"这个词是因为这些单位有点像诗歌中的节。

连贯的话语就像是一组盒子套另一组盒子。意识焦点（行）大多是单独的小句，它们组合在一起形成一个更大的统一的信息整体，比如故事背景。这一更大的信息体本身由节组成，每一节分别对一个事件、状况或人物呈现一种观点。这种信息分布大概与说话者头脑中的信息储存方式有关，但说话者可以在构思话语时积极地做出如何组织或重组信息的决定。

宏观结构

更大的信息块，比如我暑假的故事、一场为了增加税收的辩论或者对财富再分配计划的描述等，都有自己独特的、更高级的组织方式。也就是说，这些大的信息主体也有自己独特的部分，这一点非常类似于身体的组成（脸、躯干、手、腿等）。这些部分是组成身体或信息主体的最大部分。每一个大部分都由自己的小部分组成（最终肢体由皮肤、骨骼和肌肉组成，信息主体的部分最终是由它们自己的节和行组成）。上述小女孩的故事背景就是她的故事的一个较大部分，是她的故事的一个"肢体"。

下面是小女孩整个故事的内容。故事的每个更大的"肢体"用罗马数字编号，标记为大写黑体字（背景、催化、危机、评价、解决和尾声）。这些较大的故事"肢体"整体上可以称为"宏观结构"，而行和节则是构成"微观结构"的成分。

为了更清楚地看到小女孩故事的构成，我在呈现行和节时做了一点小小的改动。我删除了故事中的各种迟疑和间断，而迟疑和间断是所有话语的重要组成部分（它们告诉我们说话者是如何在头脑中构思话语的）。我还把小女孩不构成完整小句的行放回到了小句中。（只留下了"last yesterday"，因为这是一个时间状语，大多数故事都会用到这样的时间状语）。我在这里呈现的实际上是我所说的理想行。

我们对发现人们言语中的意义模式感兴趣以及对获得言语的主题及组织方式感兴趣时，理想行都是有用的。使用理想行并不意味着我们已经完全忽视了实际言语的表面模式。事实上，我们可以使用迟疑、间断和非小句行来表明计划在头脑中的运行方式、节边界的存在位置以及说话者如何在微观层面上看待自己的信息。在实际分析中，我们通常在真实行和理想行之间来回穿梭。

一个七岁儿童的故事

I. 背景

第一节

1. Last yesterday in the morning

2. there was a hook on the top of the stairway

3. an' my father was pickin' me up

4. an I got stuck on the hook up there

第二节

5. an' I hadn't had breakfast

6. he wouldn't take me down

7. until I finished all my breakfast

8. cause I didn't like oatmeal either

II. 催化

第三节

9. an' then my puppy came

10. he was asleep

11. he tried to get up

12. an' he ripped my pants

13. an' he dropped the oatmeal all over him

第四节

14. an' my father came

15. an he said "did you eat all the oatmeal?"

16. he said "where's the bowl?"

17. I said "I think the dog took it"

18. "Well I think I'll have t'make another bowl"

III. 危机

第五节

19. an' so didn't leave till seven

20. an' took the bus

21. an' my puppy he always be following me

22. my father said "he ─ you can't go"

第六节

23. an' he followed me all the way to the bus stop

24. an' I hadda go all the way back

25. by that time it was seven thirty

26. an' then he kept followin' me back and forth

27. an' I hadda keep comin' back

IV. 评价

第七节

28. an' he always be followin' me

29. when I go anywhere

30. he wants go to the store

31. an' only he could not go to places where we could go

32. like to the stores he could go

33. but he have to be chained up

V. 解决

第八节

34. an' we took him to he emergency

35. an' see what was wrong with him

36. an' he got a shot

37. an' then he was crying

第九节

38. an' last yesterday, an' now they put him asleep

39. an' he's still in the hospital

40. an' the doctor said he got a shot because

41. he was nervous about my home that I had

VI. 尾声

第十节

42. an' he could still stay but

43. he thought he wasn't gonna be able to let him go

小女孩的故事有一个高级结构，其组成部分有背景——设置故事发生的时间、地点和人物；催化——设置一个问题；危机——要求解决问题；评价——说明故事为什么有意思并值得讲；解决——解决了故事中设置的问题；尾声——结束故事。这个故事的每一部分（除了评价和尾声）都包括两节。

在某种程度上，这种故事结构适合于任何文化群体或年龄段的人。但是，故事结构的一些方面是某一文化群体所特有的。例如，在故事中把评价信息置于解决信息之前在一些非洲裔（青少年）儿童中比在其他群体的儿童中更加普遍。成人倾向于把这种评价材料分散在整个故事中或置于故事的开头。

有些非洲裔美国青少年和成年人会有很多"表现"特征，这也是评价的一种。他们倾向于利用评价材料给受话者提供开启故事重点的"钥匙"，而不是直截了当地把故事的重点强加给受话者。当然，这样的文化信息并不是绝对真实的：非洲裔美国人的文化像任何其他文化一样有许多不同的变体（有些非洲裔美国人不属于任何非洲文化变体，而是属于其他一种或几种文化变体）。其他群体也是一样或有相似之处。

这个故事中非洲裔美国人文化的另一个更特别的方面（其实也没那么特别）是大量的平行结构。我们仅举一个例子，请注意第三节中"an' then my puppy came"是怎样表述出来的，然后又怎样列出了关于小狗的四件事。再看看第四节中"an' my father came"是怎样说出来的，然后又怎样说出相关人的四件事的（都是说出来的）。这样的平行结构使受话者看到，这个故事在一定程度上是关于充满活力的小动物和作为讲秩序守纪律的成人世界（家庭和父亲）之间的冲突。讲故事者作为一个七岁儿童，自己也陷入了渴望自由和不得不上学并最终要进入成人世界的冲突。

请注意，故事的评价部分清楚地表明小狗的主要问题是它想自由地去它不能去的地方，就像小女孩想去她不准去的地方却又必须去她不想去的地方一样。在第（21）行，小女孩说，"My puppy he always be following me"，并且在评价部分又重复了这句话。这个"没有词形变化的be"是非洲裔美国人英语方言的一种形式，表示一种惯常行为（经常发生的行为），在这里指小狗对跟着小女孩的渴望不是一次或一段时间的事情，而是一种经常性的重复发生的事情。这是小狗的本性所致。这个问题必须解决。

小狗和成人世界的冲突在医院里得到了解决。医生（成人）给小狗打针，让小狗"睡着"了。因此，成人世界表明，在家庭和小狗之间发生冲突时，成人规范必须赢。小女孩是在消解她自己的真实冲突。她的冲突是，为什么她不能拥有她的小狗，更深一层来说，为什么她必须经过社会化进入成人世界的秩序、责任和纪律中（顺便说一句，第一节中的钩子只是一个舞台道具——小女孩只是想说她父母要求她在家遵守纪律；她并没有指责任何人虐待她的意思。对这个故事的全面分析，请参阅我的一篇论文。在第二节，小女孩可能要表明如果她不同意把早餐吃完，父亲就不让她下楼）。实际上这是叙事的基本功能：叙事是我们深刻理解困惑我们的问题的方法。

　　语言学家和心理学家提出了很多其他高级故事结构的组织方式和其他相关的语言类型（阐述、议论和描写），但他们都认为这种相关的信息块以不同"肢体"的形式存储于人的大脑中。我们在讲述或书写这种信息时，常常以这些肢体的方式来组织信息，当然我们也可以在创造信息时积极地重组信息，并经常在创造信息时发现信息结构。

宏观行

　　到目前为止，我举的行和节的例子都来自一个小女孩的故事。行和节通常在儿童语言中非常容易识别。对成人来说，句子内部和句子之间有复杂的句法结构，有时候很难确定行和节的边界。成人有时候会使用自己语言的句法资源来使行和节彼此紧密连接，有机地融合在一起。事实上，在这种语言中，一节的开头通常与前一节相连接，一节的末尾通常与下一节相连接，一节的"中心"位于节的中部。

　　当然，成人语言往往比儿童语言复杂得多。人们常说，口语中没有"句子"，句子只是在书写时产生的一个语言单位。我不这样认为。我认为，和书面语相比，口语句子结构比较松散，句子之间的组织或联系不太紧密，人们经常使用英语的句法资源把两行或几行连成一个类似于句子的单位。我称这种口语"句子"为宏观行，把我迄今为止所说的"行"（即语调单元、思想单元、语调群）称为"微观行"，以在必要的时候对两者进行区分。所以，"宏观行"的意思是"口语中的句子"。

我举一个例子来解释"宏观行"。这个例子摘自一段更长的话语，说话者是一位患精神分裂症的二十多岁的妇女。在一项检查中，这位妇女（她与许多精神分裂症患者一样贫穷，且没有受过良好的教育）被带入一个小房间里，一位穿白大褂的医生和她在一起。医生给她一段时间，让她自由谈话，在这段时间里，医生不予任何应答或"反馈"。

我们用这一"语言样本"来判断她是否表现出任何与她的精神状态相关的沟通障碍。毫不奇怪（由于这种语料收集方式的限制），医生（没有经过专业语言学训练）总结说，这位妇女的话语是"混乱的"，不是完全连贯的。但我在其他地方曾经说过，这段话语非常连贯，是人类在叙述中构建意义的典型实例。

下面，我只摘录这位妇女的长篇叙述的前两节。每一个编号的单位（如 1a 和 1b）都是一个微观行。我把没有完成的（中止的）微观行也作为单独的微观行。我给每一个微观行的焦点部分标了下画线。每个只有一个单独数字编号的单位（如 1 和 2）都是一个宏观行（这样，1a 和 1b 一起构成一个宏观行）：

第一节（在暴雨中玩耍）

1a. Well when I was <u>little</u>

1b. the <u>most exciting</u> thing that we used to do is

2a. There used to be <u>thunderstorms</u>

2b. on the <u>beach</u> that we lived on

3. And we walked down to <u>meet</u> the thunderstorms

4a. And we'd turn around and <u>run home</u>

4b. <u>running away</u> from the

4c. running away from the <u>thunderstorms</u>

第二节（在暴雨掀起的波浪中玩耍）

5a. That was most <u>exciting</u>

5b. one of the most <u>exciting</u> times we ever had

5c. was doing <u>things</u> like that

6. Besides having like-

7a. When there was hurricanes or <u>storms</u> on the ocean

7b. The <u>waves</u>

7c. they would get really <u>big</u>

8. And we'd go down and <u>play</u> in the waves when they got big

先看第一节（下面几段的语法细节可能本身并不重要，重要的是在心中自问各种语调单元或微观行是如何彼此相联系的）。（1a）是when- 从句，在句法上从属于主句（1b）。所以，（1a）和（1b）共同构成一个句子。（2a）和（2b）显然是一个句子的组成部分，因为（2b）是（2a）中的动词（"to be"）的一个论据。（3）是由两个小句构成的句子（"we walked down"和"to meet the thunderstorms"），这两个小句只拥有一个语调单元（微观行）。（4b）是一个不完整的微观行（-ing 小句），在句法上从属于主句（4a）。

现在再看第二节。（5a）是一个不完整的微观行。（5b）是（5c）中谓词的主语，两者共同构成一个简单句，（5b）包含短语"one of the most exciting times"和关系小句"we ever had"）。（6）是一个失败的开端，没有继续下去。（7a）是一个 when- 从句，从属于主句（7b/c）。在（7b）中，说话者使"The waves would get so big"的主语"the

201

waves"成为一个独立的微观行，然后在下一行的完整句子中用一个代词重复这一主语（"they would get really big"）。这种模式在口语中很常见，称为"左移位"。（8）是一个句子，由两个小句组成（"we'd go down and play in the waves"和"when they got big"）。说话者本来可以把这个句子说成两个微观行（语调单元），而不是一个微观行。

在许多口头文本中，通过询问各种微观行（语调单元）在句法上相互连接的方式来识别"句子"（宏观行）是有可能的，虽然这种连接可能会比较松散。在任何情况下，宏观行的意义都在于使分析者思考如何用句法把语调单元（微观行）串连在一起。

我再举一个关于宏观行的例子。这个例子摘自一家教育研究所赞助的一个项目的第一次正式会议。该研究所的一位研究者、几位本科生和研究生助理研究员、六名小学教师、一位大学教授和两位课程顾问参加了这次会议。会议的目的是启动一个由研究所、大学、中小学共同参加的联合项目，内容是关于一所小学教授历史课程的。下面的文字是项目主持人、本次会议的主席、教育研究所研究员的发言（完整的分析请参阅 Gee 1993）：

1a. I'm sort of taking up a part of

1b. coordinating this project

1c. bringing the two schools together

1d. and trying to organize

1e. well what we're going to do in these meetings

2a. what it means

2b. for teachers and researchers and historian and curriculum people

2c. to come on and try to organize a team

2d. and students interested in history and other things

2e. to try to organize a team to get a piece of curriculum

2f.　essentially up and running and working in the <u>schools</u>

当然（1b）是（1a）中介词的宾语。（1c）和（1d）是并列句（由"and"连接起来的两个小句），从属于（1a/b）中的主句。（1e）是（1d）中动词"organize"的补语（注："well"一词使得（1e）与（1d）的联系显得非常松散）。

整个（2）是对（1e）的改写。由于（2）也可以看作（1）的同位语，所以（1）和（2）很容易被看作一个宏观行并可以被标记为"（1）"。（2b）是和动词"means"在一起的材料的一部分。（2c）是一个谓语（动词短语），主语在（2b）中。（2d）也可以理解为与"a team"并列的小句（"to organize a team and students interested in..."），因此，（2d）和"team"一起构成（2c）中动词"organize"的直接宾语。（2e）是（2c）的重述，并附加了新内容。最后（2f）是（2e）中动词"to get"的补语［这里的句法是："to get（动词）the curriculum（宾语）up and running and working（补语）"］。

这个例子很好地说明了口语句子的联系是多么松散。尽管如此，语言的句法资源被用来连接微观行，从而为受话者如何整合并连接不同语调单元（微观行）的信息提供一些线索。

在许多方面，说话者往往在说话时发现并修改一些这样的连接。由于性格及社会关系和机构关系等方面的原因，上述文本的说话者不想成为对召开会议负责的人，或者不想成为对第一次会议其余部分负责的人。因此，说完她在努力组织会议（"well what we're going to do in these meetings"）之后，她在整个（2）中把这一信息改写为她在努力组织的不是会议，"what it means"针对所有参与者，让（他们自己）"try to organize"成一个团队来做某种工作。当然，"what it means"在语义上并不真正适合（1d）中的动词"organize"，尽管它是重述（1e）中动词的直接宾语，并因而松散地承担了这一直接宾语的角色。

这个例子很好地说明了我们在谈话和交流时，句法、意义和组织如何成为一个"在行上"自然发生的现象。这个文本中还有更多的细节（如，"taking up a part of coordinating this project"而不只是"coordinating this project"，或者"try to organize a team"而不是"organize a team"）。通过这些细节我们可以揭示个人、社会和机构等因素的运作方式，或者我们可以在这些细节与我们可能知道或怀疑的来自其他证据的这类因素之间建立联系。

如何切割意义

行、宏观行、节和宏观结构等是很重要的概念，因为它们代表了说话者使结构与意义相结合的方式，表明了说话者切割意义或组织意义的方式。与此同时，作为话语分析者的我们按照这些单位分解文本的方法代表了我们对意义在文本中组织方式的假设，描绘了我们对文本中意义模式的分析。

根据我们所分析的语言的语调、句法和话语特征，我们自问：行、宏观行、节和宏观结构等单位存在于文本的哪些部分，我们从其他资源（比如更大的语境、其他文本、访谈、民族志资料等）中了解到说话者有哪些可能的意义。我们在这些结构方面做出的决定在一定程度上基于我们对文本的整个主题和意义的理解。然后，我们用这些分析出来的结构（如行和节）更深入地理解文本，并对主题和意义做出新的猜测。根据对语调、句法和话语特征的深入调查，以及在逐渐相信并证明文本拥有深层意义的基础上，我们会逐渐认识到我们之前标记的一些单位是错误的。

最后，用行和节呈现文本的方式，就像上述七岁小女孩讲的小狗的故事一样，同时发挥着两个功能：第一，它呈现了我们认为的说话者借以"在行上"组织意义的模式；第二，它呈现了一个话语分析的画面，即我们赋予文本意义的画面。作为话语分析者，我们必须把赋予文本及其语境的所有情境意义和图像世界与这一呈现方式联系起来。

延伸阅读书目

Bolinger, D. (1989). *Intonation and its uses: Melody in grammar and discourse*. Stanford, CA: Stanford University Press. [语调研究领域大师的经典著作。]

Brazil, D., Coulthard, M., & Johns, C. (1980). *Discourse intonation and language teaching*. London: Longman. [尽管较早但仍然是语调及其在话语中应用的最佳概述。]

Chafe, W. L. (1979). The flow of thought and the flow of language. In T. Givon, Ed., *Syntax and semantics 12: Discourse and syntax*. New York: Academic Press, pp. 159-181. [切夫的作品对建立使用中的语言与语言在头脑中组织的联系具有重要意义。]

Chafe, W. L. (1980). The deployment of consciousness in the production of a narrative. In W. L Chafe, Ed., *The pear stories: Cognitive, cultural, and linguistic aspects of narrative production*. Norwood, N. J.: Ablex, pp. 9-50.

Chafe, W. L. (1994). *Discourse, consciousness, and time: The flow and displacement of conscious experience in speaking and writing*. Chicago: University of Chicago Press. [关于话语的优秀著作，主要讨论了思想单元和使用中语言的组织方式。]

Gee, J. P. (1985). The narrativization of experience in the oral style. Journal of Education, 167: 9-35 [Reprinted in C. Mitchell & K. Weiler, Eds., *Rewriting literacy: Culture and the discourse of the other*. New York: Bergin & Garvey, 1992, pp. 77-1011. [解释了我分析非洲裔美国儿童语言中行和节的方法。]

Gee, J. P. (1986). Units in the production of discourse. *Discourse Processes*, 9: 391-422. [解释了行和节的概念。]

Gee, J. P. (1991). A linguistic approach to narrative. *Joumal of Narrative and Life History* 1: 15-39. [解释了我的叙事方法。]

Gee, J. P. (2012). *Social linguistics and literacies: Ideology in Discourses*. Fourth Edition. New York: Routledge. [我上述引用文章的补充材料。]

Halliday, M. A. K. (1989). *Spoken and written language*. Oxford: Oxford University Press. [关于言语与写作的本质及其之间对比的经典著作。]

Halliday, M. A. K. & Greaves, W. (2008). *Intonation in the grammar of English*. London: Equinox Publishing. [关于语调及其在话语中应用的最佳技术书籍。]

Huddleston, R. & Pullum G. K. (2002). *The Cambridge grammar of the English language*. Cambridge: Cambridge University Press. [优秀的描写语法书——当前最全面的综合英语语法。]

Hymes, D. (1981). *In vain I tried to tell you: Essays in Native American ethnopoetics*. Philadelphia: University of Pennsylvania Press. [关于美洲土著语言中行和节组织的重要著作。]

Hymes, D. (1996). *Ethnography, linguistics, narrative inequality: Toward an understanding of voice*. London: Taylor & Francis. [海姆斯关于行、节和叙事的作品集。]

Labov, W. (1972a). The logic of nonstandard English. In *Language in the inner city*. Philadelphia, PA: University of Pennsylvania Press, pp. 201-240. [关于非洲裔美国人方言英语及其与标准英语关系的经典著作。]

Labov, W. (1972b). The transformation of experience in narrative syntax. In *Language in the inner city*. Philadelphia, PA: University of Pennsylvania Press, pp. 354-396. [拉波夫的口头叙事分析方法现在已成为标准方法。]

Labov, W. & Waletzky, J. (1967). Narrative analysis: Oral versions of personal experiences. In J. Helm, Ed., *Essays on the verbal and visual arts: Proceedings of the 1966 Annual Spring Meeting of the American Ethnological Society*. Seattle, WA: University of Washington Press, pp. 12-44. [阐释一种很常用的语言叙事分析方法的经典论文。]

Quirk, R. Greenbaum, S, Leech, G., & Svartvik, J. (1985). *A comprehensive grammar Of the English language*. London: Longman. [基于使用中英语的技术功能语法的优秀作品。]

第 11 章

话语分析实例（一）

访谈语料实例

本章和接下来的两章将通过语料对本书讨论的一些调查工具进行实证性研究。我在第 9 章指出，实际话语分析几乎不可能完全达到理想状态。真正的分析对一些构建任务关注程度高，对另一些关注程度低，在不同情况下关注的构建任务也不同。它们对一些调查工具的应用比对另一些调查工具的应用更彻底。由于话语分析像所有的科学一样是一项社会工作，我们希望，同时也相信，我们未尽的工作将由他人来补充。

在本章，我不想尝试做任何完整的话语分析，我也不想为话语分析提出一个"按部就班"的研究方法指导。我只是想从语料中为前几章提出的若干观点提供一些相关的例证。

我使用的语料来自我的研究团队对青少年中学生进行的访谈。我们的访谈采取一种特定的形式。第一部分，我们问青少年关于生活、家庭、社区、兴趣和学校的问题，我们称这一部分为访谈的"生活部分"。第二部分，我们要求这些青少年对诸如种族主义和性别主义等社会问题给予一些"学术性"的解释和观点，我们称这一部分为访谈的"社会部分"。另外，我们"跟踪"这些青少年在学校、家庭、社区的生活，以及与伙伴在一起的生活，并收集关于学校、家庭和社区的语料。

对每个青少年的访谈都由我们项目组中一个认识这位青少年并熟悉他或她的生活环境的研究助理来进行。所有的青少年都认为访谈者是"与学校有关的"（确切地说是与大学有关的）人。事实上，我们感兴趣的是，每个青少年是否都适应这种身份或怎样适应这种身份。我们也通过类似的方法采访过他们的老师和一些大学老师，看他们是如何谈论类似问题的。

我在这里将集中讨论两组访谈。一组是对我所说的"工人阶级家庭"出身的青少年的访谈。这些青少年都居住在马萨诸塞州（美国）的后工业城市区。这里的传统工人阶级的工作正在逐渐消失。另一组是对"上层中产阶级家庭"出身的青少年的访谈。这些青少年就读于马萨诸塞州的郊区的精英公立学校，父母中至少有一人是医生、律师或大学老师。

我强调两组访谈对象的对比，这并不是因为我认为这里有简单的二元区分。其实，两者之间明显是一个多样而复杂的连续统。尽管如此，这一对比在当今"新资本主义"高科技的全球化世界中是一个非常重要的出发点。在世界上的许多发达国家，传统工人阶级社区的年轻人面临的未来是：适合工人阶级的好工作职位严重短缺，原因是工会的衰退和工作机会流向世界它地的低成本地区。他们就读的往往是资源匮乏的问题学校。按照当前学校改革的观点来看，这些学校从事的教学方式效率较低。另一方面，生活在富裕的郊区和城市之外的"边缘城市"的很多学生，其居住的社区和就读的学校经常为他们提供丰富的"文化资本"，以适应信息驱动的全球化世界，这一点和那些不太富裕的城市学生居住的社区和就读的学校不同。

曾经有人认为，我们的新全球资本主义正在迅速地把这两个群体变成各自独立的"文化"，由具有极少或根本没有"共同公民身份"的人组成。富裕群体正在感受着与世界上其他国家的富裕群体越来越紧密的联系，对本国不太富裕的群体承担的责任越来越少。当然，这种紧密的联系既是共同图像世界、社会语言和话语的产品，也是形成共同图像世界、社会语言和话语的原因。在地球的其他地方也在发生着同样的事情。

我们的"阶级"标签（"工人阶级"和"上层中产阶级"）的重要性在上一段已表达得很清楚。事实上，话语分析者并不是要从两个对比的群体中建立二元对立，而是要形成关于这个连续统的两极的思想。由此形成的思想可以指导我们收集新数据，从新数据中绘制出更细微更复杂的画面。

共同构建社会文化情境身份

我们在第 9 章讨论了七项构建任务如何成为我们想通过话语分析加以研究的任何语境的七个组成部分。我想从构建任务三（即身份）开始讨论。我将着眼于具有社会显著性的身份在语言中是如何相互构建的，以及这种相互构建与情境意义、社会语言、图像世界和话语有什么关系。下面就是我们在第 9 章说的作为语境组成部分的构建任务三（身份）。

构建任务三　身份：情境意义、社会语言、图像世界、互文性、话语和会话是如何用来促成并描绘身份（具有社会显著性的人）的？

社会情境身份在访谈中和在日常谈话中一样是相互构建的。例如，我们看一看下面几段访谈摘录。第一段摘自一位大学教授（一位人类学家）。这位大学教授工作的一所著名大学就位于我们访谈的工人阶级家庭的青少年所在的城市。另一段摘录来自一位中学教师。这位中学教师的班上就有几个我们访谈的工人阶级家庭的青少年。在这两段摘录中，每一个编号的行都是我在第 10 章所说的"宏观行"。如果一个宏观行被另一个宏观行打断，我用"2a"和"2b"这样的符号来连接断开的宏观行的两个独立部分。

A. 大学教授（女）

访谈者：... How, do you see racism happening, in society, let's put it that way.

1. Um, well, I could answer on, on a variety of different levels. [I: uh huh]

2a. Um, at the most macro level, um, I think that there's um, um,

3. I don't want to say this in a way that sounds like a conspiracy, [I: mm hm]

2b. But I think um, that um, basically that the lives of people of color are are, are irrelevant to the society anymore. [I: mm hm]

4. Um, they're not needed for the economy because we have the third world to run away into for cheap labor. [I: uh huh]

B. 中学教师（女）

访谈者: I'm just curious whether 8th graders will tie that [consideration of social issues in their social studies class, JPG] into their, or maybe you in like leading the class would you ever tie that into like present power relations or just individual experiences of racism in their lives or something like that.

...

1. uh I talk about housing,

2. We talk about the [????] we talk about a lot of the low income things,

3. I said "Hey wait a minute,"

4. I said, "Do you think the city's gonna take care of an area that you don't take care of yourself?" [I: uh huh]

5. I said, "How [many of] you [have] been up Danbury Street?"

6. They raise their hands,

7. I say "How about Washington Ave.,"

8. That's where those gigantic houses are,

9. I said, "How many pieces of furniture are sitting in the front yard?" [I: mm hm] "Well, none."

10. I said "How much trash is lying around? None."

11. I said, "How many houses are spray painted? How many of them have kicked in, you know have broken down cars"

在整个访谈过程中，教授从经济和国家民族层面上的立场策略等方面来对待参与者、事件、活动、实践和话语。她把"种族问题"当作超越她所在的城市的全球性问题，尽管她提到的具体例子发生在她所在的城市。但是，这种"全球的声音"是教授与访谈者共同构建的。访谈者在对教授访谈时，总是用更加"理论化的"、更加"抽象的"、更具"全球性的"术语来提出她的主要问题（在每次访谈中都涉及同一个基本话题）以及接下来的问题，而访谈中学教师时却不是这样。

虽然访谈中学教师的是同一位访谈者，访谈者与中学教师共同构建了一个完全不同的、更具地方特色的社会文化身份和声音。事实上，研究者和老师都会假定中学教师和大学教授不同，中学教师只发出"地方声音"，很少应邀从全球化和民族的角度就种族、文化或教育等问题发表言论。

即便是这些简短的摘录也足以引导我们提出一些关于中学女教师和大学女教授使用的图像世界的假设。教授使用的是学术图像世界。根据这一图像世界，人们的实际行为（"表现"）具有更大的、更深层的、更普遍的、潜在的和隐藏的原因。中学教师使用的似乎是一个普通的图像世界。根据这一图像世界，人们的问题从他们个人的行为中流露出来，而不是从群体之间更大的机构、政治和社会关系中流露出来。

认真观察大学教授和中学教师使用的语言可以发现，她们在用不同的语言资源促成两种不同的社会语言。大学教授使用学术性较强的词语（如，"variety" "levels" "macro" "conspiracy" "people of color" "irrelevant" "the economy" "the third world" "cheap labor" 等），较复杂的句法结构（如，"At the most macro level, I think there is..." 或 "They're not needed for the economy because we have the third there's world to run away into for cheap labor"），清晰的议论结构，以及普遍性、抽象性的说话方式。这种说话方式使她与其他个人及当地的实际情境保持了一定的距离。

中学教师使用学术性不强的词语（如，"the low income things"，"gigantic houses"，"trash"，"broken down cars"）和不太复杂的句法结构（如，在上述摘录中除了宏观行（4）中有一个关系从句之外没有使用其他的主从复合句）。在她促成的对话当中，她同时扮演着老师和学生的双重角色。她的说话方式是主动的、个人的、根植于她的本地经验的。

我们可以看到，中学教师和大学教授各自都使用一种独特的社会语言和一套独特的图像世界，在两种截然不同的话语中构建情境意义。中学教师说的是"教师话语"，这种话语肯定受到了她的学校和社区的具体现实情况的感染，而大学教授说的是一种被认可的学术话语，这种话语当然也受到她自己的专业和机构的感染（请注意我本人在这里是如何通过谈论"专业"和"机构"来为这位教授构建一个更加全球化的身份，以及我是如何通过谈论"学校"和"社区"为中学教师构建一个更加地方化的身份的）。

构建社会情境身份及构建不同的世界

在开始本节之前，我先说明一下我们在对中学生的访谈中提出的一个假设，然后讨论一些我们认为支持这一假设的语料。通过观察这些语料，我们暂时得出了以下结论：我们访谈的工人阶级家庭的青少年用语言促成身份的方法与"日常"社交和对话（哈贝马斯称之为"生活世界"）密切相关；而上层中产阶级家庭的青少年用语言构建身份的方法脱离"日常"社交，更多的是通过一个由家庭、学校及权力机构（高度一致）的行为规范界定的"成就空间"来定位个人的生活轨迹。此外，上层中产阶级家庭的青少年似乎经常使用理性论证的抽象语言，来"遮掩"（或"推迟"）他们的个人兴趣和恐惧，而工人阶级家庭的青少年更常用一种个性化的叙事语言，来编码他们的价值观、兴趣和主题（也许这与大学教授和中学教师之间的差别没有什么不同）。

区分工人阶级家庭和上层中产阶级家庭的青少年通过语言构建不同的社会情境身份的方法有很多，其中之一是看他们什么时候用第一人称"我"来指称自己。我们称这种陈述为"我 - 陈述"（I-statement）（如，在大学教授的访谈摘录中有"I think um, that um, basically that the lives of people of color are are, are irrelevant to the society anymore."一句）。我们可以按照"我"的谓词的种类来归类"我 - 陈述"，也就是说，按照青少年谈论他或她自己的事情的种类来归类。我们将讨论以下几种"我 - 陈述"：

1. **"认知陈述"**：青少年谈论思考和认识时的陈述（如，"我认为……""我知道……""我猜……"）；

2. **"情感陈述"**：青少年谈论愿望和喜爱时的陈述（如，"我想……""我喜欢……"）；

3. **"状态和行动陈述"**：青少年谈论自身状态和行动时的陈述（如，

"我是成熟的""我反击他""我埋单"）；

4. **"能力和约束陈述"**：青少年谈论能够做某事或不得不做某事
时的陈述（如，"我不能把一切都告诉他们""我不得不做功课"）；

5. **"成就陈述"**：我称之为与"主流"成就、成绩或荣誉相关的
关于活动、愿望或努力的陈述（如，"我挑战自己""我想上麻
省理工学院或哈佛"）。

显然，这些类别不是随机选择的，我们挑选出的类别是我们认为
对所有的访谈来说都很重要和有意义的。表 11.1 列出了七个青少年不
同类型的"我-陈述"分布情况，即一个被访谈者每一种类型的"我-
陈述"在访谈中使用的所有"我-陈述"中占的百分比（如表 11.1 显
示，桑德拉的"情感陈述"如"我不喜欢他们"，占她全部"我-陈述"
的 32%）。对表 11.1 我们暂时忽略布莱恩有两组数字这一情况，下一
节我们将解释为什么会是这样。

表 11.1　访谈中"我 + 谓词"的分布

	工人阶级			上层中产阶级			
	桑德拉	杰里米	玛丽亚	布莱恩	艾米丽	泰德	卡琳
类别 A							
情感	32	21	28	7/5	8	12	13
能力 - 约束	7	7	7	5/6	1	4	2
状态 - 行动	39	49	40	44/36	24	18	7
小计（A）	78	77	75	57/48	33	28	22
类别 B							
认知	22	23	23	28/34	54	50	65
成就	0	0.5	2	15/18	13	22	13
小计（B）	22	23	25	43/52	67	72	78

现在我们开始讨论话语分析中的数字问题。事实上，正如我在本书
中解释的那样，话语分析首先并不是计算事物。我们只是使用数字来指
导我们，通过仔细审视青少年谈话的细节和内容来检验我们的假设。

在表 11.1 中，我一方面小计了"情感""能力 - 约束"和"状态 - 行动"等"我 - 陈述"的得分，另一方面小计了"认知"和"成就"等"我 - 陈述"的得分。我分别称为"类别 A"和"类别 B"。我们这样分类时，发现了一个非常有意思又有启发的现象：工人阶级家庭的青少年的类别 A 得分高，类别 B 得分低，而上层中产阶级家庭的青少年的类别 A 得分低，类别 B 得分高。为什么会出现这样的现象？我认为这种现象表明了工人阶级家庭的青少年用语言塑造自己，使自己沉浸于一个社会、情感和对话的交际世界中，而上层中产阶级家庭的青少年则使自己沉浸于一个从这些陈述中构建的信息、知识、论证和成就的世界中。

青少年在每一个类别中实际说了什么远比他们说某类事情的次数重要得多。在本研究以及其他研究中我们发现，工人阶级和上层中产阶级家庭的青少年在以第一人称说话时，甚至他们在使用同一"我 - 陈述"类别（如"认知"或"情感"）时，他们谈论的内容也非常不同。例如，下面是从桑德拉和玛丽亚（工人阶级）以及艾米丽和卡琳（上层中产阶级）访谈的"生活部分"中摘录的几个典型的认知和情感类"我 - 陈述"的例子：

认知类 "我 - 陈述"
桑德拉（工人阶级）

I think it is good [her relationship with her boyfriend];

I think I should move out [of the house];

I didn't think it was funny [something she had done that made others laugh].

玛丽亚（工人阶级）

I guess they broke the rules;

I think I'm so much like a grown up;

I don't think they'd let me.

艾米丽（上层中产阶级）

I think it's okay for now [living in her current town];

I think I have more of a chance of getting into college;

I think she's the coolest person in the whole world [a trip leader she admired].

卡琳 （上层中产阶级）

I think they [her parents] want me to be successful;

I think of that as successful;

I don't really know anyone who doesn't understand me.

喜爱 / 愿望

桑德拉（工人阶级）

Like I wanted to say, "Kinda kinda not. How could you kinda kinda not?";

I don't want to sit next to her, I don't want her huggin me or something;

(They [her friends] give me the answer) I want to hear.

玛丽亚 （工人阶级）

I like hanging around with my aunt;

I like hanging around with big people;

I want to get out of my house.

艾米丽（上层中产阶级）

Now I want to go to Europe;

I want to go to MIT [Massachusetts Institute of Technology, JPG];

I like backpacking and outdoor stuff.

卡琳 （上层中产阶级）

I don't really care what other people think of me;

I feel pretty accomplished;

I'd like to be comfortable with my work [what she will do in the future].

工人阶级家庭青少年的认知陈述（包括这里的和我们所有语料中的）几乎总是假定一个对话和交流的背景。例如，桑德拉在她的访谈的其他地方清楚地表明，别人不喜欢她男朋友，以及关于谁应该搬出房子曾发生过一场辩论。再举一个例子，当玛丽亚说"I think I'm so much like a grown up"时，她清楚地表明，这是对与父母正在进行的斗争做出的回应。她想要自由，但父母不愿意给她。

上层中产阶级家庭青少年的认知陈述是在明确的或假定的论证结构中进行的解释性声明，而不是直接的对话和交流。我们也可以指出，上层中产阶级家庭的青少年往往注重对自己和他人进行直接的或隐含的评估和评价。例如，艾米丽说"I think it's okay for now [living in her current town]"时，她的访谈中没有一点迹象表明这是对任何其他人说过或想过的任何事情的回应，这纯粹是对她自己通向成功目标的人生轨迹的评价。卡琳说"I think they want me to be successful"时，她的访谈中也没有什么迹象表明这是对关于此事的任何怀疑或争论做出的回应。事实上，卡琳一再说她的父母是多么地支持她、理解她。

如果我们注意青少年的情感"我 - 陈述"（上面的例子）和关于他们行动的"我 - 陈述"（上面没有给出例子），我们就会看到，上层中产阶级家庭的青少年通常谈论关系和活动的方法好像是直接或间接地参考了他们之外的成人世界和他们未来世界的成就、成功或荣誉。而工人阶级家庭的青少年好像只谈论他们自己的活动和关系，没有在意对未来的启示。以两位上层中产阶级家庭的青少年为例，艾米丽的访谈清楚地说明了去欧洲和背包旅行（见她的情感"我 - 陈述"）以及她在访谈中提到的其他类似活动，一条一条列出来，就像申请著名大学（如麻省理工学院）时写的简历一样。卡琳的话——无论是这里的还是整个访谈中的——主要集中于她现在的愿望、感情和活动对未来成就与成功的预示。

为了进一步了解关于活动的这一点，我们看一看玛丽亚（工人阶级）

和卡琳（上层中产阶级）的行动类"我 - 陈述"（卡琳的某些行动实际上被归入成就类"我 - 陈述"）的一个代表性例子。我分别列出涉及言语的行动：

卡琳（上层中产阶级）

行动

I went a lot over the summer (to Boston)

I go sometimes to Faneuil Hall

I go to the Community center

On weekends I hang around with friends

I've met people with different racial ethnicity

I go to school

I play a lot of sports

I do soccer and gymnastics and tennis

I go to gymnastics two nights a week

I do tennis in Holiston

I did well at that

I always make sure that I do it [homework]

言语

I'd say an event that changed my life ... (was)

I usually let them know

I'd say over half of the people

I heard (about Rodney King)

but I've heard many

I'm not saying that they didn't choose that

玛丽亚（工人阶级）

行动

I look at her

I see something pretty

I see (teenagers) walking places

after I come from New York

when I do something right

I wash the dishes

I'll do the dishes

I watch (the videos)

I go up to this one kid

I did my project on AIDS

I would help her cook

I go crying to her

言语

I talk to her a lot

I'm like "I don't want to"

I always tell her

I ask once a week

I ask on Monday

I'm going to ask

I ask and they'll say no

I'll just go "fine"

I was like "I'm going to kill myself"

I was like "what am I doing?"

I'm like "why did I do that"

I don't talk to her as much

很显然，卡琳的行动和活动总是与机构和个人的成就相联系的，而玛丽亚的不是。事实上，玛丽亚的活动中最接近外部机构或成就的是她的这句话"I did my project on AIDS"。有趣的是，她介绍这件事情是作为谈论她和妹妹的关系及她对妹妹的态度的一种方式。她认为妹妹太不成熟（"去年我做艾滋病项目……我们把安全套放在桌子上，我妹妹喜欢大喊大叫，一直笑个不停"）。

卡琳谈论言语事件时用了许多"认知"类动词，即评价或声明（如，"I'd say over half of the people..."，"I usually let them know"——卡琳为数不多的几个言语事件大部分出现在她访谈的社会部分和她对虚拟观众所做的部分论证中）。玛丽亚说话时对自己的描写比卡琳多得多，并且她的言语事件大都是交流和对话性的（甚至自言自语时，她也是在回应交流中发生的事情）。

另一个表明工人阶级家庭的青少年比上层中产阶级家庭的青少年更强调交际世界的迹象就是前者叙述得比较多。表 11.2 是每个青少年叙述行所占的百分比（这里的"行"指的是"行和节"意义上的"宏观行"，基本上是"小句"或"语调单元"。请参阅本书第 9 章）：

表 11.2　每个记录中叙述行所占的百分比

工人阶级			上层中产阶级			
桑德拉	杰里米	玛丽亚	布莱恩	艾米丽	泰德	卡琳
57%	35%	36%	19%	17%	12%	8%

在结束这一部分之前，请允许我简要地总结一下我到目前为止所指出的差异。上层中产阶级家庭的青少年侧重于对知识的主张、评估、评价、他们向成就空间的移动以及现在与将来的关系等。工人阶级则侧重于社会的、身体的和对话的互动。

同样具有重要意义的是要看到这些青少年不仅在语言中构建不同的社会情境身份，而且他们也构建不同的世界。他们使物质世界和机构组成的世界具有不同的解释。我们前面已经看到，如果我们有足够的空间来充分考虑这些访谈，则最有可能出现什么迹象：上层中产阶级家庭的青少年的访谈直接和间接地表达了一种家庭、学校、社区、成人和青少年之间关于规范、价值观和目标的平衡（信任）；工人阶级家庭的青少年直接和间接地表达了一种家庭、学校、社区、成人和青少年之间关于规范、价值观和目标的不平衡（事实上，在很多情况下是积极的不平衡）。更重要的是，上层中产阶级家庭的青少年（在访谈中构建）的世界是家庭、学校和机构共同创建的引导他们从家庭到名牌学校再到（就社会地位和职业生涯而言的）成功人生的成就轨迹的一个空间；工人阶级家庭的青少年（在访谈中构建）的世界是学校和其他机构对家庭、同伴和"日常"社会互动世界产生较小直接影响的一个空间。

社会语言

用第一人称（"我"）说话只是人们通过语言构建身份的众多方法之一。但是，无论采取什么方法，在语言中构建不同的身份总是涉及不同的社会语言，因为我们就是通过嵌入在不同话语中的不同的社会语言来促成、表现和识别不同的社会情境身份的。

事实上，我们已经指出，工人阶级家庭的青少年比上层中产阶级家庭的青少年参与的叙事多得多。这也是这些青少年在访谈中使用不同社会语言之间差异的一部分。当然，在现实生活中，每个青少年在访谈的不同点上使用的社会语言也会不同。不过，我们可以认为叙事差异与在工人阶级访谈中占主导地位而在上层中产阶级访谈中不占主导地位的一种社会语言有关。叙事差异的另一面就是我们所说的上层中产阶级家庭的青少年更倾向于"提出观点和论据"（这里的"论据"是关于声言的，而不是关于争论的）。观点和论据的提出创造了一种完全不同的、独特的语言形式。

由于我们的访谈还有更抽象、更具学术性的第二部分（前面把这一部分称为"社会部分"），我们可以期待，所有被访谈者在访谈的这一部分，提出很多客观的或抽象的观点和论据。实际上，对上层中产阶级家庭的青少年来说的确是这样，但对工人阶级家庭的青少年来说并非如此。其实，我们所期待的通过客观、抽象的语言提出观点和论据只是产生于我们自己学术话语的一种偏见。工人阶级家庭的青少年通常会在访谈的社会部分讨论社会和个人的事情和感情，正如他们在生活部分所做的那样。与此同时，上层中产阶级家庭的青少年绝对不会把他们更加客观的"观点和论据的提出"局限在访谈的社会部分，他们在访谈的生活部分也进行这样的谈话。下面我将谈到，上层中产阶级家庭青少年的"提出观点和论据"实际上往往反映的是个人的动机或主题，但使用的语言却往往是"非人称的"。

因此，我们发现，上层中产阶级家庭的青少年在访谈的两个部分中都用了很大比例的时间来陈述他们自己的观点，并以相对疏远的、客观的方法为他们的观点创建论据。以两个上层中产阶级家庭的青少年为例：布莱恩把访谈行数的 39% 用在了陈述观点和创建论据方面，而卡琳则用了 44%。虽然这种谈话在工人阶级家庭的青少年访谈中也的确出现过，但数量极少，几乎难以觉察。

　　我相信通过深入观察这些访谈，我们会发现，上层中产阶级家庭的青少年在从事"观点 / 论据"谈话时，往往是夸张地把自己的个人兴趣和忧虑隐藏在比工人阶级家庭的青少年使用的典型语言更疏远的一种语言中。至少，他们可能非常明白他们的"疏远论据"与个人兴趣、价值观和他们支持的主题或思想之间的联系。我们首先以杰里米（工人阶级）和布莱恩（上层中产阶级）对种族主义的讨论为例，然后再看卡琳（上层中产阶级）的谈话片段。为了节省空间，我把行都组织在一起，以连续文本的形式呈现出来：

杰里米

访谈者：*... Is there racism [in society]?*

... like colored people I don't, I don't like. I don't like Spanish people most of 'em. but I like, I like some of 'em. Because like if you, it seems with them, like they get all the welfare and stuff. Well, well white people get it too and everything but, I just – And then they think they're bad and they're like – They should speak English too, just like stuff like that,

布莱恩

访谈者：*Why do you think there are relatively few Hispanic and African-American doctors?*

... well, they're probably discriminated against, but, but its not really as bad as – as people think it is, or that it once was. Because, uh, I was watching this thing on T.V. about this guy that's trying to – How colleges and and some schools have made a limit on how many white students they can have there, and a limit – and they've increased the limits on how many Black and Hispanic students they have to have. So, a bunch of white people [rising intonation] are getting – even if they have better grades than the Black or Hispanic student, the Black or Hispanic student gets in because they're Black or Hispanic so. So, I think that that kinda plays an effect into it.

卡琳

访谈者：*... just say that its a really really poor neighborhood um or a ghetto school, and, um, do you feel like somebody who goes to school there would have a chance, um, to succeed or become what they want to become?*

Not as good as they would in a good school system. It depends on – I know that they probably don't. If they don't have enough money, they might not have enough to put into the school system and not – may not be able to pay the teachers and, um, the good supplies and the textbooks and everything. So maybe they wouldn't – they probably wouldn't have the same chance. But, I believe that every person has equal chances, um, to become what they want to be.

杰里米（工人阶级）个性化了他的回应，并把他论证的"事实"从属于他对少数民族并不疏远的观点。起初，布莱恩好像并没有以同样的方式个性化他的回应。但在一次访谈中，布莱恩对"成功"进入顶级大学并获得事业成功方面充满了担忧。毫无疑问，布莱恩的回应还是相当个性化的（请注意用于强调 "a bunch of white people" 的声调）。虽然他最有可能直接说他担心平权行动会对自己的计划和愿望产生负面影响，但他没有这么说。

　　卡琳（上层中产阶级），用了很长时间谈论她的学校如何好，对她的未来有多重要。当被问及差学校和成功的联系时，开始她提供的论证与她对自己学校和未来的观点一致，即差学校会降低学生成功的机会。但当她又说她相信每个人都有平等的机会去实现自己的理想，这与她自己的观点产生了矛盾。由于卡琳在访谈中大谈特谈她对成功的希望和恐惧，我们会很容易把她的话"they probably wouldn't have the same chance（他们可能不会有相同的机会）"解释为"wouldn't have the same chance with me（不会和我有相同的机会）"。卡琳的"疏远"论证逐渐接近于把"价值"和（她所寻求的那种）"成功"的原因归结为"偶然机遇"，或者更糟一点，归结为不公平。

事实上，上层中产阶级家庭的青少年（正如他们在访谈中都说的那样）基本上没有文化多样性的实际经验，也根本不会像杰里米和玛丽亚那样以个性化的方式谈论文化多样性。按照教育社会学家伯恩斯坦的观点，杰里米和玛丽亚是用"有限语码"讲话的。但具有讽刺意味的是，之所以是"有限语码"是因为他们的社会文化多样性是不受限制的，而上层中产阶级家庭的青少年的经验是受限制的。事实上，上层中产阶级家庭的青少年使用的语言似乎更"详细"一些，这是因为他们疏远了"日常"社交活动，通过他们与成就和成功的关系（以及对成就和成功的恐惧）调节他们所说的一切。有时他们用抽象的论证来"遮掩"或"拖延"他们的"物质兴趣"，而不是直接提到他们自己的个人兴趣和担忧。

在叙事中构建意义

叙事是重要的意义解读手段。人们常常把自己关心并尝试理解或解决的问题编码于叙事之中。我们现在讨论一下情境意义和图像世界是如何在叙事中构建社会情境身份的。我们将在下一章进一步讨论叙事。如果回过头来看看表 11.1 中布莱恩一栏为什么列了两组数字，那我们对叙事的讨论就从这里开始了。第一组数字来自布莱恩的全部访谈，第二组数字是我们删掉他访谈中唯一的一次长篇叙事以后得到的。前面我们看到，上层中产阶级家庭青少年的叙事比工人阶级家庭青少年少得多。两组数字的差别具有重要的启示意义。我们看到，这唯一的一次长篇叙事恰好是关于布莱恩从上层中产阶级青少年的"局外人"变成"局内人"的。如果没有这个长篇叙事，他的访谈仍然是接近于他的中产阶级青少年伙伴的。

下面是布莱恩的叙述，紧接着是访谈者提出的一些后续问题和布莱恩的回答。我用黑体字标出了布莱恩重复使用的惯常体标记词"used to"。这个标记词不在我们的分析之中，所以我们对布莱恩的访谈不安排行和节（我们将在下一章的分析中使用行和节）：

访谈者：*... did anything happen that changed your life significantly?*

Oh um, when I was in like fifth and sixth grade, I **used to** take like hyper-spasms at recess. Like I **used to** get like mad and run around like a freak. And I was like the most hated kid in the grade, because I was such a spaz and I **used to** run around, and I **used to** be like- I **used to** be like- Like I'd play tetherball at recess. So whenever like I lost, and somebody like cheated, I **used to** get so mad

I **used to** run around and everybody **used to** gather around like laughing at me and stuff. But then- but then like- then after awhile, I just like realized why the hell am I doing this, everybody hates me, so then I stopped. And then- and then, its not really any problem now. I'm just kind of - I dunno.

访谈者：*Did it kind of come to a head, where like it went really bad one time, and it was after that you just realized that-*

No, not really, I just- in fifth grade I was pretty bad, but in sixth grade I just slowly, slowed down. And then seventh grade I didn't have any and then I haven't had any this year.

访谈者：*So, did you feel like it was cause you just- you hate losing? I mean when- I mean you were younger and—*

No, no, the thing I hate is, I hate unfairness in games, and I just really hate it.

访谈者: *If somebody cheats?*

Yeah and I got so mad, because whenever I played, they knew that I would take like, hyper-spasms, so they all gathered around and then when I- and then when I tried to hit the ball, they would like grab my shirt or something. So I was like [burned???].

像许多叙述试图深入理解非常实际的问题一样，布莱恩的叙述"逻辑上"并不一致。在深入的叙述中，人们往往不注重逻辑上的一致性；相反，他们更注重试图证明和展开的主题。布莱恩把他自己描述为一个无赖（"hyper-spasms"，"mad and run around like a freak"，"most hated kid"，"a spaz"）。他重复使用惯常体标记词"used to"强调他的无赖行为和状态是一个持久的根深蒂固的特征，用布迪厄的话来说，这是他的"habitus"的一部分（"habitus"的意思是作为社会存在体而存在于世界上的人的习惯性存在方式）。他被"作弊"和"不公平游戏"推到了一种癫狂的状态。

布莱恩的"救赎"被描绘为一个突然的、人性化的、个体化的理性认识。通过他的个人努力，他突然"停止"了（注意，"不公平游戏"未必停止）。但当访谈者问他是不是转变得非常突然时（实际上他确实转变得非常突然），他表示不是，而是经历了一两年的慢慢转变的过程。

我们已经看到，在接受采访时，布莱恩像其他上层中产阶级家庭的青少年一样非常投入地对自己和他人进行评价，在今天的活动和明天的成功之间建立联系，向"成就空间"移动。布莱恩叙述的是他"最初的"故事，即他如何通过自己个人的努力和理性计算成功地转变为一个"可接受"的、"有价值"的（有良好"习惯"的）人。这种"救赎时刻"其实在西方文化中很多男人的自传体故事中非常典型（Freccero 1986）。布莱恩通过强调个人努力和理性战胜情感来诠释美国中产阶级资本主义文化的经典价值观。

与此同时，"旧布莱恩"（"曾经的"布莱恩）明白，面对竞争，甚至不公平竞争，人不能太感情用事。在以中产阶级白人为中心的文化中，强调情绪化或表现出太多情绪的人会"失败"。然而，如果学会了泰然自若地面对不公平竞争，那么，我们这个社会中更大的不公平（比如种族歧视、阶级对立和性别歧视等）就不太可能激起布莱恩的情绪。实际上，在他的访谈中确实没有出现这种情况。布莱恩的转型故事——他唯一的延伸叙事——同时也是一个上层中产阶级儿童在理性化（该词有几层含义）他想象的上层中产阶级习惯的故事。这实际上也是一个延伸规范和社会化的过程。

延伸阅读书目

Gee, J. P. (2000). Teenagers in new times: A new literacy studies perspective. *Journal of Adolescent & Adult Literacy.* 43: 412-420.

Gee, J. P. (2002). Millennials and Bobos, Blue's Clues and Sesame Street: A story for our times. In Donna E. Alvermann, Ed., *Adolescents and literacies in a digital world.* New York: Peter Lang, pp. 51-67.

Gee, J. P. (2006). Self-fashioning and shape-shifting: Language, identity, and social class. In D. Alverman, K. Hinchman, D. Moore, S. Phelps, & D. Waff, Eds., *Reconceptualizing the literacies in adolescents' lives.* Second Edition. Hillsdale, New Jersey: Erlbaum, pp. 165-186.

Gee, J. P., Allen, A-R, & Clinton, K. (2001). Language, class, and identity: Teenagers fashioning themselves through language. *Linguistics and Education.* 12: 175-194.

Gee, J. P. & Crawford, V. (1998). Two kinds of teenagers: Language, identity, and social class. In D. Alverman, K. Hinchman, D. Moore, S. Phelps, & D. Waff, Eds., *Reconceptualizing the literacies in adolescents' lives.* Hillsdale, New Jersey: Erlbaum, pp. 225-245.

第 12 章

话语分析实例（二）

实例研究：桑德拉

本章我将再分析上一章讨论过的几个青少年中的一个——"桑德拉"（化名）。桑德拉是一位出身于工人阶级家庭的女孩，性格活泼开朗。她生活的环境没有什么"特别"的问题，但这种环境确实给像桑德拉这样的青少年带来了很多现实问题。访谈者是一位正在攻读心理学博士学位的中产阶级白人女研究生。桑德拉知道这位女研究生对青少年女孩的家庭生活和学校生活感兴趣。

对于桑德拉的访谈，我从她的许多叙事当中选择一个进行重点分析，但我要把这种分析放在她整个访谈的大背景下进行。我想强调的是，对她访谈剩余部分的分析和对这个叙事的分析可以相互支持，这有助于我们在覆盖范围和聚合（以及从语言的各个方面获得的语言细节）的标准方面实现某种程度上的有效性。

我们将通过思考桑德拉访谈的全部内容，以及我们在第 3 章、第 8 章和第 9 章讨论的两个构建任务，即"连接"（任务六）和"符号系统和知识"（任务七），来开始对桑德拉访谈的分析。我们首先讨论"构建连接"：

6. 连接：在任何情境中事物都是以某种方式彼此连接或不连接，彼此相关或不相关的。

第一步是从整个访谈中寻找共同定位（相互关联）的主题、主旨或意象，即看似"在一起"的主题、主旨和意象。这种相互关联的主题把访谈的不同部分连接在一起，使它具有了某种整体连贯性和"文本性"。在这一过程中，这些主题使桑德拉世界中的某些事情像她在谈话中所描述的那样相互连接，彼此相关，而其他一些事情相互不连接，彼此不相关。

桑德拉的访谈中有三个相关主旨。这三个主旨都是关于桑德拉如何把她世界中的事物看作相互连接或不连接的，特别是后者。事实上，连接的概念，特别是不连接的概念在桑德拉的访谈及其世界观中是一个大主题。在每一个实例中，桑德拉都使用了很多共享情境意义的某些方面的词汇和短语。下面，我分别在"不连接""不在乎"和"语言和笑声"三个标签下举一些例子。这些是桑德拉的三个主旨。很明显，"不在乎"也是不连接的一种形式，很多"语言和笑声"的例子都涉及情感语言、废话、噪声或笑声等，用来摆脱权威的、有害的（评判）语言。这三个主旨构成了贯穿桑德拉访谈的连接线。

主旨一：不连接

例子：桑德拉的男朋友干什么都会受到指责，但是"像什么也没有发生一样，他没有受到惩罚"；桑德拉让她父亲"走开"，但"我没有受到惩罚"（"没有必要，因为他们就要离婚了"）；桑德拉最好的朋友"无缘无故"地受到她父亲的惩罚；她最好的朋友的父亲让她的朋友清理一下不是桑德拉弄乱的地方；桑德拉的男朋友拒绝清理他自己弄乱的地方，但清理了并没有要求他清理的整个院子；桑德拉"由于没做什么事情而总是遇到麻烦"；她给喝醉酒的邻居当临时保姆，邻居给她的钱太多；桑德拉"忘记去忘记"一个照看小孩的约定已经被取消了，所以还是去了，那家人还是出来了；桑德拉夜里情绪"燥动"，但不知道为什么；桑德拉不想和父母有什么关系，因为关系太好会"不可思议"；桑德拉"本来应该是个男孩的"，但收养机构没有告诉她的父母她是一个女孩；母亲惩罚妹妹，而妹妹根本不知道到底发生了什么事情；她的一位朋友说她最喜欢的一件裙子很难看，并说要替她把它送到救世军中去，结果那位朋友自己把这件裙子留下了；桑德拉的祖母是"她控制住的人"，但"她最近是有点疯疯癫癫的"；桑德拉的朋友在一次聚会中嘲笑她，但她不明白这有什么好笑的，她"一点也不觉得好笑"。

主旨二：不在乎

例子：桑德拉的男友骂人、抽烟，但他的"妈妈不在乎"；他抽烟叶，"没人在乎"；他"被软禁在家，他还是会出去的"；桑德拉和她的朋友责怪她男朋友的一切，但"他不在乎"；桑德拉"不在乎"。"没人喜欢他 [她的男朋友]"，也不在乎她父亲"恨"他 [她的男朋友]；桑德拉最好的朋友是领养的，但"她不在乎"；桑德拉最好的朋友在镜子上写字，"她不在乎"；如果有人说她是个"荡妇"，"她也不在乎"。

主旨三：语言和笑声

例子：桑德拉姐姐的未婚夫说他恨她，然后给了她一个钻戒；桑德拉姐姐的未婚夫威胁她，但他"只是胡闹"；桑德拉在参加一个婚礼时人们都看她，她不知道说什么，她说"闭嘴，你们这帮跟屁虫"；桑德拉经常说"水池挖掘器"之类的话，而不是"水池过滤器"；她关心的人给她"我想听的答案，听起来是我的问题的正确答案"；桑德拉的祖母说"荒诞有趣"的话让她发笑，比如她说"我闻你"而不说"我爱你"；桑德拉的大姐说某个东西很好，"然后就把它给毁了"；桑德拉最好的朋友的母亲很"酷"，"我们跟她说话"是因为她"给人买香烟"且"什么也不说"；如果谁说的话伤害了桑德拉，她就颤抖，直到"有人说一些好听的话让她开心"；桑德拉的男朋友和奶奶拥抱她，让她高兴点，但她母亲"说些蠢话"；当桑德拉面对一个"认为她是黑人"并侮辱她的白人女孩时，白人女孩用拳头对着桑德拉的脸说"对这只手说话，我的脸不明白"，桑德拉回答说"如果你手上有嘴，我就对它说"；桑德拉喜欢她的男朋友，因为他很"滑稽"，"让我发笑"；当她做了滑稽的事情自己却没有意识到时，她最好的朋友让她发笑；她最好的朋友发出滑稽的声音让她发笑；她最好的朋友假装吸烟实际上并没有吸而让她发笑。

如果担心分析的有效性，我们可以采取各种办法来处理这些主旨。例如，我们可以获得关于这些主旨中词汇和短语"相互判断的有效性"，或者关于独立判断可能遇到的相似主题或不同主题。虽然这样做本身没有什么错误，但我对这些主题的兴趣在于使用它们来形成关于桑德拉情境意义和图像世界的假设，然后我可以进一步参照这些语料和其他语料来检验这些假设。

最终，分析的有效性在于我们在上述语料中可能产生的想法如何帮助我们阐明其他语料（覆盖范围），我们希望这些语料会引导我们得出相似的结论（聚合）。下面，我还要指出语言结构的细节。我请了很多话语分析者和我一起浏览这些语料，他们和我一起检验了我的结论，确保我没有漏掉什么重要主旨（赞同）。请记住，有效性永远不会是"永恒的"。如果其他人分析我们的语料或相似的语料，他们的发现要么支持或改进我们的结论，要么挑战我们的结论。这是因为有效性是社会性的。

所以我们看到，桑德拉在她的访谈中使用了大量的表达情境意义的词汇和短语。这些情境意义围绕在我们上面列出的三个主旨周围。反过来，这些主旨都与桑德拉在访谈中观察并刻画的世界建立连接和断开连接。然而，桑德拉的第三个主旨，也就是我们标记为"笑声和语言"的主旨，也与构建任务七"符号系统和知识"相关。

7. 符号系统和知识： 在任何情境中，一个或多个符号系统和知识形式是如何使用、如何获得优势或失去优势的。

在主旨三中尤其突出，桑德拉似乎否认了词语和世界之间的再现功能。再现功能是其他人（如学校）用来支撑主旨一和主旨二已经取消和削弱了连接的语言功能。我的意思是说，再现功能是指语言直截了当（"客观"）地与"外部"世界建立连接（"再现"外部世界）。这种思想与人们如何感觉、人们需要什么或人们在生活中形成什么个人观点等都没有太大的关系。桑德拉认为，如果仅仅因为词语是"真实的"，或者是受到权威人士（如，大姐、母亲、父亲，或者往远处说，老师）支持的"事实"才说出来，那么这种观点就是"愚蠢的"，是一种"毁灭"事物的方法。

反过来，桑德拉赞同语言的社会功能、粘接功能和情感功能。不管是愚蠢的还是滑稽的，只要"感觉正确"，只要能让人感觉良好，就是唯一真正有效的语言。桑德拉只愿意聆听告诉她"我想听的答案听起来是我的问题的正确答案"的人的话；她需要与成人建立一种关系，只要他们"什么也不说"（即只要不使用评判性语言或告发她），或者只要他们说虽然"愚蠢"但听起来亲切的话，就像她祖母一样。

按照七项构建任务，桑德拉是在给一种语言形式（符号系统）赋予特权，即亲切的、关怀的语言，而另一种语言形式没有特权，即客观冷静的、陈述事实的权威性语言。当然，这也涉及认识世界和他人的方法问题。对于他人，桑德拉要么喜欢要么不喜欢。我们最终可以从桑德拉使用这一构建任务开展话语活动的方式，以及从她的访谈的许多其他方面提出这样的假设：她在操作下面这样一个图像世界。

桑德拉关于语言的图像世界：

客观的、陈述事实的语言，特别是客观的、陈述事实的评判性语言，是维护缺乏爱心和诚信的"权威"人物的语言。和这种语言相对的是首先被用作社会纽带的语言，是满足人的情感需要，而不是首先用于陈述事实或做出判断的语言。这种语言是维护朋友和有爱心、值得信任的人的语言。

桑德拉按照她的世界和她在这个世界上的存在方式否认"权威表述"（无论是成人控制还是非社交性的"事实"语言权威）。她在否认权威表述的同时，又赞同这种权威表述之外的或与这种权威表述相对的社交活动。一旦我们假设这一图像世界在桑德拉的访谈中是有效的，我们就可以收集更多的语料来证明这一图像世界在她的世界中的功能是多么地广泛而深远。例如，我们可以观察这种图像世界在她与老师和学校的关系中是否有效以及如何有效，这是一件特别有意思的事情。与这一有效性得分相关的证据显示，桑德拉喜欢关心学生个人问题的老师（比如，知道学生课堂上睡觉是因为前一天晚上这个学生熬夜学习了），而不喜欢那些只强调教学内容而不关心学生的老师。

图像世界不只属于一个人，而是被一个社会群体所共享。图像世界是以一种有用但过于简单化的方式表达社会群体的实际情况和经验。因此，我们可以假设桑德拉的图像世界被她的许多同龄人和她的图像世界里的其他人所共享。因此，我们需要扩大语料收集（或查看来自其他工人阶级孩子的语料）范围，并检验这一假设。而且，我们确实发现，桑德拉的许多同龄人也拥有她的图像世界（"文化模式"），这个图像世界反映了他们对权威人士的看法。

人类学家约翰·奥格布提出，在他对美国城市学生的研究中发现，在老师和学生之间的关系方面有两个不同的图像世界在发挥作用。有些学生（他认为其中包括那些自愿选择来美国改善生活状况的移民家庭的孩子）使用的图像世界是"务实的、功利性的"。这种图像世界强调，在老师和学生的关系方面，最重要的是老师可以传授给学生重要而有用的知识和技能，而老师是不是喜欢或关心学生或学生的家庭或文化群体等，则不那么重要。

其他学生（奥格布认为其中包括那些祖先被强迫来到美国的美国家庭的学生，比如非洲裔美国人、土著美国人以及被美国人占领了土地的一些拉美裔美国人等）使用的是"爱心"模式，强调在老师和学生的关系方面重要的是老师喜欢、尊重和关心学生以及学生的家庭和文化群体。根据这一模式，老师应该在一种关心的关系中传授知识和技能。这些学生往往倾向于脱离他们认为不关心、不尊重学生或不值得信任的学校和老师。

虽然桑德拉是一位来自较低层社会经济群体的白人女孩（她的祖先很久很久以前自愿来到美国），但她使用的图像世界是奥格布认为很多非洲裔美国人所使用的爱心模式。事实上，我们说过，她使用的是一个更普遍的爱心模式——一种也适用于权威人士的模式，并使这一爱心模式与交际中的语言（权威的、提供事实的语言和情感的、社会的爱心语言）形式建立了联系。

我再举一个简单的例子来说明我们赋予桑德拉的图像世界。在回答访谈者的问题"你有没有感觉到有人真的不理解你？"时，桑德拉插入了一个长长的故事，谈论的是她（桑德拉）受到母亲的惩罚后和姐姐一起驾车外出。她姐姐显然想给桑德拉提供"权威性"建议，并且想了解她的社交生活（"她以前从来没有和我这么谈过话"）的"事实"（比如，关于男孩子和性安全等方面）。虽然桑德拉在她的访谈的其他部分也和朋友自由地谈论过性，但在这里对姐姐的回答是"哇！太不可思议了！"。

关于这件事，桑德拉希望从姐姐——或者其他任何人——那里得到的理解，是基于考虑她的情感（而不是认知）方面说些话。这种话是平等社会的重要组成部分，是被用来医治创伤和联系情感的纽带。脱离这种语境的"权威话语"是"没有意义的"。因此，她说姐姐"……她会给我一个正确的回答，给我想听的回答，……然后我们就继续谈论，没有更多的意思，没有更多的意思"。在这一点上，桑德拉的意思是，姐姐一开始会用一种移情和关怀的方式回答她，然后又会切换到更加权威的寻求事实和提供成人建议的谈话中。

桑德拉的叙事

在这一章我的主要兴趣是通过仔细观察桑德拉的一个叙事来理解关于她的主旨的语料和思想是如何解释和被解释的。讨论桑德拉的一个叙事可以使我们更加接近她的真实语言和"声音"的细节。

在访谈的开头部分，桑德拉提到了她的男朋友。访谈者问"他是什么样的男朋友"。桑德拉的回答听起来好像是一连串联系松散的故事。桑德拉的叙述方式是典型的"口头方式"。一旦我们仔细考虑这种讲述故事的特点，我们就会清楚地看到，桑德拉看似多样的故事实际上构成了一个组织严密的统一故事。

桑德拉的故事转写如下。为了分析清楚，我标记出次故事和次次故事（故事按照理想的行和节的格式排版，参阅第 10 章）：

故事：换桌子

框架

第一节

1. [Sighs] He's nice.

2. He's, he's, he like he's okay, like

3. I don't know how to explain it.

4. Like, say that you're depressed, he'd just cheer ya up somehow.

5. He would, he'd make ya laugh or somethin

6. And you can't stop laughin, it's so funny.

次故事一：打破东西

次次故事一：打破扇子

说明

第二节

7. Like he does these, like today his mom hit the, she she, he was, he was, he was arguing with his mom,

8. He swears at his mom and stuff like that,

9. He's like that kind of a person

10. And his mom don't care.

第三节

11. He smokes,

12. His mom don't care or nothin,

13. He smokes weed and everything and nobody cares.

14. Cos they can't Stop him,

15. He's gonna do it any way

16. Like on house arrest he went out anyway.

次次故事—的真正开始

第四节 [开始]

17. So they're like so yesterday he was arguing

18. And she held a rake

19. And she went like that to hit him in the back of the butt,

第五节 [旁白]

20. Like she don't hit him,

21. She wouldn't hit him

22. She just taps him with things,

23. She won't actually like actually hit him.

第四节 [续]

24. She just puts the rake like fool around wit' him,

25. Like go like that,

26. Like he does to her.

第六节

27. Like he was, and like she was holding the rake up like this

28. And he pushed her

29. And the rake toppled over the um, fan.

30. It went kkrrhhh, like that.

31. And he started laughing,

第七节 [旁白]

32. And when he laughs, everybody else laughs

33. Cos the way he laughs is funny,

34. It's like hahahahah!

35. He like laughs like a girl kind of a thing.

36. He's funny.

第八节

37. And then his mother goes, "What are you doing Mike?"

38. And she's like going, "What are you doing? Why are you laughing?"

39. And she goes, "Oh my god it broke, it broke!"

40. And she's gettin all, she's gettin all mad the fan's broken

41. And she trips over the rake,

第九节

42. And she goes into the room

43. And she's like, "Don't laugh, don't laugh,"

44. And he keeps laughin.

45. It's just so funny.

次次故事二：打破桌子

说明

第十节

46. And he'll knock down the table

47. And he'll, like we'll play a game,

48. It's me, Kelly and him and Kelly's boyfriend,

49. It's just kinda fun

50. Cos it's just weird,

第十一节

51. We like don't get in trouble,

52. Like he gets blamed for it,

53. Like nothing happens.

54. He don't get punished.

第十二节

55. So we always blame him for everything.

56. He don't care,

57. He says, "go ahead, yeah, it doesn't matter."

次次故事二的真正开始

第十三节

58. So we were pulling the table

59. And he was supposed to sit on it, jump on it and sit on it

60. And he didn't,

61. He missed

第十四节

62. And the table went blopp! over

63. And it broke.

64. Like it's like a glass patio thing

65. And it went bbchhh! All over everywhere.

第十五节

66. He's like, "Oh no!"

67. Well Kel's like, Kelly goes, "What happened, What happened? What did you do now Mike?"

68. He goes, "I broke the table,"

69. She's like "[sigh]," like that.

次故事二：窗户掉在手上而得到钱

第十六节

70. He just got money from his lawyers

71. Because he slit, he slit his wrists last year,

72. Not on purpose,

73. He did it with, like the window fell down on him,

第十七节

74. Well, anyway, it came down and sliced his hand like right um here

75. And has a scar there

76. And um, it was bleeding

77. So they had to rush him to the hospital,

78. It wouldn't stop,

79. He had stitches.

第十八节

80. And they said that he could sue,

81. And they got five grand.

82. So they just got it two weeks ago,

83. So he just bought her new table.

框架

第十九节

84. He's Okay.

85. He's, he's nice in a caring,

86. He's like really sweet.

桑德拉依据"回声原则"组织故事，即后面的内容回应或映射前面的内容。回声原则在很多文化中都是口述故事的重要手段。这样，她的文本便呈现出——用一个视觉隐喻来表示——一个"多层套匣"的形状。图 12.1 列出了桑德拉口述故事的提纲，只标记出少数几个最凸显的回声特征（对于一些读者来说，在阅读桑德拉故事的分析之前可能会感觉图 12.1 比较乱。没关系，如果真的感觉乱的话，尽管跳过去，以后再返回来看）。

框架：第一节：男朋友不错

故事：换桌子

次故事一：打破东西

次次故事一：打破扇子

第2—3节：说明：男朋友做事情，没有人在乎

第4节：　母亲追打男朋友导致：

第6节：　扇子掉下来，发出了噪声：滋啦啦——

男朋友笑

第7节：　男朋友笑

男朋友发出噪声：哈哈哈哈哈！

第8节：　母亲问："迈克，你搞什么？"

第9节：　母亲让男朋友不要笑

男朋友继续笑

次次故事二：打破桌子

第10—12节：说明：男朋友做事情，不会有麻烦

第13节：男朋友和几个女孩打闹导致：

第14节：桌子倒了，发出了噪声：哗啦啦，嘣——！

第15节：希纳问"你在干什么，迈克？"

希纳发出叹息声[*]

次故事二：窗户掉在手上而得到钱

故事结束：男朋友换了桌子（"所以他就给她买了一张新桌子"）

框架：第十九节：男朋友不错

图 12.1　桑德拉有"回应"的故事提纲

---

[*]　根据前面提供的材料，故事第十五节是"凯莉"，不是"希纳"，作者笔误——
译者注。

桑德拉的整个口头文本都被"男朋友不错"这一重复框架放在了一个括号内。主要故事由两个次故事组成。第一个（"次故事一"）是关于男朋友意外打破东西而带来损失的。第二个（"次故事二"）是关于他被一个东西意外"打破"（即割伤了手腕）而得到钱的。这种"反向意外"导致一件"损失"的东西得到了恢复（即桌子），换桌子也是另一种反向意外。当然，"缺失 / 损失"的"恢复"在口语文化中是一个经典的结束叙事的手段。第一个次故事（"次故事一"）本身也由两个故事组成：第一个（"次次故事一"）是关于打破扇子的；第二个（"次次故事二"）是关于打破桌子的。

在两个打破事件（打破扇子和打破桌子）的叙事中有大量的平行结构。两件事都是通过说明节开始的，说的是男朋友的行为总是得不到惩罚。说明节之后，两个故事都是关于男朋友"瞎胡闹"的。然后，每个故事中都有一个物体掉下来，制造了噪声。在第一个故事中，事故引发的结果是问男朋友"你在搞什么鬼？"，在第二个故事中，则是问男朋友"你做什么了？"这两个问题都没有得到回答。扇子的故事以母亲向男朋友发出停止笑的口头命令结束，但男朋友对这个口头命令置之不理。桌子的故事以男朋友的姐姐没有发出口头命令而只是发出了一声叹息而结束。男朋友在第一个故事中的笑声得到姐姐在第二个故事中的叹息的回应。

这两个关于打破物体的故事都是男朋友的"意外事件"，都造成了损失（扇子、桌子）。接下来的一个故事（次故事二）是男朋友的另一次意外事件——只是这一次意外不是玩，而是受了一次重伤：是打伤了人，不是打破了物。这次意外造成了损失，但得到了（钱）和恢复了（桌子）。在扇子故事中，男朋友的母亲让他不要笑时，他没有理会。在窗户故事中，他为母亲恢复了桌子，尽管母亲没有让他这么做。这种"逆转"和"反向"当然是强有力的整合或连接手段。此外，这种平行结构给文本带来了一种"等值"逻辑。不同的节通过直接相似性或逆转性得到等值，逆转是一种较宽松的相似性。

作为语言学工作者，我对桑德拉的故事感兴趣的地方是：现在我们都知道，许多非洲裔儿童、青少年和成人都可以讲结构非常好的"口语体"故事（我绝对没有说他们的文字功底不好的意思）——虽然这种讲故事的方式在学校往往不"成功"，特别是在低年级的时候。这些故事具有西方口头文化"典籍"的某些共同特征，比如圣经故事和荷马史诗（且不说还有很多其他非西方口头文化典籍），也具有詹姆士·乔伊斯和弗吉尼亚·伍尔夫等"现代主义"作家的文学特征，还融合了非洲裔美国文化的一些独特特征，以及非洲文化的某些特征。

关于工人阶级白人，特别是儿童和青少年"自然发生"（即不是以学校教育为基础）的叙事能力，我们知道得更少——微乎其微。这方面为数不多的论述也全是负面的。我希望桑德拉的叙述能够吸引人们对此重新做出评价。

桑德拉的故事概括了我们前面讨论过的很多主题和主旨：不连接（男朋友的行为没有直接后果；没有人要求的情况下恢复了桌子）；否认语言权威的有效性（母亲的命令被置之不理，她和姐姐的问题没有得到回答；姐姐／伙伴只发出了一声叹息）；一个笑声、噪声和身体活动与社会活动互动的世界；一个意外事件和玩耍的世界，而不是事实和知识的世界；一个你对别人造成的影响（如笑声）起决定作用的世界。

我们可以看到，我们对桑德拉主旨的研究中提出的假设在桑德拉的第一人称陈述（这里不讨论）中得以解释并得到进一步的支持。这些假设反过来又帮助我们解释桑德拉叙事的深层含义。同时，对桑德拉叙事的分析进一步支持了我们从桑德拉的主旨中提出的假设。我们在这里得到的是覆盖范围（受一部分语料启发的思想延伸到并阐明其他语料）和聚合（从新语料中获得的思想继续支持我们从其他语料中获得的思想）。此外，我们已经开始使用（语言学）语料中各种不同的语言细节来支持我们的思想。

最终，我们看到的是，桑德拉把"权威表述"和"情感社交"之间的一种对立主题化为她"身份认同努力"的重要组成部分。由于"权威表述"领域往往与学校有关，桑德拉的身份认同努力势必会（事实上的确）使她与学校的隶属关系形成对立，除非学校会认识、理解并采纳她的语言和身份。

延伸阅读书目

Gee, J. P. (1997). Thematized echoes. *Journal of Narrative and Life History* 7, 189-196.

Gee, J. P. (2006). Self-fashioning and shape-shifting: Language, identity, and social class. In D. Alverman, K. Hinchman, D. Moore, S. Phelps, & D. Waff, Eds., *Reconceptualizing the literacies in adolescents' lives*. Second Edition. Hillsdale, New Jersey: Erlbaum, pp. 165-186.

第 13 章

话语分析实例（三）

　　我想从第 3 章的语料（即大学教授和中学教师共同参与的一项历史研究项目）中选择一部分作为话语分析的最后一个实例。在这一章中，我们将在第 3 章语料的基础上添加更多的语料，看看后续事件如何使我们更深入地理解原始语料。前面我们讨论过构建任务，介绍过调查工具。在分析构建任务和使用调查工具时会产生各种各样的问题。在这里，我的目标仍然是讨论其中的一部分问题。

　　第 3 章的语料是关于一位大学历史教授（"萨拉·沃戈尔"）想与一些中学教师合作，让中学生参与口述历史研究的。她希望同学们能够采访他们的亲属和邻居，获取他们生活的社区和他们所在城市的历史信息。同时，她正在写一份申请书，希望联邦基金资助她在当地学校实施一个时间更长、规模更大的类似项目。

　　这位教授任教的大学（"伍德森大学"）是"米德维尔"市一个小规模的私立精英大学。米德维尔是一个以工人阶级为主的工业城市，近年来，很多重工业搬出该市去参与海外竞争。这座城市和这所大学之间存在着历史性的"大学—城市"紧张关系，特别是大学教师和公立中小学教师之间——在城市中的地位和对城市的义务等方面的紧张关系。大学教师不是出生于这座城市，往往不会永久留在这里，而是经常调到其他城市工作；公立中学的教师都出生在这座城市，而且打算长期生活在这里。

我们在第 3 章看到的语料来自项目组的第一次正式会议。参加会议的有这位大学历史教授、她的两个本科生助理、一位赞助机构的代表（我们称这位代表为"阿瑞尔"，她本人也是一名研究生）、两位课程顾问和几位中学教师。课程顾问是在当地历史博物馆工作的专业人士，他们在设计历史课程方面是专家，被赞助方聘请来帮助这位历史教授和阿瑞尔，因为历史教授和阿瑞尔两人都不懂中学课程。我们在第 3 章看到的语料是中学教师（"卡伦·琼斯"）的谈话。卡伦受会议主持人阿瑞尔之邀，向与会人员介绍此次会议召开的背景。

正如我们前面看到的，历史教授曾致电卡伦所在学校的课程协调员"玛丽·华盛顿"寻求项目帮助，并希望进入这所学校。学校的课程协调员虽然大都当过教师，但他们在教师的眼中是学校的行政人员而不是教师，至少在米德维尔市是这样。我把这些语料复制如下：

1. Last year, Mary Washington, who is our curriculum coordinator here had a call from Sara at Woodson

2. And called me and said:

3. "We have a person from Woodson who's in the History Department

4. And she's interested in doing some research into Black history in Middleview

5. And she would like to get involved with the school

6. And here's her number

7. Give her a call"

8. And I DID call her

9. And we BOTH expected to be around for the Summer Institute at Woodson

10. I DID participate in it

11. But SARA wasn't able to do THAT

只从这些语料中我们就可以猜测出，萨拉联系她们学校的课程协调员而没有直接联系卡伦本人，这让卡伦心里很难受。卡伦的话听起来好像她是被玛丽·华盛顿"命令"去帮助萨拉一样。我们在第 3 章也指出，卡伦的话强调了即便她是被"命令"的，她还是付诸了行动（打了电话，参加了研究班），而萨拉虽然是活动的发起者，却没有付诸行动（即参加暑期研究班）。因而，卡伦的话也表明了她自己是可靠的，而萨拉是不可靠的。

以下我将只称呼每个人的名字，但尽管如此，如何称呼人，要不要参考被称呼人的地位对他们来说仍然是一个有争议的问题。卡伦和简是中学教师，萨拉是历史学家，玛丽是课程协调员，阿瑞尔是会议主持人也是项目赞助方代表，雪莉和辛西娅是课程顾问（历史博物馆的专家）。

项目组成立几个星期之后又召开了一次会议。在这次会议上，有直接证据表明卡伦和其他几位中学教师是真的生气了——从项目一开始就生气了——因为萨拉是通过课程协调员而不是通过她们来联络学生的。中学教师在会议一开始就说，她们不再相信什么项目了，她们感到这个项目很乱，没有重点。她们还指出，萨拉很久以前曾经给了课程协调员玛丽一份她起草的项目酬金发放方案（打算最后报送给联邦机构），却没有支付给她们酬金。正如一位我们将称其为"简"的老师（卡伦的一位好朋友）所说的那样，老师们现在看到了这份酬金发放方案，并注意到"在酬金发放方案中根本没有提到老师们"。酬金发放方案提出向其他人支付费用，但好像认为老师们为项目免费干活是天经地义的。简继续说：

> 你谈到为课程规划人发放一定的劳务费，但是我认为，你指的是雪莉和辛西娅。你谈到研究生甚至本科生，你知道资助他们，却根本没有把真正的任课教师纳入酬金发放方案中。

雪莉和辛西娅是从历史博物馆请来的课程顾问。萨拉回答说，"我觉得你说的很有道理"。她承认"有必要成立一个由中学教师和课程规划人组成的委员会，来决定什么资源是必需的，或者我们理想的酬金分配方式是什么"。萨拉的反应引出了简的以下长篇大论。在简的回答中，她明确地回到了我们在第 3 章讨论过的关于卡伦被告知给萨拉打电话这件事上。下面的文字是按照我标记的节排版的，以帮助指导下面的讨论（下面我将详细解释这一编号系统）：

简

第一节

应该找教师而不是课程协调员

1a. Well I think

1b. one thing you need to recognize

1c. about the structure of the Middleview schools

1d. is that if Joanne, Linda, Karen, and I

1e. or any combination there of

1f. are involving our classrooms

1g. we are the people who need to be asked

1h. and to be plugged into it.

2a. Joe [a curriculum coordinator from another school] does

2b. um as curriculum coordinator for Freeland Street

2c. does not have the right to commit Joanne Morse,

3. Nor Lucy Delano.

4a. Nor does Mary [Washington]

4b. have the right to commit

4c. or structure the grant for us.

第二节

老师拥有自己的学生

5a. Uh it becomes a question

5b. like Karen said

5c. this isn't her priority area

5d. that she wants to be in.

6a. If it is mine

6b. or someone else

6c. we are the direct people.

7. In a sense we own the kids.

8a. If you want the children to be doing the work

8b. you've got to get the classroom teacher

8c. not the curriculum coordinator or

辛西娅

第三节

未来的方向

9a. But Jane

9b. that's why we're doing this project

9c. right?

10a. This this is a way to see what possible direction there is

10b. for the future

10c. and that's why in a sense

10d. we need to work through this.

第四节

项目太有限

11a. Now this is a finite project

辛西娅

11b. Um that has some funding

11c. but is supposed to end

11d. and at the end of the school year.

简

12. Right.

第五节

初步设想是错误的

13a. Um and I think initially

13b. it was conceived

14a. and and this was this was an error

14b. that was corrected.

15a. It was conceived

15b. uh as something that would be fairly easy

15c. to do in the school

16a. Um that outside outside could've

16b. resources come in

16c. and give you'd the stuff you need

16d. and then you could teach it.

17. But you know that you can't do that.

第六节

课程开发比较含糊

18a. There's a there's a big complicated process

18b. of working through the materials

18c. figuring out how to teach it

18d. which is called curriculum development.

19a. And that's what we're involved in now

19b. and it's very murky

19c. and it's very complicated

19d. and we we don't know where we're going

19e. but that's an innate part of curriculum development

19f. unfortunately

19g. especially when you work with a group of people

19h. and you're not just doing it yourself.

第七节

课程开发者是雇员

20a. Um so

20b. and that's where Shirley and I were hired

20c. as sort of the hired guns

20d. to come in and help facilitate it

20e. because we know you don't have the time

21a. um and and um Sara and Ariel [主持会议的赞助方代表]

21b. didn't don't have the experience

21c. of working in the classroom

21d. and they teach in a different structure

21e. which is very different.

22a. And so

22b. so we're there as the helping hands to give you

22c. to to help you where you need

22d. and to act as sort of the interpreters

22e. and the shapers

22f. but in response to what is necessary.

23a. I mean

23b. we're not coming in to do something that we want to do.

24. We're trying to facilitate what you want to do.

第八节

项目是个小事情

25. So but we also don't want to put any pressure

26. I mean there shouldn't be any pressure.

27a. There should be something that's fun to do

27b. and what works works

27c. and what doesn't work goes by the wayside.

28a. And um that's all it can be

28b. you know something small

28c. that accomplished by the end of the semester.

第九节

这是未来项目的试点

29a. But if it goes into something that is exciting

29b. and has potential

29c. and should be continued next year

29d. and should be given to other teachers

29e. and should maybe affect other schools in Middleview

29f. then that's where Sara's working towards something more long term

29g. where this could be maybe funded by NEH

29h. and to pay teachers

29i. and to pay for release time

29j. and pay for materials

29k. and pay for resources to come in

29l. and make it work on a larger scale.

30a. So this is like a little pilot project that is

30b. I agree

30c. it's very murky

30d. and it's very frustrating

30e. but I see that as sort of inevitable

30f. and we can make that work for us

30g. instead of against us.

在上述转写中，每一行都是一个"思想单元"（微观行，见第 10 章）。带相同数字的行（如 5a—5d）（不管连接得如何松散）都是类似于句子的句法单位。当然，构成口语句子的单位比书面语更多样化，但没有书面语连接得那么紧密（宏观行，见第 10 章）。一个句号代表一个听起来是"结束"的语调轮廓（更确切地说是一种语调轮廓的闭合，暗示接下来要说的与前面所说的没有句法上的联系）。

上述的节是关于如何在语料中组织话题的声言，即在将要进行的话语分析中被支持（或不被支持）的声言。从这个意义上来说，上述转写的不是"生"语料，而是已经"理论化"的了。也就是说，上述转写已经体现了我们分析的各个方面了。我们也可以从事心理语言学研究（如，调查停顿、犹豫、语调以及听众对节界线的判断等），以支持我们为文本分节的方法。但我在这里的分节主要是想引导读者理解我是如何"阅读"（理解）这个文本及其意义流的。我的话语分析是我对我的"阅读"的捍卫，分析的成败取决于我们在第 9 章讨论的有效性标准。当然，我不可能在这里对上述文本进行全面的分析，我只能希望给出一些提示，说明这样的全面分析可能是什么样子。

上述语料清楚地表明，在第一次正式会议上——我们在第 3 章看到的卡伦的语料——卡伦是在间接批评萨拉联系课程协调员，却没有联系老师。在那次会议上，老师们不愿意把这件事说得太直接。其实，即使是在最近这次会议上，虽然课题组成员彼此了解得多了，但在简直截了当地发言之前，大家说话还是比较迂回和推诿。

我们已经阅读了相当多的语料了。那么，我们如何开始呢（我们为文本分了行和节并做了标记，从这个意义上来说我们已经开始了）？我们可以从任何构建任务开始或从任何调查工具开始。记住，它们的存在只是帮助我们设置在语料中检验的问题和假设。和在其他例子中一样，人们在这个例子中就词语在谈话中的情境意义相互协商，乃至争论。

比如，在行（1c）中，短语"about the structure of the Middleview schools（关于米德维尔学校的结构）"中的"structure"一词可以有许多不同的含义，其中两个最有可能的含义是"作为法制官僚体系的学校官方等级结构"或者"按照人们日常行为方式运作的非正式的学校结构"。简告诉萨拉，她（萨拉）找课程协调员（玛丽·华盛顿）是用的"structure"的第一个含义，如果她真的希望老师们参加，她就会用第二个含义。简试图使用"structure"的第二个非正式含义——按照这个含义，老师们被赋予更大的权力——不但在这次会议的发言中，而且在小组成员的实践活动中。

再如，第（7）行中的"own"一词。这个词的情境意义在一定程度上与简给"structure"一词的（非正式等级）情境意义相关。对简来说，"拥有"似乎意味着老师而不是管理人员掌控着接触学生的权力。在使用"own"一词时，她想（按照非正式的学校结构）使老师所拥有的与学生的关系或对学生的掌控权与管理人员所拥有的与学生的关系或对学生的掌控权（正式的或官方的）进行对比。

又如，我们再以第（9b）行中的"project"为例。在这一行中，课程顾问辛西娅提到"this project"，是指项目组从事的活动。在第（11a）行中，她把这个项目描绘成"有限的"，意思是这个项目是短期的，马上就要结束了。在第（28b）行中，她说该项目是个"小事情"。她接着又在第（30a）行中说这个项目是一个"小的试点项目"，如果成了"一件令人兴奋的事情"，就可以继续作为一个长期项目受到萨拉正在申请的基金的资助。该课程顾问是在强调这个项目"小""有限"和"小试点"等，可能是因为她害怕刚才在会议上的谈话会使中学教师们认为她们干的工作太多。但是，这样说还是比较危险的，因为中学教师们听到这样的话后会认为是在贬低这个项目以及她们为项目付出的劳动。又由于她们本来就关心地位和权力问题，因此，这真的很危险。

更重要的是，辛西娅在为"项目"一词创建一种情境意义，使当前萨拉主持并在申请资金赞助的项目成为一个更大项目的实验（"试点"）部分。当前这几位中学教师也许不会参与未来更大的项目（萨拉建议成立一个委员会来决定资源的利用），但目前的项目似乎处在成为由别人（萨拉和课程顾问）实施的不受中学教师自己（注意第（29f）行"那么，这就是萨拉长期工作的方向"）控制的危险境地。当然，"项目"的这一情境意义与简开发的"structure"和"own"的情境意义并不相称。

"structure"和"own"的情境意义强调老师对学生的掌控和非正式的权力结构，而不是大规模的联邦教育拨款（尤其是起初没有把中学教师们包含在酬金预算方案之中）的官方程序，也不是成立讨论"资源"的"委员会"。

在会议上使用"project"一词并为该词寻求一个具体情境（语境化）意义的关键是项目属于谁的问题。是由历史学家和顾问帮助的中学教师的项目呢，还是由中学教师帮助的历史学家和顾问的项目呢，抑或是大家的合作项目呢？如果是合作项目，又是什么意义上的合作项目呢？辛西娅在第七节谈论"helping"（第 22 行）和"facilitating"（第 24 行）时，似乎是想说项目是由中学教师控制，由其他人支持的。然而，当她在同一节使用"give"（第 22b 行），"interpret"（第 22d 行）和"shape"（第 22e 行）时，她好像又在暗指顾问比老师拥有更多的运作权和控制权。

关于"project"一词还有很多可以说的，但问题已经很清楚了。这个词在项目组的谈话和实践中承担什么情境意义要经过协商和争论才能得以确定。这正是项目组想在此次会议上解决的问题之一，也是项目组计划在整个"项目"中解决的问题之一。实际上，词语的情境意义是交际活动的一个重要组成部分。这一问题的解决——人们在谈话和实践中普遍接受一个词语的意义——是什么决定会不会有"项目"、项目是什么、项目会不会"成功"等的一部分（"项目"的"成功"是另一种说法，项目组将最终会协商和争论这种说法的情境意义）。

在这里我们也清楚地看到"立场策略"（地位和权力，社会产品的分配）问题是如何充分影响具体词语的具体情境意义的协商和应用的。因此，我们在这里也看到，我们的构建任务之一——立场策略，是如何在人们使用语言分配社会产品以及对社会产品进行协商和争论中形成的。社会产品是指在一项共同活动中，谁起到控制作用，人们在什么时间什么地点以什么方式分配角色、获得尊重和承担责任等。

当然，所有的构建任务——构建显著性、实践（活动）、身份、关系、立场策略、连接和知识，显然在这里都发挥着重要作用。找课程协调员而不找老师的**显著性**在哪里？项目组成员正在从事什么**实践（活动）**——什么类型的"项目"？在这些会议中，中学教师、大学教授和课程顾问应该扮演什么样的**身份**？这些人和身份是或者应该是什么**关系**？这一情境的**立场策略**是什么？谁在什么时间什么地点有什么地位和权力？找课程协调员与不把老师们列入酬金预算方案之间有什么**连接**？何时何地老师的**知识**相对于大学教授或顾问的知识占优势或不占优势？所有这些问题都是在互动中得到解决的。

人们在操作具体的图像世界，所以往往给词语具体的情境意义。因此，情境意义可以指导我们的图像世界。简给"structure"和"own"等词语的情境意义可以帮助我们寻找简在使用的一些图像世界，但是我们也必须参考其他转写内容。

简在第一节说，如果某人想介入课堂，他们需要找任课老师，而不是找管理人员。在这一节中简给"structure"的情境意义是"基于当地做法的非正式、非官方的制度"。在第二节中简指出既然卡伦是教英语的，那么历史就不是她的"优势领域"。另一方面，简确实是教历史的，因此历史是她的优势领域。如果你想让学生参与历史项目（而不是英语项目），那么你就应该找优势领域是历史（而不是英语）的老师（注意简的话"我们是直接责任人"）。当然，课程协调员玛丽曾告诉卡伦——而不是简——给萨拉打电话，从而违反了这一"规则"。事实上，卡伦曾在项目组第一次会议（我们在第3章已经看了一部分）上表示，她自己去找了简并要求她参与项目，因为历史是简的专业领域而不是卡伦的专业领域（尽管卡伦曾经常让她的学生在英语课上对他们的亲属进行关于过去的事情的采访，即在历史课上被称为"口述历史"的活动）。

因此，很明显，当简在第二节中说，"从某种意义上来讲，我们拥有这些孩子"时，她的意思是说，不仅每一位老师都"拥有"自己班上的学生，而且历史老师"拥有"参与任何历史项目的所有学生，无论他们在哪个班上。事实上，即使跟着卡伦学英语的学生没有上简的历史课，简也可以说自己"拥有"这些学生。如果你要来学校做历史项目，你应该直接跟简说。在简看来，萨拉应该首先联系简，而不是玛丽，甚至也不是卡伦。即使她想让多个班的学生参加她的历史项目，她也应该首先联系简（事实上她就是这么想的）。

通过这些语料，我们可以假设简使用的图像世界和下面的图像世界一样：

> 按照米德维尔市学校的非正式做法和程序，可以通过老师而不是通过管理员接触学生。老师的优势领域使她对学生参加与该领域有关的任何活动具有特别的权力和责任。

这一图像世界可能实际上是与学校的官方政策相违背的，政策要求这种事情必须经过各类管理者的批准。由于这种矛盾的存在，像萨拉这样的人应该首先和简建立联系——不完全或完全非正式的联系，然后从课程协调员玛丽·华盛顿以及其他管理者（比如校长和区一级领导）那里寻求官方许可。

我们无法知道简所创造的图像世界在她头脑中是什么样子。事实上，她可能从来也没有有意识地用语言把这一图像世界表达出来。如果她这么做了，她可能在不同的场合表达出不同的图像世界。该图像世界是简关于她的学校和她所在地区的学校运作方式的某些方面的非正式"理论"。当然，她还有很多包括学校和学校运作方式的其他方面的这种理论。

图像世界是人们在特定的场合使用的"理论"——他们在不同的场合可以使用不同的理论。在这个案例中，简直截了当地使用她的图像世界，这在一定程度上是因为理论或模式本身也受到这个项目起源及其进展的挑战。在其他案例中，我们必须做更多工作来从一个人在某一特定场合说的种种事情以及他或她说这些事情的方式中推断出一个图像世界。

我们的另一个调查工具是"互文性"，即一个口语或书面语语篇片段通过引用或暗指的方式，或多或少地使用或再用其他地方出现过的话语。乍一看，在上述语料中互文性似乎没有发挥作用。但再一看，其中的互文性还是值得一提的。比如第六节：

18a. There's a there's a big complicated process

18b. of working through the materials

18c. figuring out how to teach it

18d. which is called curriculum development.

19a. And that's what we're involved in now

19b. and it's very murky

19c. and it's very complicated

19d. and we we don't know where we're going

19e. but that's an innate part of curriculum development

19f. unfortunately

19g. especially when you work with a group of people

19h. and you're not just doing it yourself.

中学教师说这个项目没重点、不清楚。他们隐含的意思是，做这个项目的人——主要是历史学家萨拉，还有赞助者和课程顾问——应该对这一点负责。声明项目没重点、不清楚是中学教师讨论她们被排除在酬金预算方案之外的切入点。在第六节，课程顾问辛西娅试图把中学教师对项目的困惑感**命名**（定义或标记）为"课程开发"（"which is called curriculum development"）。她说"课程开发"既"模糊"又"复杂"。"我们不知道最终要干什么"是"课程开发的内在组成部分"。

辛西娅是在说，她的领域有一个术语可以命名老师们感觉到的混乱过程，就是"课程开发（curriculum development）"。这一命名是把责任从项目领导者的个人身上（中学教师认为责任就是在项目领导人的个人身上）转移到了课程开发的专业实践领域。虽然辛西娅没有使用更多她的领域的词语（这么做会涉及直接互文性），但她使用了她的领域的名称来说明她的领域中有词语可以定义并解释这个既模糊又复杂的痛苦过程。在这一过程中，"我们不知道最终要干什么"这句话"辗压"了中学教师的话（中学教师的意思是个人应该对失误承担责任）。因此，虽然这只是勉强能够称得上是互文性的一个实例，但它的功能是强大的。

我们可以清楚地看到这一命名过程执行了几项构建任务，其中最重要的是构建任务七——"符号系统和知识"。辛西娅试图使课程顾问的语言和知识比中学教师日常实践意义上的语言和知识更具有优势。当然，其他构建任务也是相关的，比如任务一"显著性"（混乱的显著性不是失败，而是"课程开发"）；任务三"身份"（即中学教师的身份和课程顾问的身份）；任务四"关系"（即中学教师与项目及项目负责人之间应该是什么关系，更不用说"课程开发"了）；任务五"立场策略"（即谁知道混乱真正意味着什么这种社会产品的分配）；任务六"连接"（即萨拉的行为和中学教师感觉项目一片混乱之间有什么联系，应该怎么描述这种联系）。

我们的另一个调查工具是会话，即社会群体或整个社会普遍了解的辩论和话题。那么，我们可以设想这次会议的参与者参与了什么会话呢？这些会话如何影响他们的话语以及他们对别人话语的理解呢？与会者都知道的一个会话是关于中学教师和大学教授谁具有"真正"的老师地位（大学教授教书，但不被认为是老师）的辩论，以及关于学校和教育（比如教育学院或教师是学校和教育方面真正的专家吗？）谁的知识占优势等。与会者都知道的另一个会话——一个更加地方化的会话——是米德维尔市历史上形成的城市和大学之间的紧张关系，即这座以工人阶级为主的城市和私立精英大学之间的紧张关系，以及出生于米德维尔的中学教师和来自外地的大学教师之间的紧张关系。

我们现在可以着手研究这些会话是如何塑造会议参加者的话语，以及他们是如何回应对方的。我们当然要考虑一下第七节。在这一节，课程顾问辛西娅说："所以我们来给你们当助手，在你们需要的时候来**帮助**你们，给你们当某种**解释者**、**塑造者**"。这里，辛西娅把自己从"给予"者的角色转换为"帮助"者的角色。"给予"暗含的是课程顾问而不是中学教师的作为和权力；"帮助"暗含的是中学教师作为平等合作者的更大的作为和更多的权力。尽管有这种转换，"解释者"和"塑造者"似乎强调的是课程顾问而不是中学教师的作为和权力。辛西娅是在一个非常敏感的区域交流，因为这个敏感区域涉及与会话（辩论）密切相关的问题，即谁的知识在学校和学校教育方面占优势：是教师的知识，还是那些不在课堂上上课的专家的知识？

不过，我们几乎可以使上述语料中的一切与在"空中"飘浮的一个或多个会话——参加会议者知道在当地或整个社会上正在进行的辩论——建立联系。他们都可以把辩论的话语和辩论"双方"作为制造意义的资源，也都可以应用这些资源来帮助他们解释他人所说的话。

最后，我们的另一个调查工具是话语。话语是成为不同种类的人的不同方式（Hacking 1986），是人们使用语言（社会语言）和行动、互动、评价、思考、信任，以及在特定的时间地点使用各种物体、工具和技术等，在不同的情境中承担具有不同社会意义的身份。在上述语料中——以及几乎在整个会议中——中学教师说话做事时使用的都是米德维尔市的教师话语，历史学家使用的则是学术性较强的历史学家的话语，课程顾问使用的是作为课程专家的专业话语。当然，即使是参加这样一个会议，人们也会以不同的身份说话，或者甚至同时以两个或两个以上的身份说话（"杂糅"）。

话语具有社会性和历史性。像米德维尔市的教师或（某种）历史学家那样的思考、行动、交流和谈话方式早在这些人参加会议之前就已经确定了，尽管通过这种方式，这些人可以逐渐改变作为米德维尔市教师或作为历史学家的特征。我们在本章讨论的语料中的互动反映了当地和全国的教师和大学教授之间的一些历史性紧张关系。所以，话语 / 话语分析可以将这些紧张关系作为分析的一部分。这个问题需要单独一章来专门讨论。

显然，由此而产生的一个问题是，在哪种（有关课堂、研究和课程建设等方面的）语境中，应该优先考虑哪种专业（中学教师、教授、课程专家等）知识。由此而产生的另一个问题是基于实践的中学教师知识实际上被视为专业知识还是被视为轶闻趣事。还有一个问题是，中学教师或行政人员是否应该（正式或非正式地）控制着适用于课堂和学校的各种政策和程序。

这些是在教育界正在进行的，而且已经持续了一段时间的辩论（会话）。比如，这些辩论不仅发生在特定的教师和大学教授之间，而且也发生在各种话语中（如教师话语、大学教授话语、教育机构话语、与政府和其他机构有关的各种政策制定者"控制"教师的话语）。它们是关于地位、权力和社会控制的辩论，因此也是对社会产品的分配带来深刻影响的辩论。

每个话语（米德维尔市教师、历史学家、课程顾问）都在谈话、信仰、价值观和态度方面以不同的方式关注这些问题。因此，我们可以看到，我们的语料不仅是这些特定的人之间的会话，而且也是这些话语之间的会话。这些会话是当地以特定方式进行的实例化，并（以特定方式）反映了更大的国家和历史问题。事实上，我们在话语 / 话语分析中要做的一点——我们在这一章已经开始做了——是揭示这些话语之间的一些具体的"现场"互动。

最后，我想以这次会议中的另一个例子来结束本章的讨论。我们在第 8 章已经讨论过这个例子了。米德维尔市的当地人转变话语对历史学家（萨拉）不利，而萨拉不能或不愿改变她的历史学家的专业话语。你会记得，我们是从萨拉去卡伦和简的学校找课程协调员（管理员玛丽）而没有直接找卡伦和简这一问题开始分析的。会议结束后，大多数人已经离开，只有几个人仍然在继续谈论在会上提出的第二次世界大战时期的话题。

卡伦、简及一个叫乔的人开始根据他们的当地知识缅怀一个叫阳光之城的地方。第二次世界大战时期，人们经常去阳光之城跳舞。特别是乔，他是另一所学校的课程协调员（不是卡伦和简学校的课程协调员）。但是，这两位教师和乔都以米德维尔市的"普通"市民的身份说当地的地方话语，而不是说作为老师和管理者的话语。

像卡伦、简和乔这样的人是米德维尔的典型市民。他们出生在那里，他们的家人已经在那里生活了很久，而且计划继续生活在那里，他们的子女也打算长期生活在那里。历史学家萨拉是在这个城市工作的许多教授（还有其他专业人员）中的一位典型代表，她不是出生在那里，并且在她沿着职业生涯的阶梯向上攀登的过程中可能随时会离开那里。这实际上是城市和大学之间历史性紧张关系的核心之一。虽然卡伦、简和乔转向了米德维尔"普通人"（"生活世界"）的话语，但萨拉还处在一个历史学家的话语中，她不能真正地融入到当地的话语中。让我们看下面的语料：

卡伦：

1a. My mother used to talk about in the 40s

1b. you'd hang around at Union Station

1c. and anybody would just pick you up

1d. because everybody was going down to dance at Bright City

1e. whether you knew them or not.

乔：

2. Lakeside Ballroom.

简：

3. Yeah definitely.

乔：

4. My father used to work there.

简：

5a. And also, once you finally get into the war situation

5b. because you have Fort Derby

5c. everybody would get a ride in to come to Bright City

5d. to the amusement park

6a. so it was this influx of two, three cars worth of guys

6b. that were now available to meet the girls that suddenly were there.

萨拉：

7. Well actually street, street cars had just come in in this

8. and as I recall um from a student who wrote a paper on this

9. Bright City and Park was built by the street car company

10. in order to have it a sort of target destination for people to go to

11. and to symbiotically make money off of this.

简：

12a. Because once you got there

12b. you could take a boat ride

12c. and go up and down a lake

13. and there were lots of other ways to get the money from people.

第 7 行中萨拉的"Well actually"似乎是在"纠正"中学教师和乔的话，她似乎是在拿他们的地方知识和她作为历史学家的知识进行对比。具有讽刺意味的是，这次会议是地方口述历史的一部分，而历史学家在这里利用从研究中和课本上获得的知识来反驳这种口头"语料"。

简毫不费力地把萨拉的贡献融入进了当地知识。萨拉所指的有轨电车公司和游乐园之间的阴谋——这种事情经常是学术话语的中心（一种解释表面事实的潜在结构关系）——被忽视了。

最终，萨拉对发生在会议结束时的这段会话感觉不舒服，于是就离开了。中学教师、乔，现在还有顾问，他们这些米德维尔市的本土人，继续使用他们的当地知识谈话。相互冲突的专业话语（中学教师、管理者和课程顾问）之间的紧张关系顿时消失了。他们用他们共有的而萨拉没有的话语谈话。具有讽刺意味的是，就是这种当地历史——这种米德维尔人可以谈论而萨拉不能谈论的当地历史，而不是作为学术专长的当地历史——最终在会议结束时把萨拉和米德维尔人区分了出来。

话语 / 话语分析不只是为了实现抽象的（理论和学术的）理解，我们希望也可以用它处理现实世界中的实际问题。刚刚开始的这类话语分析最终是为了帮助我们以一种更好、更有成效也更人道的方式来实施项目，比如我们刚才分析的项目。虽然这种应用不是本书的重点，因为如果要讨论应用的话还要再写一本同样厚的书，但我们可以让读者思考这样一个问题：对于这个项目而言，还有什么其他的方法能够让操作不同话语的人更有效、更有建设性地合作？如果是我，我会采用的方法是让人们公开强调不同的话语，强调这些话语的历史以及它们之间的紧张关系，然后将设计一些新的方法，人们通过这些方法共同形成新的但也是暂时的话语或话语混合，来做好大家都希望做好的事情。

第14章

结　论

对于我们人类来说，并非只有文字才有意义。我们几乎可以为任何事物赋予意义。我们可以用树的图像来意指树木、具体的树甚至一片森林。我们可以用孩子意指天真无邪，狼群意指战争，鸽群意指和平。我们可以称文字（如"狼群"）、图像和物体（如狼的图像或真狼）为符号（象征）。符号都是人类表征意义的手段。

我在本书中曾指出，人们在语境中积极地为文字赋予意义，也积极地为其他符号赋予意义。人们并非被动地再现大脑中存储的意义，而是积极地制造和设计意义。

这种观点不是传统的意义观。传统的意义观认为，文字、图像及其相关意义存储于人类的大脑中，在日常交际中被提取出来。我们的文化已经为我们做了这项工作，在我们的大脑中填充了文字、图像以及相关意义。尽管在某种程度上儿童可能会再发明一些词语和图像存储在文化仓库中（如，儿童用蜡笔在纸上画圆表示一个轮子）。成人简单地把符号存储于大脑之中，随时调出来使用，就像使用锤子和螺丝刀等工具一样。

我们可以称本书中的理论为意义的"积极设计理论"，称传统意义观为"文化仓库理论"。就语言来说，传统意义观就像我们查词典一样，对思维有很大的支配力。

传统意义观认为人类大脑中有一个词典（语言学家通常称为"词库"）。当我们需要说或者写词语的时候，我们会飞快地查询它们。词库由心理词项以及与词项相关的发音和意义组成。按照惯例，比如用一个圆圈表示一个轮子，用太阳表示光，用光表示启蒙精神等被认为是正确的图像表意法。对于文化仓库理论，我们也在大脑中存储了一系列图像及其相关意义。大体上，在我们参与交际之前会复制他人的做法。

然而，今天的认知科学研究倾向于支持积极设计理论。很多认知科学家认为，对我们人类来说，无论何时何地，都需要考虑如何使用符号资源（文字或其他符号）。这意味着任何词或短语（或其他符号）并不是一般的或通用的意义或概念，而是人们在交际实践中积极地"现场组配"的产物。组配过程有时候是常规的，有时候又是创新的。

为了感受符号和意义的常规组配，请思考我在本书中用过的一个例子。当我说"咖啡洒了，拿把拖布来"和"咖啡撒了，拿把扫帚来"时，想一想你的大脑中闪现出了什么。在理解第一个句子的时候，我们认为咖啡是液体；在理解第二个句子的时候，我们认为咖啡是咖啡豆。当然，在冷饮店中，"咖啡洒了，拿把拖布来"中的咖啡也可能指的是咖啡冰激凌。

我们组配适合于我们所处的语境或我们在积极创造的语境的"情境意义"。而且，为了准备交际和实现交际目的，我们参与到意义的组配过程中，使意义符合我们的交际需求。通常这个过程是合作式的和互动式的。我们在参与合作行动或交际时，会根据与他人的互动和协商动态地组配意义。

符号由能指（口头的或书面的文字、图像）和所指（意义）构成。

即使我们在交际现场积极地组配意义，我们传承的也往往只是符号的能指。当然，我们也可以创造新词。但是这种情况比较少，比如，我们谁都没有创造"cookie"和"cat"这两个词。

我们可以把"cat"这样的词看作能指，用来表示某物。我们倾向于传递某种意义时可以用这个词作为媒介。传递意义的倾向可以是而且往往是通过社交活动而形成或转换的，并逐步成为两人或多人会话和交流的共享特征。

从这个意义上来说，似乎很明显，说话者和写作者必须塑造词语的意义倾向（意义指向或意义延伸），以适应具体的语境。语境既是（作为参与者的共享知识）客观存在的，又是参与者共同构建的。另外，参与者以某些方式解释语境及语境的相关因素。

塑造意义倾向并不只是一个选词的问题，尽管选词在意义设计中也发挥着重要作用，它也是一个为了某种目的而以适当的方式构建词语意义、词语的情境意义或词语在具体语境中的具体意义的问题。与此同时，我们也必须经常向受话者或读者传递词语的意义倾向或意义"延伸"的信号，以使受话者或读者也可以那样去延伸意义。从这个意义上来讲，我们每次使用我们创造的"cat"一词时，都可以根据我们的目的来为这个词赋予特定的情境意义。

我举一个具体的例子来说明我的意思。比如，"民主"一词在以下不同引文中的用法：

（1）……然而，我认为[米尔顿]弗里德曼提出的全面限制经济自由违背民主的观点是正确的。

［来自网页］

（2）如果民主是创造允许人们自我壮大的进程，那么强盗（经营非法电台的人）就是推动这一进程的最大动力。

Mason 2008, p. 47

（3）佩纳洛萨［哥伦比亚首都波哥大市长］说，"高质量的公众散步区，特别是公园是真正民主的体现"。

Brown 2008, p. 193

（4）这是民主的宿命。在民主看来，并不是所有的手段都是被允许的；她的敌人使用的方法并不都是民主的。

The Public Committee Against Torture in Israel v The State of Israel,

cited in Weisberg,

2008, pp. 181-182.

在引文（1）中，我们不清楚"民主"是否真的意味着少数服从多数，因为大部分投票人都会赞成他们希望的任何经济限制。引文（2）在试图把"民主"等同于一种非法活动，尽管法律大致反映选民的意愿。引文（3）使用了"真正民主"这一术语，并将公园作为真正民主的试金石。引文（4）则把不施加酷刑作为民主的试金石。

每个引文的作者都对"真实"或"真正"民主有不同的理论或图像世界。这种理论或图像世界引导他们在不同语境中对"民主"一词构建出不同的情境意义。事实上，人们根据自己的世界观和语境观（即他们正式的或非正式的理论或图像世界），为了某种特定的目的而使用"民主"之类的语词。正是人们的世界观和语境观让他们把特定的"意义倾向"或"意义延伸"看作恰当的交际目的，并说服他人接受这种交际目的。

我上述关于文字与符号的观点同样适用于句法。说话者和写作者必须对如何创造语言结构（词和短语结合）并把这种结构融合到社会化的意义倾向中做出选择。事实上，如果只关注词汇，我们在交际中就会忽视大量的设计行为。正是通过词语的组合，说话者和写作者可以最大程度地发挥其创造性，并真正指出意义"延伸"的细微差别。这就是诸如"真实民主"和"真正民主"为什么都是有效词汇组合的

269

原因。这些词汇组合让我们减少甚至改变对词语类型意义的限制。再举一例，"Microsoft's new operating system is loaded with bugs（微软的新操作系统加载了漏洞）"和"Microsoft loaded its new operating system with bugs（微软在其新操作系统中加载了漏洞）"这两种组合可能的意义倾向。

接下来，我要讨论两个例子来说明积极设计理论对词语和词语意义的重要性。首先，请思考下面的段落。这是一篇由墨西哥裔美国学者理查德·鲁伊斯写的文章。文章记述了法庭对玉米卷饼是不是三明治而引发的争议（《墨西哥玉米卷饼的本体论现状》"The Ontological Status of Burritos"，Richard Ruiz，2008，获使用许可。前面我们讨论过这篇文章的部分选段）。一家"三明治"店和一家大商场签署了一项协议，不准其他三明治店进驻该商场。后来，一家玉米卷饼店在这家商场开张了。于是，三明治店起诉了这家卷饼店，声称玉米卷饼就是三明治。

几个月前，马萨诸塞州的一位法官宣布玉米卷饼不是三明治。这位法官是否有资格做出这种判决尚不清楚。但是法官的名字不能让我做出这样的判断：他不可能像我和其他像我一样的人那样对墨西哥食物特别熟悉，虽然我认为名字并不是决定国籍的好办法。（我和一位名叫普兰科特的墨西哥裔美国人一块儿上过学，和一位姓施瓦茨科普夫的波多黎各人是同事。）这名法官的判决很显然是合法的，但同时也让我们质疑是什么社会和文化因素让这名法官做出这样的判决。

法官和法院做出不合常理的判决已不是什么新鲜事。有些判决比判断墨西哥卷饼的本体论状况还要重要。1896 年，一个法庭宣布要求黑人和白人分开使用市政设施的法律是符合宪法的。诉讼的原告是荷马·普莱西。他有八分之一的黑人血统。1927 年，出现了挑战普莱西案的学校种族隔离判例——某法庭判决中国女学生在法律上属于黑人（当时黑人被称为"negro"）。1954 年，得克萨斯州一家法庭宣布墨西哥裔美国人是白种人。（当时我还是个小男孩，当我知道我突然变成了白人时，我不禁打了一个冷战，现在我知道原因了。）回想起来，如今我们当中有很多人会认为这些法官根本没有资格判决这些问题，他们只会误导大众。

鲁伊斯不仅指出我们选择组织意义的方式，而且指出这种选择会引发严重后果。他还指出，我们可能会问拥有什么资格才能让我们做出这些选择。鲁伊斯认为所需要的资格与我们的文化仓库和作为不同社会文化群体的我们对世界的体验有关。然而，文化仓库并不决定意义。交际者设计自己的意义，但尽管如此，在一个多元化的社会里，文化仓库由不同的人构建和体验，我们因此对其承担着道德责任。这是截然不同的文化存储观。它不是一个意义列表，而是人们的亲身经历和价值观。这些经历与价值观在不同群体中各不相同。但是，我们需要根据自己知道和不知道的东西来敏锐地察觉到这些差异。

我要举的第二个例子是"香肠"一词。这个词不像"爱""荣誉"和"民主"等词那样需要"想象"。请看非洲裔美国艺术家兼律师帕特里夏·威廉姆斯（Williams 1991）曾经在法庭上对这个看似简单的词所说的话。威廉姆斯控诉一家香肠制造商销售掺假的产品。这家制造商坚称"香肠"就是由"猪肉和很多混合物"组成的。在向陪审团做总结陈述时，威廉姆斯说：

> 这台机器叫作香肠制造机。使用香肠制造机时，首先放猪肉和调味料进去，然后扭动机器上的曲柄。因为这是一台香肠制造机，所以在这样的操作过程后，机器的另一端出来的是香肠这个成品。渐渐地，每个人都会知道香肠制造机生产出来的成品就是香肠。事实上，这一点得到了法律的认可，是无可争议的。
>
> 某一日，我们将一些可疑的老鼠肉、泰迪熊肉和鸡肉放进这台香肠制造机中，然后扭动机器上的曲柄，等着看机器的另一端会出什么样的成品。（1）如果我们将产品称为香肠，我们可以证

明这台机器是有效果的吗？（2）如果我们将产品称为香肠，"香肠"的意义是否可以得到扩展和延伸？（3）我们是否可以打破常规，不称这个产品为"香肠"？

其实，我也不知道把一堆锯末和碎鸡爪混合起来制造出来的东西叫不叫香肠。这和在字母表中随便找几个字母拼凑在一起来指称从这台机器里制造出来的东西有什么区别？然而，真正的区别在于通过以下三个方面识别我们与"香肠"一词不断变化的关系：

（1）扩大香肠制造商的权威，增加香肠制造机工作的可怕而残酷的必然性，即凡是从香肠机里出来的都是香肠，否则香肠就不存在了。

（2）扩展香肠这个词本身的含义，包含不同类型的香肠：鸡肉肠、鼠肉肠、泰迪熊肉肠等。

（3）挑战我们自己对"香肠"含义的理解，即明确香肠一词公认的意义边界，重新认识授权与合法化香肠含义的根源。

认识到至少有三种不同的做法与这一案例的事实、这个产品、这个东西建立联系，就是定义并承认你作为法官和审判者的角色，就是承认你自己参与了对现实的创造。

pp. 107-108

很显然，威廉姆斯认同的是第三个做法。可是，一个词语公认的意义边界究竟是什么？何时香肠不再是香肠？一个公司可以在多大程度上延伸"香肠"一词的意义？为"香肠"一词授权并合法化意义的根源是什么？这些不是我们打开词典查询单词意思时习惯性思考的那种关于单词和意义的问题。而且，这些问题表明了意义边界的社会性和伦理性（"公认的"），也表明意义取向是从社会协商和争论中产生的。

威廉姆斯清楚地说明，作为社会人，我们决定词语的意义，决定什么是或应该是意义边界。我们不仅在法庭上这么做，在日常生活中也这么做。

我们决定意义和意义边界并不是因为我们作为现代人群的成员可

以面对面交流，而是因为我们是某时某地不同话语的代表人物。我们作为"某类人"的代表对词语的意义做出决定，对同一个词语在不同的话语中的意义可能做出不同的决定。

我们以某种公民、女权主义者、新保守主义者、环境保护论者、学者、游戏玩家、政策制定人、律师、家长和逃犯等身份对意义做出决定。"人的类型"或身份或"在世界上的存在方式"是在历史上构建的。通常，这些在我们来到这个世界之前就已经存在，在我们离开之后依然会继续存在。我们继承它们，还通过我们自己积极的、创造性的设计来塑造、复制和改变它们。这是每个人对历史所做的贡献。

最后，我来评论一下数字媒体是如何把作为制造者和设计者的人的观念推向社会前沿的。在当今许多领域，数字媒体可以让各年龄层次的人在没有官方证书的情况下，作为业余爱好者创造自己的设计、媒体、产品、服务和知识等。我们正迈入职业选手和业余选手混合赛的时代：业余爱好者在他们喜好的领域中成为了专家。

其中许多都是使用互联网、社交媒体、数码工具的年轻人。在众多不同领域中，这些年轻人通常是支持技术发展的虚拟或真实社区的成员。其中一些领域是数字视频、视频游戏、数字故事、游戏电影、公民科学、同人小说、历史和文化模拟、音乐、平面艺术、政论、机器人技术、动漫和时装设计（如模拟人生游戏中的模拟）等。事实上，现在人们所能够想象得到的所有领域都有职业选手和业余选手混合赛。

我举一个具体例子来说明这一点：一个年轻的农村女孩，没有上学，参加了一项提高女孩子科技兴趣的校外课程。在课程中，她了解到可以用 Photoshop 软件给模拟人生游戏里的人物穿上真衣服，但这是个技术活。她知道她可以学会，但现在还不会。她必须自己学，因为开设这门课程的人自己也不会。其实，她也不是真的自己摸索，因为网上有很多这方面的指导资料。

经过多番努力，她终于按照真实的服装为她的朋友设计出了虚拟服装（于是她在朋友圈中的地位直线上升）。后来她发现可以将她的衣服上传到互联网上，这样世界各地的人都可以看到并使用她的衣服。很快，成百上千的人开始使用她的衣服，并对她赞誉有加（现在的她已经享誉"全球"了）。

这个女孩最初不是卖衣服，而是送衣服。可是，她很快就在"第二人生"（该游戏的玩家自己创建的虚拟世界）开了一家店，（使用"第二人生"上的 3D 引擎）自己设计、自己创办。她开始在网店卖衣服赚林登币。林登币可以兑换成真币。

这个女孩参加了几个职业选手和业余选手混合赛社团，我们也可以称之为"至亲空间"——没有年龄区分的社会群体，指导如何为"模拟人生"这样的游戏设计服装或在"第二人生"销售服装，并为加入这些领域设置规范或标准，而且标准设置得很高。至亲空间的其他人曾经指导过她，如果她想被接纳为"圈内人"，他们就会给她设计很高的入门标准。

看到这个案例，出于性别的陈旧观念，一些教育学家可能会反对让这个女孩对时尚产生兴趣。然而，当被问及这样的经历怎样改变了她对未来的规划时，这个女孩的回答不是想成为一名服装设计师，而是想"用电脑工作"，因为她已经看到了电脑是"力量"的源泉。她也把用电脑工作看作创新与创造的源泉。如果我们不问，我们就不知道人们在现实生活中遵守真实的行业规范时他们的身份在发生什么变化。

因此，今天，无论是年轻人还是老年人，我们已经习惯于看到人们在使用技术积极地制造、设计和构建。本书前面说过，人们也是而且一直是使用口头语和书面语积极地制造、设计和构建。他们越清楚地意识到这一点——而话语分析有助于这一过程——他们的"技艺"就越精湛，也越能理解并保护自己，必要时也可以防止别人对自己进行设计。

通常，学校和社会让某类人相信他们首先是消费者而非生产者，是读者而非作者，是观众而非演员。但是，人类天生就是使用语言的设计者、生产者、参与者、艺术家、推动者与撼动者，而现在，人类又学会了使用科技。话语分析的任务应该是释放每个人使用语言和生产语言的能力，鼓励所有人使用语言能力做好事而不是做坏事。

延伸阅读书目

Anderson, C. (2006). *The long tail: Why the future of business is selling less of more.* New York: Hyperion. [关于平常人作为制作者和生产者的著作。]

Barsalou, L. W. (1999a). Language comprehension: Archival memory or preparation for situated action. *Discourse Processes* 28: 61-80. [积极设计理论关于理解语言和世界的应用。]

Barsalou, L. W. (1999b). Perceptual symbol systems. *Behavioral and Brain Sciences* 22: 577-660. Clark, A. (1989). *Microcognition: philosophy., cognitive science, and parallel distributed processing.* Cambridge, MA.: MIT Press. [一本心理联系网络指南。我们在经验中建立联系网络并以此理解语言和世界。]

Gee, J. P. (1992). *The social mind: Language, ideology, and social practice.* New York: Bergin & Garvey. [本书认为大脑具有社会性，因为我们的联系网络是由我们与他人交流的经验形成的，且有时会受到他人的指导。]

Gee, J. P. (2004). *Situated language and learning: A critique of traditional schooling.* London: Routledge. [语言、学习和数字媒体的综合讨论。]

Gee, J. P. (2012). *Social linguistics and literacies: Ideolog in Discourses.* Fourth Edition. New York: Taylor & Francis.

Gee, J. P. (2007). *What video games have to teach us about learning and literacy.* Second Edition. New York: Palgrave/Macmillan.

Gee, J. P. & Hayes, E. R. (2010). *Women and gaming: The Sims and 21st century learning.* New York: Palgrave/Macmillan. [讨论了 "至亲空间"。]

Gee, J. P. & Hayes, E. R. (2011). *Language and leaming in the digital age.* London: Routledge.

Glenberg, A. M. (1997). What memory is for. *Behavioral and Brain Sciences* 20: 1-55. [讨论了记忆和理解如何成为积极构建过程。]

Glenberg, A. M. & Robertson, D. A. (1999). Indexical understanding of instructions. *Discourse Processes* 28: 1-26. [讨论了理解是如何体现并建立

在我们作为世界上的存在实体的经验的基础上的。]

Hargittai, E. (2010). Digital Variation in Internet skills and uses among members of the "Net Generation". *Sociological Inquiry* 80: 92-113.

Kress, G. (2003). *Literacy in the new media age.* London: Routledge.

Kress, G. (2010). *Multimodality: A social semiotic approach to contemporary communication.* London: Routledge. [关于人们为能指（即适合人们的目的的意义）积极制造意义的经典著作。]

Leadbeater, C. & Miller, P. (2004). *The Pro-Am revolution: How enthusiasts are changing our society and economy.* London: Demos. [内容是关于没有正式证书的业余专家的制造者。]

Mason, M. (2008). *The pirate's dilemma: How youth culture is reinventing capitalism.* New York: Free Press.

Ruiz, R. (2008). The ontological status of burritos. Unpublished paper, University of Arizona, Tuscon, Arizona.

Shirky, C. (2010). *Cognitive surpltcs: Creativity and generosity in a connected age.* New York: Penguin. [一本关于数字媒体可以释放最大限度的创造、生产、行动主义和设计等能力的精彩图书。]

Weisberg, J. (2008). *The Bush tragedy.* New York: Random House.

Williams, P. J. (1991). *The alchemy of race and rights: A diary of law professor.* Cambridge, MA.: Harvard University Press.

术语表

标准英语

该术语有很多不同的意义，或者说不同的意义之间有细微的差别。本书中的"标准英语"是指在公共领域（如工作面试、主流媒体、政治演讲）典型的说或写（两者会有差异）英语的方式，并且不呈示地区、民族、阶级或其他社会差异。标准英语实际上是一种虚构的概念，因为在实际语言使用中总会出现差异。但无论如何这是一个非常重要的概念，因为在某些环境中，人们认为没有使用标准英语可能会带来负面后果。社会上许多人认为标准英语是受过教育的人的说话和写作方式（不过，请记住，标准英语的口语和书面语形式是不同的），尽管这些受过教育的人与朋友进行非正式交谈时，他们经常会使用在较正式的场合中不会使用的语言形式。

搭配模式

任何"组合在一起"（如太阳帽、游泳衣、防晒霜、毛巾和人字拖鞋组合在一起代表"日光浴"）代表特定社会语言（和与之相关的身份）的词语或语法结构（单词、短语和小句的类型）模式。

大写"C"会话（调查工具）

"会话"（大写"C"会话）是指社会上或特定社会群体内部进行的（如

对吸烟、堕胎或学校改革等焦点问题）大多数人都认可的辩论。辩论的内容涉及有几"方"参加，每方都是什么人等。

大写"D"话语（调查工具）

社会语言（见下文）是用来促成特定的社会情境身份和与这些情境身份相关联的活动的语言变体或风格。但是，人们不只是通过语言来促成身份或活动，而且还通过整合语言和非语言"材料"来促成身份和活动。我用"话语"（大写"D"话语）这一术语来表示合并与整合语言、行动和交流的方式，以及思考、相信、评价和使用各种符号、工具和物体的方式，用以促成社会认同的特定类型的身份。如果你想被认同为街头帮派成员，你必须以"正确"的方式说话，而且你的衣着、行为也必须"正确"。你也必须以特定的方式参与（或至少表现出你在参与）思考、行动、互动、评价、感觉和相信等。你还必须在"正确"的时间和"正确"的地点使用或能够使用各种符号（如涂鸦）、工具（如武器）和物体（如街角）等。你不能只是在嘴上说说，你还必须在地上走走。想被认同为律师、海军、激进女权主义者或酒吧常客等也是如此。同一个人可以在一个语境中被认同为"街头帮派成员"，在另一个语境中则以相当不同的方式进行交谈、行动和互动，也可以被认同为"高才生"。而且，这两种身份及其相伴的说话、行动和互动方式在某些情况下（不同的人期望不同的身份）以及在个人的头脑中可能会相互冲突。

我在其他地方曾使用"初期话语"这一术语，来表示通过家庭和任何其他社会群体，在人们生命初期实现社会化的过程中选择的话语。这一话语涉及成为一个"像我们这样的人"，这里的"我们"是人的初期社会群体。这是你在生命初期获得的作为家庭、群体或文化成员的身份。什么是你的初期社会群体，要根据你自己的情况而定。

我用"第二话语"这一术语来表示与家庭或早期社会群体之外更大的公共社会机构——教会、学校、政府机构、工作场所或利益驱动群体（如游戏玩家或动漫迷）——有关的任何话语，即通过词语、行动、互动、评价和语言成为某种人的任何方式。第二话语使我们能够促成与我们的家庭或"家庭文化"相关的更多公共领域的身份。一些第二话语（如教会话语，以及相对于许多中产阶级家庭来说的学校话语）与一些人的初期话语密切相关。这些人介入他们孩子的早期社交活动，让他们准备好以后进入或遵守这些第二话语。这一过程我称之为"借贷"。

我在另一本书《社会语言学与文学：话语中的意识形态》（*Social Linguistics and Literacies: Ideology in Discourses*, 4ed，London: Taylor & Francis 2011）中讨论了初期话语、第二话语和"借贷"等概念。

调查工具

本书介绍了作为"调查工具"的形式功能相关性、情境意义、社会语言、话语、会话和互文性（参见术语表中各词条）。这些调查工具在某种意义上引导话语分析者对自己的语料提出特定类型的问题。

定位设计

我们如何设计我们的所说或所写，来引导受话者或读者以某种身份参与到我们希望他们参与的某种活动中来（无论好坏）。本书通过社会语言和话语构建身份、关系、连接、显著性等的方式来讨论身份定位设计。

方言

与特定地区、族裔群体、社会阶层或其他社会群体划分相关的说话和／或写作（口语和书面语通常不同）风格。方言可能因发音（"口音"）、语法或话语（交际）特征或所有这些特征的变化而变化。

非最后语调轮廓

语调轮廓中的焦点信息以稍微提高或降低（或升降或降升）声音的方式说出来，听起来不是语调的"终结"，就好像相关信息还没有说完。在本书中，我使用单斜杠（"/"）来表示非最后语调轮廓结束。

符号

任何有意义的词语或符号（可以是图像或物体）。符号和它代表的事物之间通过概念、解释和惯例建立联系。

符号系统（意义系统）

任何彼此相关的，允许在特定领域进行交流（提供意义）的符号系统。语言（词语及其各种可能组合的系统）是最重要的符号系统，当然还有很多其他的符号系统（如数学、路标、军徽等）。人们也可以把建筑系统（比如华盛顿特区）看作符号系统，因为它们在某种意义上传递着权力和地位的信息。这种信息的"作者"当然不是建筑物本身，而是它们的设计者，以及正因为它们可以传递这种信息而对它们进行维护的人。

符号系统和获取构建任务知识的方式

对任何语言或符号系统或了解世界或获取世界知识的典型方式，使用语言来创造、维持、修正、改变、给予特权或剥夺特权。

符号学

关于符号系统研究的一个术语。

功能语法

对不同类型的语法结构（如，不同类型的主语和宾语、名词和动词、名词短语和动词短语，以及小句——如关系小句）与它们通常在交际中服务或可以服务的一种或几种功能配对的语法（人们在说或写一种语言时遵循的惯例）的公开描述。

构建任务

本书认为，人们使用语言积极地在世界上建造事物。正如锤子和锯子可以用来建造房屋一样，语法也可以用来在世界上建造事物或者为世界上的事物赋予意义和价值。我们使用语法来构建显著性、实践、身份、关系、立场策略、连接、符号系统和知识，并给予某些符号系统和获取知识的方法以特权（参见每个构建任务的术语条目）。我们可以将这些都看作说话者和写作者在说话或写作时承担的提供或告知信息之外的"任务"。事实上，在大多数情况下，我们提供（告知）信息，以便执行一个或多个构建任务。受话者 / 读者不得不遵循（或拒绝）说话者 / 写作者的引导，来构建说话者 / 写作者想要构建的事物。因此，说话者 / 写作者和听话者 / 读者都参与了构建过程。

关系建构任务

使用语言建立 / 维持社会关系，或是终止 / 破坏社会关系。

惯例

惯例就像规则。人们在无意识地遵守这些规则。惯例是约定的行动或互动方式，但是，这种约定也是隐性的或无意识的，是在人们遵循或"模仿"他人所做的事情时产生的。惯例要么是僵化的要么是灵活的，或多或少都有点。也就是说，遵循惯例的人有时可以大致以相同的方式做事，或者以更灵活的方式行动，但仍然被认为是遵循惯例。语言、意义和实践都是基于惯例的。你说话或行动时，如果你没有在一定程度上遵循一个公认的惯例，那么其他人就无法知道你在说什么或在做什么。这确实引发了一个有趣的问题，即我们如何做真正新的事情或新的惯例如何出现（二者都是社会科学中的深层问题），尽管部分答案很明显，即我们可以合并旧惯例，形成新惯例，或给旧惯例赋予新意义（有时基于其他惯例）。既然惯例像规则一样，打破惯例可能会导致社会不良后果（"损失"），我们可以把在社会上说话和行动看作玩游戏（有规则、有输赢）。

宏观结构

更大的信息块，比如我暑假的故事、一场为了增加税收的辩论、对财富再分配计划的描述等，都有自己独特的、更高级的组织方式。也就是说，这些大的信息主体也有自己独特的部分，这一点非常类似于身体部位(脸、躯干、手、腿等)。这些部分是组成身体或信息主体的最大部分。每一个大部分都由自己的小部分组成（肢体由皮肤、骨骼和肌肉组成，信息主体的部分是由它们自己的节和行组成)。故事背景是故事的一个较大的组成部分，是故事的一个"肢体"。故事通常由以下几个部分组成：背景、催化、危机、评价、解决和尾声。其他类型的语言由不同的部分组成。较大的故事"肢体"整体上可以称为"宏观结构"，而行和节则是构成"微观结构"的成分。

宏观行

人们常说，口语中没有"句子"，句子只是在书写时产生的一个语言单位。我不这样认为。我认为，和书面语相比，口语句子结构比较松散，句子之间的组织或联系不太紧密，人们经常使用英语的句法资源把两行或几行连成一个类似于句子的单位。我称这种口语"句子"为宏观行，把我迄今为止所说的"行"（即语调单元、思想单元、语调群）称为"微观行"，以在必要的时候对两者进行区分。所以，"宏观行"的意思是"口语中的句子"。

互文性（调查工具）

我们说话或写作时，常常以某种方式间接或直接提及其他"文本"或某类"文本"。这里的"文本"是指他人曾经说过或写过的话语。例如，《连线》杂志曾经刊登一篇题为"The New Face of the Silicon Age: Tech jobs are fleeing to India faster than ever. You got a problem with that?（硅谷时代新面貌：科技工作岗位正在以前所未有的速度转到印度。你有问题吗？）"的文章（2004, 2）。"You got a problem with that?"使我们想起曾在很多电影中听到过或在书中读到的"硬汉"语言。这种话语出现在科技杂志上引起了我们浓厚的兴趣。我把这种不同文本之间或不同类型的文本之间的交叉引用称为"互文性"。在互文性实例中，一个口头或书面文本暗指、引用另一文本，或以其他方式与另一文本建立联系。

话语（大写"D"话语）

见大写"D"话语。

话语（小写"d"话语）

小写"d"话语一词在本书中的意思是任何语言使用的实例或任何口语或书面语片段（即广义上的"文本"，可以是口头的或书面的）。

话语分析

对使用中的语言的分析，无论是口语还是书面语。话语分析的语言形式注重语法细节及其在交际中的作用。其他形式的话语分析只关注主题和信息（有时被称为"内容分析"）。

话语符号意义

本书中我称为"情境意义"的另一个术语。

话语类型意义

词或短语在实际使用语境之外的一般意义、意义范围或意义潜势。

回应设计

受话者和读者为对听到或读到的内容做出回应而在语言、行动或思想上做的准备工作。话语分析的部分任务就是研究人们如何在互动中彼此交替回应，在回应和调整中共同构建意义。

会话（大写"C"会话）

见大写"C"会话。

会话分析

会话分析是话语分析的一种详细形式。它把会话视为人类基本的交际形式，并试图通过交谈和定向交谈来阐释人们如何在社交活动中创造和再现社会秩序。这种方法一般被写作"CA"，是一个社会学分支（放弃创造宏伟的社会学理论，倾向于描述人们实际创造的秩序以及他们如何创造并维持这种秩序）。加利福尼亚大学洛杉矶分校的曼尼·谢格洛夫是当前最著名的CA实践者。

活动

见"实践"。

积极设计理论

人们积极地设计自己的语言，以适应他们的目的，适应他们所处的语境或将会进入的语境，适应受话者或者读者的身份，适应他们想要在世界上建构和实现的事情。

节

节是一组关于在某一时间某一地点发生的一个重要事件、现象或状况，或者它侧重于一个具体的人物、主题、图像、话题或观点等。时间、地点、人物、事件或观点的变化标志着新的一节的开始。我用"节"这个词是因为这些单位有点像诗歌中的节。

框架问题

人们通过思考所说或所写的内容及语境来解释他们的所听或所读。说话者和写作者永远不可能把所有内容都放在言语中，所以他们必须依靠受话者和读者不仅从他们所说或所写的内容而且从说话或写作的语境来推断意义。但是语境（见术语表中的"语境"词条）是无限大的，受话者和读者必须判断多少语境和语境的什么部分与解释说话或写作意图相关。考虑更多语境总会改变受话者或读者对说话者或写作者意图的理解。所以，问题是，我们如何知道什么时候退出，我们如何判断语境中与解释相关的部分，以及我们选择什么时间、如何扩大语境中我们认为相关的部分。这就是"框架问题"（计算机在判断相关性方面无法与人类相比）。

写作提出了一个有趣的语境问题，因为我们可以考虑写文本时的语境或读文本时的语境（读文本可能发生在写文本数百年或数千年以后——比如《圣经》或《古兰经》），或者两者兼而有之。人们会争论哪种语境产生了"正确"的意义，但这个问题没有答案。这是一个选择的问题或我们想要做什么的问题。

理论

理论是对现实领域（如语言、细胞、进化、环境、社会等）存在的事物的理解和论述，包括对事物的描述，事物之间的相互联系、相互作用及产生的后果（结果）等。在收集到实质性的证据之前，关于理论的描述都是假设（猜测）。收集到证据了，理论就成"真的"了（现实的表征），尽管仍然可能在正常的科学或实证研究过程中不断地得以修正。[即使经验理论总是可以修正的，但忽视得到充分证明的理论通常是危险和愚蠢的，而且可能会造成很大的危害。]

立场策略

这个词有很多不同的用法。在本书中，它指的是社会产品或社会产品的分配受到威胁的任何情况。我们说话、写作或行动的方式可以给予或撤销社会产品，或者表明 / 暗示社会产品是如何或者应该如何分配的。这些情况都属于我所说的立场策略。立场策略通常涉及说话、写作或行动来表明和暗示某些人物、事物或活动是否"合适""正常""自然""好"或"可接受"（或相反）。所有这一切几乎都与社会产品相关（比如，许多人不想被认为他们所讲的英语是"不可接受的"或"不正确的"，尤其是如果他们的母语实际上是英语，但他们说的是与"标准英语"不同的方言）。

立场策略构建任务

使用语言给予或剥夺社会产品，或预测社会产品如何或应该如何分配。

连接构建任务

使用语言建立事物之间的连接或相关，或是断开事物之间的连接或相关。

联系网络

语言在语境中展开时，我们（基于先前的经验）在头脑中把思想和主题联系起来的方式。本书通过图像世界的概念阐述这一过程，但是，联系网络可以在当前认知科学和脑科学的研究工作中得到进一步的阐述。参见最后一章的参考文献。

批评性话语分析

试图与立场策略（见术语表中"立场策略"词条）建立联系的任何形式的话语分析。批评性话语分析涉及人们在说话和写作时代表、帮助或损害了谁的"利益"。诺曼·费尔克拉夫及其同事通常把"批评性话语分析"拼写为"CDA"。

情境意义（调查工具）

词语或短语在实际语境中的具体意义。说话者和写作者组织言语或句子以引导受话者或读者在语境中构建这些具体意义。当然，说话者和写作者永远无法确定受话者和读者是否构建了被期待构建的具体情境意义。同样，受话者和读者可以选择不合作（或"对抗"）并在没有充分考虑说话者和写作者的意图的情况下建构具体情境意义。

认同工作

我们人类通过谈话和互动来寻求被认同为具有特定社会情境身份而做的工作，导致我们被成功或不成功认同的因素，围绕这些身份而进行的所有争论、协商和争议，以及我们人类（努力使这种身份被认同或被接受）的"出价"方式，并就这些身份彼此联系或争论的方式等。

社会产品

社会上的个人或群体想得到和珍惜的任何东西。有些东西（如地位、金钱、爱情、尊重和友谊）被社会上几乎所有人都看作社会产品。有些东西只被一小部分人看作社会产品。比如，看见一只稀有的鸟并把它列入自己的生活清单——当然，虽然这是一个相对较小的群体（即观鸟者）的身份来源，但"观鸟者"这一身份是一些人追求的社会产品。

社会语言（调查工具）

与任何社会情境身份——这种身份可能与社会群体、职业、文化、实践、社会角色或兴趣驱动的活动（如电子游戏）有关——相关的说话和写作变体或风格。我们有时也以同样或类似的方式使用"语域"一词。社会语言包括方言和其他与特殊社会身份及实践（活动）相关的语言风格和变体。

身份

身份有多个不同的意义，在本书中指的是：在不同的时间和地点为了不同的目的而在世界上存在的不同方式。例如，成为"好学生""狂热观鸟者""主流政治家""强硬警察""视频游戏玩家""美洲土著居民"等，可以列出一长串这样的身份。我指的不是你的自我感觉，你认为你"本质上"是谁，虽然这也是一个很重要的概念。我通常使用"社会情境身份"或"社会身份"这个术语而不只是"身份"这一词语，来说明我谈论的是我们如何识别和扮演不同的社会角色或承担不同的社会地位。

身份构建任务

使用语言促成特定的社会情境身份，或是将这些身份投射在他人身上，或是给予 / 取消这些身份的特权。

生活世界

在不同的学术领域以不同的方式使用但"常人"又根本不使用的一个术语。你的"生活世界（lifeworld）"（有时会分开写"life world"）是由你作为"常人"并根据"常识"和"日常知识"而不是专业知识进行交流的地点和空间组成的。在生活世界中，人们使用土语交流。这一概念让我们反思这样一个事实：在高科技和科学驱动的全球化世界中，我们的生活世界（人们可以轻松地根据非专业知识了解事物的场所）正在日益萎缩。

实践

我所说的"实践"，是一种社会认可的、受制度或文化支持的努力，通常涉及以特定方式排列或组合的行动。鼓励学生是行动，作为导师指导研究生是实践。给某人讲语言学是行动（告知），讲授一门语言学课是实践。有时候，"活动"一词可以用来指代我所说的实践。

实践（活动）构建任务

使用语言单独或与他人一起执行具体的实践（活动）。

受话人设计

说话或写作时，我们设计我们的语言，同时适当考虑受话人身份。在本书中，我们通过身份构建任务以及在社会语言和话语中促成和识别身份的方式来处理受话人设计。

思想单元

见言语小迸发。

图像世界（调查工具）

图像世界是一个简化世界的理论、故事、模型或图像。它捕捉到人、实践（活动）、事物或互动的典型或正常情况。当然，所谓的典型或正常情况会因语境和人的社会文化群体的不同而不同。一个图像世界是一种识别特定的角色、参与者和行动并赋予它们意义和价值的社会和文化建构方式。因此，我们都有办法识解什么是典型的或"适当的"卧室、房子、配偶、婚姻、育儿方法、受过教育的人、酒精、浪漫、学生等。图像世界也被称为"民间理论"和"文化模式"。当人们在脑海里模拟典型的或"适当的"婚姻或已婚夫妇时，他们是在创造或召唤他们关于婚姻或已婚夫妇的图像世界。图像世界不止是存在于人们的头脑中，它们也经常反映在各种文本和媒体中。

土语

这个词有不同的意义，它的词典意义与在本书中的用法无关。在本书中，"土语"指的是人们试图以"常人"而不是任何类型的专家或专业人士（尽管他们在其他场合可能会以专业人士或专家的身份说话）的身份交流时使用的语言风格，是人们早期在家庭和社区实现社会化过程中学习的语言形式。土语会因社会和文化背景的变化而变化，尽管人们在国际化的社会中相互接触时，往往会趋同于使用较相似的土语风格。人们使用土语风格方式的变化取决于他们希望在具体环境中说话的正式程度（也就是说，人们在床上与配偶说话的方式和在酒吧与陌生人说话的方式是不同的，但在这两种情况下他们可能使用的都是土语风格的语言）。

显著性构建任务

使用语言通过各种方式给事物赋予显著性或重要性，或是减弱它们的显著性和重要性。

小句

人们可以粗略地把"小句"定义为任何动词和"聚集"在动词周围的成分组成的语法结构。所以，"Mary left the party because she was tired"这个句子有两个小句"Mary left the party"（"Mary"和"the party"聚集在动词"left"周围）和"because she was tired"（"she"聚集在动词"was tired"周围）。句子"Mary left the party"只包含一个小句。句子"Mary intended to leave the party"中也有两个小句，"Mary intended"和"to leave the party"（"Mary"被理解为"to leave"的主语）。第二个小句（"to leave the party"）被嵌入在第一个小句（"Mary intended"）中作为动词"intend"的直接宾语。这两个小句紧密地捆绑在一起，通常被当作一个小迸发说出来。

在传统语法中，句子是任何自身完整的语句（如，"The boys liked the cakes"）。非句子小句是具有主语和谓语但自身不完整的词串（如，在"John thinks that the boys like the cakes"中，"the boys like the cakes"是小句，而"John thinks that the boys like the cakes"是句子）。由于我不想一直说"小句或句子"，我会把所有包含主语和谓语的词串称为小句，不管传统语法称为小句还是句子。

信息焦点

见语调轮廓及重音。

行

在本书中，我所说的行是指"思想单元"或者"语调单元"（见言语小迸发）。

形式功能相关性（调查工具）

任何特定的交际功能与特定的词语或词语类型、短语或小句之间的相关性。例如，句子的主语（如"Mary got into Stanford"中的"Mary"）与成为句子"话题"的交际功能相关（"话题"是正在谈论的事情，或说话者或写作者正在做出断言或提出问题的事情）。

学术语言

与学术领域包括学校的"课程内容"（如，数学、科学、社会学、历史、政治学等）相关的专业语言风格。

言语小迸发

鉴于人类大脑和发音系统的构造方式，在所有语言中，言语的产生是一股股小小的迸发（spurt）。如果不密切注意，我们往往听不到这些小小的迸发，因为耳朵把它们聚焦在了一起，给我们一种错觉，以为言语是一个连续不断的音流。但是，在英语中，这些小迸发经常——虽然并不总是——只有一个"小句"的长度。这些小迸发包含一个信息块（因而通常被称作"思想单元"），也包含一个调核（一个主要音高变化），创造出一个最后或非最后语调轮廓（因而被称为"语调单元"）。

意义

任何符号（可以是一个词、图像或事物）在"代表"其他事物或与其他事物关联时，就产生了意义。所以"树"这个词代表世界上的树。树的照片也有同样的用途。画一棵树也可以。符号所代表的事物是它的"外延"或"所指"。人们使用某些信息或惯例来识别符号代表的事物。这些信息或惯例通常作为概念或思想存储在人们的大脑中，被称为符号的"内涵"或"意义"（我们可以看到，内涵或意义并不仅仅是作为概念存在于人们的头脑中，而且也建立在人们所遵循的惯例之上，所以它们也存在于人们的社会实践之中，因为惯例就是社会实践）。比如，"独角兽"一词的内涵或意义是"像马一样带有角的动物"（当然还有其他的事物）。这一概念和／或惯例让我们明白这个词代表（所指）的是独角兽（独角兽在现实世界中并不存在，但确实"存在"于人们的故事、幻想和图像中）。人们也可以把物体（如婴儿）看作符号，只要他们对联系符号和符号所代表（表示、指定、提及）的事物的概念达成一致，比如婴儿可以代表"天真"。

语调单元

见言语小迸发。

语调轮廓

音长、音量和音高在说话过程中会有变化（见"重音"词条）。"语调轮廓"是指我们"如何说出"我们想说的内容，包括我们在一串词语中如何拉长音长、提高音量、改变音高。英语中的"语调轮廓"体现说话者的态度、情绪、强调、意义的各种细微差别。这种意义难以描述，但它们对于交流以及交流是否顺畅、是否会冒犯他人至关重要。

语法

人们在说或写某一方言、社会语言或语言时遵循的与词语的使用和短语和句子的构造相关的惯例。这些惯例通常被称为"规则"，但它们是隐性的、无意识的。人们也编写语法，即明确描述一种语言的规则系统。语法可以纯粹是描写性的，因为这种语法描述说话者的实际行为；语法也可以是规定性的，因为这种语法描述作者认为"正确"的或人们"应该"的说话或写作方式。

语境

语境包括交际发生的物理环境和其中的一切，在场者的身体、眼神、手势和动作，参与交际者之前说过的话和做过的事，参与人的共有知识，包括共有文化知识。语境既"事先存在"，又需要我们通过语言来创造。说话者所说的话以某种方式解释语境，与此同时，人们通过他们看待语境的方式来解释所说的话。我们称之为语言和语境的"自反性"。受话者只使用他们认为相关的语境部分来解释所说的话（见框架问题）。

语言和语境的自反性

见语境。

杂糅

杂糅是指人、语言（口语或书面语）、实践、话语或是合并或是混合了两种或多种不同身份的文化等。有时杂糅是隐藏的或被否定的（或者其起源被遗忘），人们看到真正的杂糅是统一的、单一的或"纯粹的"。人、语言、实践、话语或文化很少是真正"纯粹的"。至少从历史上来看，几乎一切都是混合物。[例如，英语是日耳曼语、拉丁语和早期法语的混合语言，而不是"纯粹的"日耳曼语。]

重音

重音是一个心理概念，而不是一个物理概念。说英语的人在一次小迸发中可以（不自觉地）使用并听到几个不同程度的重音，但这并不是以任何统一的和一致的方式所做的物理标记。重音的物理标记是发单词的主（"重"）音节时增加音量、增加音长、改变音高（提高或降低音高，或向上或向下滑动音高）。音量、音长和音高可以以相当复杂的方式变化或相互影响。比如，"wonderful"一词的第一个音节（重读音节）听起来比后面的两个音节有更多的重音，而第三个音节又比第二个音节有更多的重音：WONderFUL。在一个由几个单词组成的句子（如，"I think you are wonderful"）中，每个单词承载的重音强度不同，这取决于说话者想把什么标记为新信息和 / 或重要信息，把什么标记为旧信息或次要信息。这种不同单词拥有不同程度重音的模式称为语调轮廓。在一个语调轮廓中，重音最强的单词有明显的音高滑动变化（上升、下降、升降或降升），因此被认为是语调轮廓中的"信息焦点"或"焦点"。如果我说"I think YOU are wonderful，"我让"you"当了新信息或重要信息，而如果我说"I think you are WONderful，"我把"wonderful"或"you are wonderful"或"I think you are wonderful"当成了新信息或重要信息（当焦点落在最后一个单词上时，新信息或重要信息可以是这个单词，也可以是这个单词所在的短语或小句）。我们为强调一个单词而给予该单词的额外重音被称为"强调重音"。比如，在"MY daughter is a real STAR"（我使用粗体字标记强调重音，用正常的大写字母标记信息焦点）。强调重音通常表示对比——比如，在这里，"我"可能对比的是我的女儿和你的女儿。

专业语言

某个领域的专业人士或专家在说话或写作（二者可能不同）时使用的任何语言风格（包括特殊词语、特殊用法、特殊话语特点、特殊发音，或所有这些因素的综合）。有共同特长和专长的人（如医生、木匠、罪犯、动漫迷、游戏玩家、士兵、生物学家、观鸟者等）经常会发展出他们自己独特的"说话方式"。

最后语调轮廓

语调轮廓中的焦点信息以明显提高或降低（或升降或降升）声音的方式说出来，听起来是语调的"终结"，就好像一条信息被"关闭"和"结束"。在本书中，我使用双斜杠（"//"）来表示最后语调轮廓结束。

图书在版编目（CIP）数据

话语分析导论：理论与方法：原书第4版 /（美）
詹姆斯·保罗·吉（James Paul Gee）著；何清顺译
. --重庆：重庆大学出版社，2021.8（2023.11重印）
（万卷方法）
书名原文：An Introduction to Discourse
Analysis: Theory and Method 4ed

ISBN 978-7-5689-2600-3

Ⅰ.①话… Ⅱ.①詹… ②何… Ⅲ.①话语语言
Ⅳ.①H0
中国版本图书馆CIP数据核字（2021）第078033号

话语分析导论：理论与方法（原书第4版）
HUAYU FENXI DAOLUN: LILUN YU FANGFA
[美]詹姆斯·保罗·吉（James Paul Gee）　著
何清顺　译
杨炳钧　审校

策划编辑：林佳木
责任编辑：林佳木　版式设计：林佳木
责任校对：刘志刚　责任印制：张　策
*
重庆大学出版社出版发行
出版人：陈晓阳
社址：重庆市沙坪坝区大学城西路21号
邮编：401331
电话：（023）88617190　88617185（中小学）
传真：（023）88617186　88617166
网址：http://www.cqup.com.cn
邮箱：fxk@cqup.com.cn（营销中心）
全国新华书店经销
重庆华林天美印务有限公司印刷
*
开本：940mm×1360mm　1/32　印张：9.5　字数：257千
2021年8月第1版　2023年11月第2次印刷
ISBN 978-7-5689-2600-3　定价：55.00元

An Introduction to Discourse Analysis: Theory and Method/James Paul Gee 4ed
978-0-415-72556-9

版贸核渝字（2017）第 235 号